Ostsee
1 Balduinstein an der Lahn
2 Rheinfels
Rügen
AF545888
Güstrow
Klempenow
Schwerin
Krössinsee
Stargard
Wittstock
Oder
Stolpe
Spandau
Charlottenburg
Pfaueninsel
Potsdam
POLEN
Ziesar
Eisenhardt
Rabenstein
Halle
Landsberg
Eilenburg
Querfurt
Leipzig
Oschatz
Neuenburg
Wiprechtsburg
Albrechtsburg
Naumburg an der Saale
Rochlitz
Königstein
Boberröhrsdorf/ Siedlęcin
Bolkoburg
Neurathen
Freiberg
Kynastburg
Augustusburg
Ranis
Erzgebirge
Burgk
Bösig/Bezděz
Kaaden/Kadaň
TSCHECHISCHE REPUBLIK
Eger/Cheb
Prag
Karlstein/ Karlštejn
Karlskrone/ Radyně
Žebrák
Konopischt/ Konopiště
Schellenberg
0 20 40 60 80 100 km

G. Ulrich Großmann

Die Welt der Burgen

G. Ulrich Großmann

DIE WELT DER BURGEN

Geschichte, Architektur, Kultur

Verlag C.H.Beck

Mit 108 meist farbigen Abbildungen

Satz: Fotosatz Amann, Aichstetten
Druck und Bindung: Kösel, Krugzell
Gedruckt auf säurefreiem, alterungsbeständigem Papier
(hergestellt aus chlorfrei gebleichtem Zellstoff)
Printed in Germany
ISBN 978 3 406 64510 5

www.beck.de

INHALT

VORWORT

Seit mehr als vier Jahrhunderten interessieren sich Menschen für die Geschichte von Burgen; seit über 300 Jahren gehören Burgen zu den immer häufiger besuchten historischen Stätten in Europa. Im Laufe dieser langen Epoche haben Forscher und Burgenbegeisterte ein Bild der Burg geschaffen, das heute zu einem verbreiteten Allgemeinwissen gehört, obwohl es sehr ungenau ist und meist Wissen mit Vermutungen verbindet. Doch gerade in den letzten Jahren hat sich das Bild der Burg stark gewandelt. Burgen wurden zum Thema erfolgreicher Ausstellungen und zum Gegenstand musealer Präsentationen; beides hat neue Fragen aufgeworfen und neue Interessen geweckt. Besonders zur Kulturgeschichte der Burg wissen wir heute wesentlich mehr als noch vor wenigen Jahren.

Die hier vorgelegte Einführung geht von diesem aktuellen, erweiterten Stand des Wissens aus. Zweifellos werden in jeder Einführung viele Fakten dargestellt, die den aktiv an der Forschung Beteiligten schon bekannt sind, denn ein Überblick muss auch dieses leisten: Bekanntes zusammenzufassen. Doch viele Überlegungen in diesem Buch sind auch für die Forschung neu oder werden zumindest erstmals zusammenhängend präsentiert. Vor allem die deutlich längere Nutzungs- und Wirkungsgeschichte der Burgen, die viel früher einsetzende Forschungsgeschichte und manche Seiten des Wohnens in der Burg gehören zu diesen neuen Aspekten.

Um diesen Überblick zu ermöglichen, waren viele Burgen, aber auch zahlreiche Veröffentlichungen zu studieren. Wo auf konkrete Befunde Bezug genommen wird, ist deshalb auf die einschlägigen Publikationen verwiesen, auch wenn es nicht möglich ist, im Rahmen dieses Buches einen umfassenden Literaturüberblick zu geben; denn zu vielfältig sind die Themen, Bauten und Fragestellungen, denen sich die unterschiedlichsten Autoren in allen Bereichen Mitteleuropas in den letzten Jahren und Jahrzehnten gewidmet haben. Nur einige grundlegende Werke und einige Arbeiten zu beispielhaften Bauten sind im Literaturverzeichnis am Ende des Buches angeführt.

Ziel des Buches ist es, Kenntnisse zu vermitteln, die zum Verständnis des Themas Burg allgemein und jeder einzelnen Burg erforderlich sind. Der Leser, soweit er nicht selbst Burgenforscher ist, sollte in die Lage versetzt werden, bei der Besichtigung von Burgen hinter die Kulissen vieler Führungen zu schauen und kritisch eine eigene Meinung zu entwickeln. Er sollte befähigt werden, Klischees, so witzig sie sein mögen, als solche zu erkennen und nicht für bare Münze zu nehmen, aber auch den einen oder anderen Bauteil besser einzuordnen – und sich bewusst sein, dass in zahlreichen Burgen vieles noch unerforscht ist und folglich gar nicht plausibel erklärt werden kann.

In jedem Fall soll das Buch den Blick vom Geschichtsdenkmal, dem archäologischen Ort und der Wehranlage auf die Kulturgeschichte der Burgen ausweiten. Neben einer Übersicht über die Geschichte der Burg seit dem Mittelalter stehen vor allem ihre vielfältigen architektonischen Besonderheiten im Vordergrund. Dabei werden typische Bauwerke und Baudetails ebenso behandelt wie spezielle Einrichtungen, die nur in einer bestimmten Epoche oder Region zu finden sind. Abgesehen von der Beschreibung der architektonischen Phänomene geht es immer auch um deren Einbettung in den politischen, kulturellen, gesellschaftlichen, wirtschaftlichen und militärischen Kontext. Indem die Architektur stets in Zusammenhang mit ihren Funktionen betrachtet wird, möchte dieses Buch dazu beitragen, Burgen in einem umfassenden Sinne besser zu verstehen.

Dank ist einer Vielzahl von Kollegen abzustatten. Besonders anregend sind immer die Fachtagungen zum Burgenbau, allen voran, aber keineswegs ausschließlich die der Wartburg-Gesellschaft, aber auch gemeinsame Besichtigungen, sei es im Rahmen dieser Tagungen, eigenständiger Exkursionen oder universitärer Veranstaltungen. Auch die Teams der beiden Ausstellungen «Die Burg» (2010) sowie der Ausstellungen «Die Staufer und Italien» und «Aufruhr! 1225» (2010), deren wissenschaftlichen Beiräten der Verfasser angehörte, sind hier zu nennen. Die gemeinsame Diskussion von Baubefunden und baulichen Erscheinungen gehört für mich zu den wichtigsten Anregungen und Ideengebern, sei es unmittelbar für dieses Buch, sei es darüber hinaus für die Planung des Deutschen Burgenmuseums auf der Veste Heldburg in

Thüringen. Herzlich möchte ich auch dem Verlag C.H.Beck danken, der dieses Buch in die Reihe der Veröffentlichungen zu seinem Verlagsjubiläum aufgenommen hat.

Ganz besonders zu danken habe ich Prof. Dr. Anja Grebe für ihre umfassende und kritische Durchsicht des Textes sowie zahlreiche strukturelle und inhaltliche Anregungen und Ergänzungen.

G. Ulrich Großmann

1 Heldburg, Blick aus dem Tal auf die Höhenburg, die künftig als Deutsches Burgenmuseum dient

2 Burg Eltz, Gesamtansicht

1. ZUR EINFÜHRUNG

Burgen sind, so die allgemeinste Definition, befestigte Orte. In der Regel handelt es sich um verteidigungsfähige Wohnplätze einer Herrschaft, die im Mittelalter und in der Frühen Neuzeit zudem einen besonderen Rechtsbezirk darstellten. Schon in dieser grundlegenden Begriffsbestimmung unterscheidet sich unser Buch von den meisten bisherigen Veröffentlichungen zu Burgen, die die Burg als befestigten Wohnsitz allein des Adels definieren. Die hier vorgeschlagene Definition erlaubt eine weiter gefasste Darstellung des Themas, die auch der Breite dessen, was man im Mittelalter unter einer Burg verstand, sehr viel besser entspricht.

Die weitaus größte Zahl der erhaltenen mitteleuropäischen Burgen lässt sich zweifellos unter dem modernen Begriff der «Adelsburg» fassen (Abb. 2). Die Burg als verteidigungsfähiger Wohnsitz des Adels bildete zugleich den Hauptgegenstand der Burgenforschung seit dem 19. Jahrhundert. Damit verband sich die Vorstellung eines mit hohen Mauern eingefassten und mit Türmen ausgestatteten Bauwerks, das bevorzugt auf einem Gipfel oder in Hanglage in einem Mittelgebirge situiert, in hochmittelalterlicher Zeit entstanden und im späten Mittelalter mehrfach ausgebaut worden war. Eine solche idealtypische Anlage war mit einem Bergfried, einem Wohnbau, einer Kapelle und fast immer mit einer Vorburg sowie äußeren Befestigungen versehen. Dem Klischee zufolge war sie ab dem 16. oder spätestens im 17. Jahrhundert zur Ruine verfallen. Tatsächlich trifft dieses Bild auf viele Bauten, besonders die größeren Anlagen, mehr oder weniger zu.

Doch die eingeschränkte Vorstellung von der Adelsburg als *der* Burg schlechthin ist in den letzten Jahren durch kritische Wissenschaftler und Fragen neugieriger Laien ins Wanken geraten. So wurde darauf aufmerksam gemacht, dass viele Burgen gar nicht im Besitz von Adligen waren, sondern von Ministerialen, also unfreien Dienstmannen, bewohnt wurden. Andere Burgen waren das Eigentum von Klöstern oder

Städten, im Spätmittelalter auch zunehmend von Bürgern. Solche Bauten unter den Begriff der Adelsburg zu fassen, ist zumindest eine Ungenauigkeit.

Auch die hohe Zahl früher Burgen war der Burgenforschung lange Zeit nicht bewusst. Viele Burgen aus der karolingischen und der ottonischen Epoche sind entweder nur archivalisch überliefert oder allein archäologisch nachweisbar, d. h., sie besitzen keine oberirdisch erhaltenen Bauteile mehr. Damit fielen sie aus dem Interessenbereich der meisten Burgenforscher heraus, die vor allem Bau- und Architekturhistoriker sind. Erst in jüngster Zeit wurde die große Zahl solcher früher Anlagen über die engen Fachkreise von Archäologen und Historikern hinaus als zentrales Phänomen wahrgenommen und in die breitere Diskussion über Burgen einbezogen.

Ebenso hat das «Ende der Burg», also die Frage, ab wann Burgen nicht mehr verteidigt, nicht mehr ausgebaut und schließlich sogar aufgegeben wurden, in den letzten Jahren eine neue Bewertung erfahren (Abb. 3). Von dieser Frage ist auch der sogenannte Wandel von der Burg zum Schloss betroffen. Berücksichtigt man etwa rechtliche, aber auch bestimmte bauliche Aspekte, so stellt sich dieser «Wandel» deutlich anders dar, als die in der deutschen Sprache gemachte Unterscheidung zwischen Burg und Schloss auf den ersten Blick vermuten lässt. In Wahrheit ist das generelle Ende der Burg als verteidigungsfähiger Wohnsitz weitgehend nicht in die Epoche um 1500, sondern rund 200 Jahre später zu datieren. Will man an der Unterscheidung der Begriffe «Burg» und «Schloss» festhalten, so löste also das nicht oder kaum zu verteidigende Schloss die wehrhafte Anlage etwa 200 Jahre später ab als bisher angenommen; letztlich ist die Unterscheidung nach funktionalen Gesichtspunkten jedoch willkürlich. Ungeachtet der genannten zeitlichen Erweiterungen liegt das Hauptgewicht der vorliegenden Publikation gleichwohl auf dem Burgenbau des 11. bis 15. Jahrhunderts, also jener Zeit, aus der die meisten erhaltenen Burgen stammen oder in der sie in ihrer heutigen Form ausgebaut wurden.

Geographisch konzentriert sich das Buch vor allem auf den deutschen Burgenbau. Diese Eingrenzung des Themas ist jedoch besonders schwierig vorzunehmen, da die mittelalterlichen Herrschaftsgebiete ganz andere Territorien umfassten als die heutigen Länder oder die im 19. Jahrhundert gegründeten Nationalstaaten. Das Karolingerreich des

9. und 10. Jahrhunderts umfasste beispielsweise die heutigen Staaten Deutschland, Frankreich und Italien; das sich seit ottonischer Zeit entwickelnde römisch-deutsche Reich – seit dem 15. Jahrhundert als Heiliges Römisches Reich Deutscher Nation bezeichnet – endete im 12. Jahrhundert an der Rhône und umfasste im späten Mittelalter auch die Lombardei.

3 Trostburg bei Waidbruck. Oberhalb der Burg steht ein spätmittelalterlicher Wehrturm zur Sicherung der Angriffsseite

Unter «deutschem» Burgenbau verstehen wir daher nicht den Burgenbau allein auf dem Gebiet der Bundesrepublik Deutschland. Auch angesichts des zeitlichen Schwerpunkts auf dem spätmittelalterlichen deutschen Königreich soll der Blick auf den deutschsprachigen Raum Mitteleuropas gerichtet werden, wobei neben dem Elsass (Abb. 4)

4 Burg Ortenberg im Elsass

auch Böhmen mit seiner aus Tschechen und Deutschen zusammengesetzten Bevölkerung, deutschsprachige und deutsche Gebiete im heutigen Polen sowie das teils italienische, teils deutsche Welsch-Tirol (Trentino) einbezogen werden. Nur am Rande berücksichtigen wir jene Regionen, die durch kriegerische Expansion oder friedliche Siedlungspolitik wenigstens teilweise deutschsprachig wurden wie Siebenbürgen und das Baltikum. Allerdings ist der vorliegende Band kein Inventar der rund 25 000 in mehr oder weniger erkennbaren Resten erhaltenen Burgen des deutschsprachigen Raumes oder der schätzungsweise mehr als 40 000 Burgen in Mitteleuropa insgesamt. Vielmehr geht es um die Darstellung grundsätzlicher Phänomene, die das Thema der Burg betreffen.

Dabei gilt es auch, die Burg im oben erwähnten Sinne von anderen Formen befestigter Plätze abzugrenzen, die hier nur am Rande behandelt werden. Zu diesen zählen Bauten wie die frühen, zumeist nur archäologisch erfassbaren slawischen Burgen («Fliehburgen»), deren historische und bauliche Zusammenhänge weit über den mitteleuropäischen Raum hinausreichen. Ein anderer Fall sind die sogenannten Kirchenburgen, bei denen es sich zwar um befestigte Orte handelt, die aber keinen eigenständigen Rechtsbezirk darstellten und nicht zur dauerhaften Bewohnung gedacht waren. Auch befestigte Plätze wie Städte und Klöster sind hinsichtlich ihrer Rechtskonstitution von Burgen zu trennen. Es gilt bei der Bestimmung unseres Gegenstandes also, die architektonische Erscheinung einerseits (d. h. Bauten zur Verteidigung wie Mauern und Türme) und andererseits die Funktion als Herrschaftsarchitektur mit einer bestimmten rechtlichen Stellung klar zu unterscheiden.

Gerade angesichts der definitorischen Schwierigkeiten ist es wichtig, sich mit der Geschichte der modernen Burgenforschung und der Entwicklung zu beschäftigen, die das Verständnis des Phänomens Burg durchlaufen hat. Ziel dabei ist, eine umfassendere Vorstellung vom Bedeutungswandel der Burg in den letzten 400 Jahren und den unterschiedlichen Auffassungen der Wissenschaftler zu diesem Thema zu erhalten. Dies soll jedoch erst am Ende dieses Buches geschehen. Hier soll es zunächst um die genauere Definition der Burg und um die verschiedenen Typen von Burgen gehen, die im deutschsprachigen Mitteleuropa anzutreffen sind.

2. WAS IST EINE BURG?

Schon in früheren Jahrhunderten hat man sich Gedanken über die Definition der Burg gemacht. Eine der ältesten Definitionen findet sich in einer juristischen Schrift von Jakob Werner Kyllinger (1598–1620): «Es ist folglich ein castrum oder castellum, *ein hoche/veste/starcke Behausung* mit Mauren oder Waltzen umbgeben, in dem sich die Innwohner wider Mißgönner und Feind erhalten und erwöhren mögen.»[1] Kyllingers Begriffsbestimmung entspricht einem bereits im Mittelalter verbreiteten Verständnis der Burg als einer umfriedeten, verteidigungsfähigen und bewohnten Anlage. Die Einwohner werden dabei nicht genauer spezifiziert – grundsätzlich fallen also auch Städte unter Kyllingers Definition. Diese klingt auch bei einigen Burgenforschern des 19. Jahrhunderts nach, etwa wenn Johann Cori 1899 schreibt, «Burg hiess vor Alters im Allgemeinen jeder zur Sicherheit und Verwahrung von Menschen und Sachen dienender Ort [...] Daher auch der Name ‹Bürger›.»[2]

Im Gegensatz zu dieser sehr weiten Definition lassen sich seit dem 19. Jahrhundert zunehmend enger gefasste Begriffsbestimmungen finden. Als einer der einflussreichsten Burgenforscher des frühen 20. Jahrhunderts legte Otto Piper in seiner Burgenkunde fest, dass «jede Burg wenigstens ein bewohnbares, wehrhaftes Gebäude und eine Ringmauer enthalten» müsse. Im «engeren Sinne» definiert er die Burg als den «mittelalterlichen befestigten Einzelwohnsitz eines Grundherren».[3] Noch enger ist die Definition des gelernten Architekten Bodo Ebhardt, der «unter einer Burg einen Steinbau, den festen Sitz eines Geschlechtes oder des Vertreters oder der Lehnsträger kaiserlicher, königlicher Macht und landesherrlicher Gewalt» versteht.[4] Damit schließt Ebhardt beispielsweise nahezu den gesamten frühmittelalterlichen Burgenbau aus, der weitgehend andere Materialien als Stein verwendete.

Auch von Seiten der Kunstgeschichte gab es Vorschläge für Begriffsbestimmungen. Karl Heinz Clasen behandelte den Begriff «Burg» im «Reallexikon zur deutschen Kunstgeschichte»: «Unter Burg versteht man eine mittelalterliche Architekturform, in der sich gleichzeitig Wehrwille und Wohnabsicht eines Einzelbesitzers oder einer *kleinen* Besitzergruppe verkörpern.»[5] Clasens problematische zeitliche Einschränkung des Phänomens Burg auf das Mittelalter wurde von Günther Binding wieder zurückgenommen, der im «Lexikon des Mittelalters» die Burg sehr allgemein definierte als «bewohnbaren Wehrbau, den eine Person oder eine Gemeinschaft zum Schutz als ständigen oder zeitweiligen Wohnsitz errichtet».[6] Damit schloss er letztlich an die weit gefasste Definition Kyllingers an. In der neueren kunsthistorischen und burgenkundlichen Literatur überwiegt hingegen die Definition der Burg als verteidigungsfähiger «Wohnsitz des Adels».[7]

Wie schon angedeutet, schließt diese Definition jedoch mehrere Phasen der Burgenentwicklung aus. Burgen waren keineswegs immer adlige Bauten, sondern konnten beispielsweise von Klöstern zur Verwaltung ihrer Grundherrschaft errichtet werden. In vielen Burgen saßen besonders im Früh- und Hochmittelalter unfreie Dienstleute, von denen etliche, aber nicht alle im Laufe der Zeit in den Adelsstand aufgestiegen sind. Andere Burgen waren im Besitz von Städten, etwa Reichsstädten wie Nürnberg. Ab dem Spätmittelalter finden sich zunehmend auch Bürger als Eigentümer und sogar als Bauherren von Burgen. Zwar strebten einige dieser Familien einen Adelsrang an, in der Regel bevorzugte man es jedoch, den Bürgerstatus beizubehalten.

So unterschiedlich Besitzer und Bewohner von Burgen sein konnten, gemeinsam ist allen Anlagen, dass sie Mittelpunkt bzw. Sitz einer Herrschaft, in der Regel einer Grundherrschaft, waren und als solcher einen eigenständigen Rechtsbezirk darstellten. Von hier aus wurde der Grundbesitz in eigener Regie oder in fremdem Auftrag verwaltet, und diesen galt es zu verteidigen. Angemessen ist es also, Burgen als grundsätzlich dauerhaft bewohnbare und verteidigungsfähige Bauten einer Herrschaft zu bezeichnen, die im Falle eines Angriffs den Bewohnern Sicherheit bieten und die Herrschaftsrechte schützen konnten; grundsätzlich konnten darunter auch befestigte Klöster oder Städte fallen.

Burg, Schloss, Veste

Im Gegensatz zur englischen, französischen oder polnischen Sprache, die nur die Oberbegriffe «castle», «château» bzw. «zamek» kennen, wird im Deutschen zwischen «Burg» und «Schloss» unterschieden. Allerdings hat sich die Unterscheidung, nach der die Burg als mittelalterlich und verteidigungsfähig gilt und das Schloss eine neuzeitliche und nicht zur Verteidigung errichtete Anlage ist, erst im 19. Jahrhundert herausgebildet. Beide Wörter haben etwas mit Schließen und Sichern zu tun, «Schloss» leitet sich von «schließen» ab, während «Burg» eine Übernahme aus der lateinischen und der griechischen Sprache darstellt («burgus», «pyrgos»); der Begriff bezeichnet einen geschützten Platz. In früh- und hochmittelalterlichen Quellen kommen auch die lateinischen Bezeichnungen «arx», «burgus», «castrum» und «castellum» vor, die alle einen befestigten Platz benennen.

Von der Architekturgeschichte wird der Beginn des Schlossbaus allgemein in das ausgehende 15. Jahrhundert datiert. Die Neuerung spiegelt sich jedoch nicht in den Schriftquellen, in denen die verschiedenen deutschen Begriffe für das lateinische «castrum» in anscheinend bunter Mischung nebeneinander verwendet werden. Aufschlussreich für dieses Phänomen ist der Burgfriedensvertrag der Burg Eltz (Abb. 2) aus dem Jahre 1430, wo es heißt: «Were von uns den andern [...] binnen diesen Burch [...] dot schlüge [...] derselbe sal von Stont an das Huss rumen, und hie, noch sine Erben sollen sich nunmer Rechten an Schlosse Eltze vermessen.»[8] Hier fallen in einem einzigen Satz die Begriffe «Burg», «Schloss» und «Haus». Die These, dass in dieser Passage, in der es um Maßnahmen im Falle eines Totschlags geht, mit «Burg» die Gesamtanlage gemeint sei, «Schloss» als Teil des Namens der Anlage aufgefasst sei und «Haus» den konkreten Wohnbau des zu verweisenden Totschlägers bezeichne, lässt sich jedoch nicht belegen. Zumindest «Burg» und «Schloss» scheinen weitgehend synonym verwendet. Auch in späteren Jahrhunderten findet sich keine eindeutige Unterscheidung der Begriffe. So kann die Benennung eines einzelnen Bauwerks zwischen Burg und Schloss wechseln und eine Burg als Schloss bezeichnet werden («Schloss Marburg», spätestens seit 1605 so benannt).[9] Andererseits wurden einige Neubauten der Barockzeit als Burg bezeichnet (Maxburg in München, um 1600 errichtet, Benennung ab 1658; Charlottenburg bei Berlin, Benennung ab 1705). Dass zudem im Spätmittelalter und in der Frühen Neuzeit mit «Schloss» keineswegs nur Anlagen gemeint waren, die nicht verteidigungsfähig waren, verdeutlicht die verbreitete barocke Bezeichnung von Höhenburgen als «Bergschloss».

Die Unterscheidung von Burg und Schloss ist also letztlich eine sprachliche Konvention, der keine klaren, historisch begründbaren Definitionen entsprechen. Im Grunde genommen gibt es keinen eindeutigen Unterschied zwischen Burg und Schloss. Dies gilt auch für die verschiedenen anderen Begriffe, die im Laufe der Jahrhunderte und in verschiedenen Regionen zur Bezeichnung befestigter Anlagen und Herrschaftssitze aufgekommen sind. Hierzu gehören «Bergschloss», «Veste», «Burgsäß» und «Burgstall». Vor allem «Burg», «Veste» und «Schloss» werden im Spätmittelalter besonders in der Region Franken, Südthüringen und Südwestdeutschland weitgehend synonym verwendet.

Deutlich zu unterscheiden vom Phänomen Burg bzw. Schloss oder Veste ist allerdings die *Festung*. Dieser Begriff bezeichnet im neuzeitlichen Mitteleuropa eine rein militärische, für den Artilleriekrieg eingerichtete Wehranlage zur großräumigen Verteidigung des Landes oder einzelner Landesteile oder auch der Zugänge zu einem Land. Sie schließt nicht mehr den Wohnsitz eines Herrschers oder Herren ein, sondern allenfalls die Wohnbauten einer stehenden Heerestruppe und möglicherweise ihrer Angehörigen. In Ausnahmefällen umfassen festungsartige Bauten einen herrschaftlichen Wohnbau; in diesem Fall sprechen wir zur besseren begrifflichen Unterscheidung von einer «Schlossfeste».[10]

Burgentypen nach Bauherren und Besitzern

Der Begriff «Burg» umfasst eine ganze Reihe von Einzelphänomenen, für die sich im Laufe der Zeit eigene Bezeichnungen herausgebildet haben. Am häufigsten ist eine Unterscheidung nach Bauherren bzw. Besitzern und den mit ihnen verbundenen funktionalen Ansprüchen. Die meisten dieser Begriffe sind Wortschöpfungen der modernen Burgenforschung, die bisweilen auf historische Bezeichnungen Bezug nehmen.

Burgen im Besitz eines Königs oder Kaisers werden *Königsburgen* oder *Kaiserburgen* genannt (Abb. 5, 6). Sie unterstanden direkt der Krone bzw. dem Reich (daher oft auch *Reichsburg* genannt), d. h., sie befanden sich nicht im Privateigentum des jeweiligen Herrschers, der nur ein Verfügungsrecht über sie hatte, selbst wenn er als Bauherr fungierte. Von vielen Burgenforschern wird eine Unterscheidung zwischen Königsburgen und Königspfalzen gemacht. Als Königsburg wird dabei eine Anlage bezeichnet, bei der der Wehraspekt stärker im Vordergrund zu stehen scheint. *Königspfalzen* sind dagegen palastartige Baukomplexe, bei denen die herrschaftliche Repräsentation gegenüber der Wehrhaftigkeit (zumindest in ihrer heutigen Erscheinung) einen deutlich höheren Stellenwert einnimmt.[11] Da der König des römisch-deutschen Reiches seit dem 10. Jahrhundert als einziger Herrscher das Recht hatte, sich vom Papst zum Kaiser krönen zu lassen, werden die Anlagen auch als *Kaiser-*

5 Gelnhausen, Kaiserpfalz, Bergfried, Tor und Kapelle, Fensterarkaden und Eingang des «Palas»

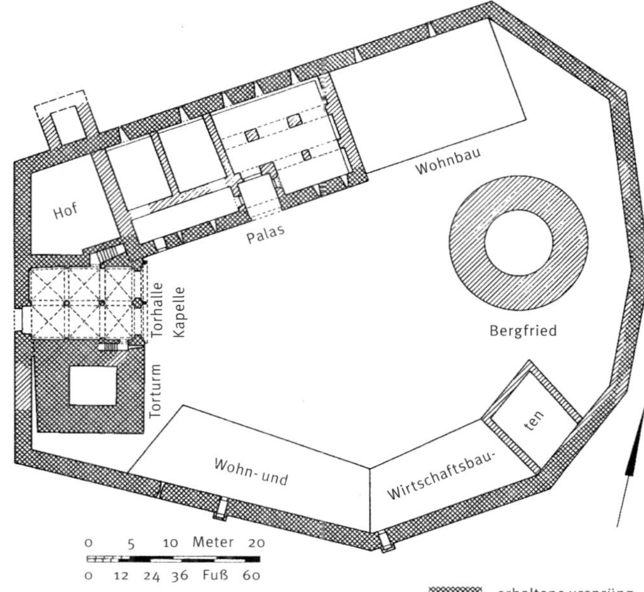

6 Gelnhausen, Kaiserpfalz, Grundriss

pfalzen bezeichnet, was historisch eigentlich unkorrekt ist, denn sie unterstanden dem römisch-deutschen Reich. Die über das Reichsgebiet verstreuten Pfalzen waren eigenständige Wirtschaftseinheiten, die dem König und seinem mitunter sehr zahlreichen Gefolge als zeitweilige Aufenthaltsorte dienten und die Versorgung von Herrscher und Begleitern zu gewährleisten hatten. Zudem mussten sie unter Umständen Reichstage aufnehmen. Wie problematisch die moderne Trennung zwischen Königspfalzen und Königsburgen ist, zeigt ein Blick in die mittelalterlichen Quellen, in denen die Bezeichnungen stark variieren. Wird Gelnhausen von der heutigen Forschung grundsätzlich als Königspfalz klassifiziert und Nürnberg als Kaiserburg, so taucht in Quellen der Zeit um 1200 für Nürnberg neben zahlreichen Nennungen als «castrum» zweimal die Bezeichnung «palacium» auf, niemals aber für Gelnhausen.

Eine den Königspfalzen vergleichbare Funktion hatten auf regionaler Ebene Bischofs- und Herzogssitze. *Bischofsburgen* sind Bauten, die durch Bischöfe oder Bistümer gegründet bzw. errichtet wurden (Marienwerder in Westpreußen, Ziesar in Brandenburg) und vom jeweiligen Amtsinhaber genutzt werden konnten, der ihre Einkünfte auch für seine Amtsführung verwendete. Seit dem 13. Jahrhundert wurde für diese Anlagen die bis dahin nur für königliche Bauten übliche Bezeichnung «Pfalz» übernommen (*Bischofspfalz*, *Herzogspfalz*), was auf den zunehmend repräsentativen Ausbau dieser Bauten hindeutet. Auch weitere Adelsränge werden gelegentlich mit dem Begriff «Burg» in Verbindung gebracht, so kommen neben der «*Herzogsburg*» auch Bezeichnungen wie die «*Grafenburg*» vor.

Von den Reichsburgen sind außerdem die *Ministerialenburgen* zu unterscheiden, also Burgen von Ministerialen der Könige, Bischöfe oder Landesherren. Der Begriff ist allerdings wenig aussagekräftig, da er

7 Münzenberg, Blick vom östlichen Bergfried auf die Burg, links Küche, Tor und romanischer Wohnbau, rechts frühgotischer Wohn- und Saalbau

sich auf die Herkunft der Bauherrenfamilien bezieht; diese waren zum Zeitpunkt des Burgenbaus (z. B. Münzenberg, Abb. 7) oft längst zu mächtigen Familien geworden, denen der Aufstieg in den Adel gelungen war. Diese Ministerialenburgen konnten daher auch mit allen Rechten und Pflichten weitervererbt werden.[12] Enger mit dem König verbunden war die Burg Büdingen, die im königlichen Bannforst Büdingen errichtet wurde. Aber auch sie wurde nicht an wechselnde Ministeriale vergeben, sondern blieb im Besitz einer Familie, deren Aufstieg in den Adel längst vollzogen war.

Ordensburgen werden die Burgen der Ritterorden genannt – in Mitteleuropa insbesondere des Deutschen (Ritter-)Ordens –, die im Hoch- und Spätmittelalter vor allem in den umkämpften Gebieten in Ost- und Westpreußen sowie in Polen und im Baltikum errichtet wurden. Es handelt sich im Inneren um klösterliche Anlagen nach einem strengen Bauplan. Das Äußere ist hingegen mit Ringmauer, Graben, Türmen, Bergfried und Schießscharten auf Verteidigung angelegt. Alle diese Burgen sind im weitesten Sinne Adelsburgen, da ihre Bauherren aus der Schicht des Adels stammten, auch wenn ihre rechtliche Verfassung eine andere war.

Neben der Bischofsburg und der Ordensburg steht auch der Begriff «*Klosterburg*» (Abb. 8) für eine Burg mit sakralen Aufgaben. Als «Klosterburgen» werden Klöster bezeichnet, die wie eine Burg umfassend befestigt wurden; oft hatte die klösterliche Gemeinschaft auch eine kriegerische Funktion, etwa die Sicherung gegen äußere Bedrohungen, zum Beispiel gegen die Türkenangriffe im 15. und 16. Jahrhundert in Südosteuropa. Aber auch stark befestigte Klöster in Mitteleuropa können unter diesen Begriff gefasst werden, wobei es bisher keine exakte Definition gibt. Dass manche dieser Anlagen tatsächlich aus einer Burg hervorgegangen sind, mag ein Zufall sein; ausgesprochen wehrhaft wirkende Klöster wie Großcomburg bei Schwäbisch Hall oder Kloster Sonnenburg bei Bruneck (Pustertal/Südtirol) sind schon im frühen 11. Jahrhundert von adeligen Burgbesitzern unter Aufgabe der Burg in ein Kloster bzw. Stift umgewidmet worden. Die heutigen Wehranlagen

8 Großcomburg, Klosterburg, Befestigung

dieser beiden Beispiele stammen aber erst aus dem Spätmittelalter und haben mit der Gründungsgeschichte nichts zu tun. Insgesamt sind Befestigungen bei Klöstern weit verbreitet (z. B. Maulbronn).

Die Bezeichnung «*Dynastenburg*» steht für die Burgen der hochadeligen (also reichsunmittelbaren) Herrscherfamilien (Dynastien). Einschränkend benennt das Wort «*Stammburg*» die namengebende Burg einer Familie (z. B. Habsburg/Schweiz). Beide Begriffe sind Neuschöpfungen der Wissenschaftssprache und haben keine historischen Vorläufer. Ähnliches gilt für andere Wortschöpfungen wie «Residenzburg» oder «Kleinadelsburg», die keine Allgemeingültigkeit beanspruchen können. Die Bezeichnung «*Ritterburg*» wurde durch die Romantik geprägt und hat keine wissenschaftliche Grundlage. Sie schließt die Begriffe «Ritter» und «Burg» miteinander kurz und beruht auf der – falschen – Auffassung, dass alle Bauherren von Burgen Ritter gewesen seien.

Zu den Bezeichnungen, die häufig zu Verwirrung führen, gehören auch die Begriffe «*Kirchenburg*» und «*Wehrkirche*». Unter einer Kirchenburg wird ein befestigter Kirchhof verstanden, häufig mit einem als Wehrkirche dienenden Sakralbau in der Mitte. Kirchenburgen wurden nicht ständig bewohnt, sondern dienten der sicheren Lagerung von wertvollen Gütern der meist bäuerlichen oder kleinstädtischen Gemeinschaften, von denen sie auch errichtet und verteidigt wurden. Die Wehreinrichtungen unterscheiden sich kaum von einfachen Burg- oder Stadtmauern, die Innenbebauung besteht vor allem aus Speichern, Kellern und natürlich der Kirche, deren Turm die Funktion eines Bergfrieds übernehmen konnte. Wenn ohne eine entsprechende Ringmauer bei mitteleuropäischen Kirchen von einer Wehrkirche die Rede ist, handelt es sich oft um eine Verwechslung. Schmale Schlitzfenster, die eine Treppe im Glockenturm beleuchten sollten, werden gerne für Schießscharten gehalten, ohne tatsächlich dafür gedacht oder geeignet gewesen zu sein.

Architekturtypen

Neben dem gesellschaftlichen Rang ihrer Besitzer lassen sich Burgen auch nach ihrer Lage und Bauform unterscheiden, wobei diese Kategorien in vielen Fällen zusammenhängen, indem die topographische Lage

Einfluss auf die Gestalt einer Burganlage hatte. Hinsichtlich der Grundrissform lassen sich Burgen in runde, polygonale, rechteckige und unregelmäßige Anlagen differenzieren. Bei der Mehrheit der mittelalterlichen Burgen wurde der Grundriss mehr oder weniger den örtlichen Gegebenheiten angepasst. Es gibt jedoch auch Ausnahmen: Ob eine Burg über einen regelmäßigen oder einen unregelmäßigen Grundriss verfügt, ist vor allem dort interessant, wo eine regelmäßige Anlage nur mit Mühe herzustellen war, zum Beispiel in unwegsamem Gelände. Hier stand möglicherweise eine bewusste Entscheidung des Bauherrn im Hintergrund, der an einen bestimmten Bautyp anknüpfen wollte. Dies lässt sich etwa bei den sogenannten Kastellburgen vermuten, die einen Sondertyp der rechteckigen Anlage darstellen. Beim «Kastelltyp» handelt es sich um rechtwinklige oder quadratische Bauten mit Türmen an allen vier Ecken (z. B. Wien und Wiener Neustadt), die sich von der Form römischer Kastelle ableiten und meist mit einer besonders repräsentativen Erscheinung einhergehen.

In bestimmten Fällen rückt die Typenbezeichnung auch ein besonderes bauliches Merkmal, etwa ein Wehrelement, in den Vordergrund. Hierzu gehört die «Schildmauerburg», bei der die Angriffsseite durch eine gegenüber der übrigen Ringmauer überhöhte und besonders dicke Wehrmauer gekennzeichnet ist. Dabei gibt die Bauform zugleich Hinweise auf die Entstehungszeit, denn der Bau solcher Burgen lässt sich nicht vor der Zeit um 1200 und nicht nach dem mittleren 15. Jahrhundert beobachten.

Bei den Burgtypen, die nach der topographischen Lage benannt sind, bilden die Höhenburg, die Spornburg, die Talburg und – im Falle eines umlaufenden breiten Wassergrabens oder Gewässers – die Wasserburg (Abb. 9) die wichtigsten Kategorien. Hinzu kommen Besonderheiten wie Felsenburgen (z. B. Neurathen)[13] oder Höhlenburgen[14] (besonders im Bergland, also in den Alpen, z. B. Wolkenstein/Südtirol und Rappenstein/Schweiz, aber auch in der Schwäbischen Alb). Ein ebenfalls mit einer bestimmten Topographie verbundener Typ ist die Brückenburg, die den Brückenübergang über einen Fluss sicherte bzw. dessen Sperrung diente, etwa um Zollabgaben einzuziehen. Zusätzlich gab es oft eine weitere Burg oberhalb der Brücke, die dann für den Gesamtkomplex eine Rückendeckung darstellte (Burg Finstermünz/Nordtirol).

Eine weitere Möglichkeit ist die Unterscheidung nach der Stellung der Gebäude im Inneren der Umfriedung. Diese können am Rand (d. h. an der Ringmauer), verstreut, achsial, regelmäßig oder unregelmäßig angeordnet sein (Abb. 7).[15] Allerdings: Ob eine Burg über Einzelgebäude innerhalb des gesamten Geländes oder nur entlang der Ringmauer verfügt, ob diese unter einem Dach vereinheitlicht sind oder nicht, ist zumeist der Entwicklung des jeweiligen Baus geschuldet, die sich über viele Jahrhunderte erstrecken konnte, und nicht der konkreten Entscheidung eines einzelnen Bauherrn. Oft täuscht das heutige Erscheinungsbild über den einstigen Zustand der Burg hinweg, der erst durch Ausgrabungen vollständig zu überblicken ist, so dass Vorsicht vor verfrühten Typenbezeichnungen angezeigt ist. Und ob eine Anlage einen Turm mitten im Innenhof hat oder ob dieser in die Angriffs- und Eingangsseite integriert ist («Frontturm»), ist häufig dem Bauplatz geschuldet und nicht als architektonisches «Statement» eines Bauherrn zu verstehen. So ist ein Frontturm aus verteidigungstechnischen Gründen bei einer Lage der Burg dicht am Hang sinnvoll, im ebenen Gelände aber nicht erforderlich.

9 Wasserburg Vischering bei Lüdinghausen, um 1270, Ausbau 16. Jahrhundert

Burgentypen nach Funktionen

Einige Bezeichnungen von Burgentypen leiten sich schließlich von speziellen Funktionen ab. Diese können entweder von Anfang an bestanden haben oder erst später mit der Burg verbunden worden sein. Bezeichnungen nach Funktionen sind etwa dort sinnvoll, wo über die Aufgabe als adeliger Wohnsitz oder als Zentrum einer Herrschaft hinaus eine besondere Funktion der Burg festgestellt werden kann. Dies gilt etwa für die sogenannten *Zollburgen*, die sich in der Regel entlang der Hauptverkehrs- und Handelswege an den territorialen Grenzen befanden, auch entlang der Wasserwege, insbesondere am Rhein (Pfalzgrafenstein, Rheinfels). Die Funktion einer Zollburg besagte allerdings nicht, dass ein Zöllner in der Burg saß, sondern bestand vielmehr darin, dass sich nahe der Burg eine Zollstelle befand, die durch die Burg zusätzlich gesichert wurde. Auch Brückenburgen lassen sich meist der Oberkategorie der Zollburg zuordnen.

Die Bezeichnung «*Amtsburg*» weist immer auf einen Funktionswandel hin. Ämter als Verwaltungseinheiten einer Herrschaft bildeten sich ab dem 13. Jahrhundert heraus und wurden von einer Burg aus verwaltet, die (wie z. B. Rothenfels am Main) als Adelsburg gegründet worden war; fortan saßen in ihr vor allem Amtsleute. Häufiger erhielten Burgen erst in der Frühen Neuzeit einen solchen Status und waren dann vornehmlich Amtssitz.

Eine weitere funktionale Kategorie bilden Jagdburgen, die als Ausgangspunkt von Jagden dienten und Zentrum eines «Wildbanns» waren, also eines Gebietes, in dem nur der König oder der Landesherr Jagdrechte besaß. Grundsätzlich konnte jede günstig gelegene Burg ein Ausgangspunkt von Jagden sein, und gerade niedere Adlige dürften keine eigene Jagdburg besessen haben. Die meisten expliziten Jagdburgen lassen sich erst im Spätmittelalter oder in der Frühen Neuzeit nachweisen und befanden sich im Besitz von Herrschern, weltlichen oder geistlichen Territorialfürsten und hohen Adligen.

3. BURG UND HERRSCHAFT: DIE AUFGABEN EINER BURG

Die Gesellschaft im Mittelalter

Wie wir bereits sahen, dienten Burgen als verteidigungsfähige, bewohnbare Bauten der Ausübung und Sicherung von Herrschaft. Sie entstanden während des gesamten Mittelalters und blieben noch Jahrhunderte danach in Funktion, also insgesamt über einen Zeitraum von weit mehr als einem Jahrtausend hinweg. Geschichtlicher Hintergrund für den Burgenbau war die Herrschaftsstruktur des Mittelalters. Seit dem Frühmittelalter oblag die Ausübung der Herrschaft im Wesentlichen einer Führungsschicht, dem Adel, der seine herausgehobene Stellung durch Herkunft und Besitz begründete und dessen Position im Mittelalter wie in der Frühen Neuzeit allgemein akzeptiert wurde.[16] Nach seiner sozialen Herkunft überschnitt er sich vielfach mit dem Klerus, der als ein weiterer Stand in seinen Bereichen (z. B. dem Bistum oder dem Kloster) ebenfalls Herrschaftsrechte ausübte. Im Spätmittelalter wurden die Bürger bzw. die Städte, insbesondere die Reichsstädte, zu einem weiteren Faktor im Herrschaftssystem, zumal sie über das eigentliche Stadtgebiet hinaus umfangreiche Territorien besitzen konnten.

Die mittelalterliche Gesellschaft war eine Ständegesellschaft. Als wichtigste Stände lassen sich Adel, Klerus, Bürger, Bauern und Unfreie unterscheiden. Jeder Stand war in sich nochmals hierarchisch gegliedert – beim Adel vom Herzog bis hinab zum einfachen Herren, beim Klerus vom Erzbischof bis zum Dorfgeistlichen, bei den Bürgern vom Patrizier bis zum kleinen Handwerker, bei den Bauern vom Hofbesitzer bis zum Kleinbauern (in Norddeutschland: «Kötter»), bei den Unfreien vom reichen Ministerialen bis zum Knecht. Der soziale Aufstieg oder Wechsel in einen anderen Stand war grundsätzlich möglich – unfreie Bauern konnten mit Erlaubnis ihres Herren frei werden, Ministeriale und Bürger konnten in den Adelsstand aufsteigen, ganz zu schweigen von den vielen Adligen und Bürgern, die zu Klerikern wurden.

An der Spitze des Reiches stand der König (bzw. Kaiser), der in der Regel aus den Reihen des Hochadels gewählt wurde. Dieser umfasste die dem König hierarchisch nachgeordneten Kurfürsten und Herzöge und, eine Rangstufe darunter, die Grafen. Dem Hochadel gleichgeordnet waren die zumeist demselben entstammenden kirchlichen Fürsten – Erzbischöfe, Bischöfe, Reichsäbte –, die neben ihrer sakralen Funktion auch über weltliche Herrschaftsrechte verfügten.

Die Herrschaft lag also bei einer zahlenmäßig kleinen, aus der übrigen Gesellschaft herausgehobenen Gruppe, eben dem Adel, der über sich selbst bestimmen konnte und zu dem man durch Geburt gehörte. Im lokalen Bereich oblag die Herrschaft dem niederen Adel (z. B. Herren) sowie nicht-adeligen Funktionsträgern wie Dienstmannen und Ministerialen. Im Spätmittelalter verfügten auch die (Reichs-)Städte über politische Mitsprache bei den Reichstagen. Auf der untersten Stufe der Sozialhierarchie standen die große Menge der Landbewohner, insbesondere die unfreien Bauern, sowie die städtischen Unterschichten, aber auch Bettler, Fahrende und Spielleute, die kein Bürgerrecht besaßen, sowie Juden, die – abhängig von den Wirtschaftsinteressen und der Toleranz der jeweiligen Herrschaft – über geringe Sonderrechte verfügten. Keine eigenständigen Rechtspersonen waren in der Regel die Frauen, die nur bei befristeter Abwesenheit ihrer Ehemänner deren Befugnisse übernahmen.

Wer durfte eine Burg bauen? Lehnsrecht und Baurecht

Das mittelalterliche deutsche Königsreich war eine Agrargesellschaft, die auf dem Feudalsystem basierte, wie es sich in der Epoche der Karolinger und Ottonen im 8. bis 10. Jahrhundert herausgebildet hatte. Grundlage des Feudalsystems war das Lehnswesen, also die gegenseitige Verpflichtung des höhergestellten Adligen als Lehnsgeber und des sich ihm unterordnenden Adligen als Lehnsnehmer (Vasall). Letzterer sicherte Treue und Gefolgschaft zu, insbesondere die Heerfolge in Krieg und Fehde, dafür erhielt er die Herrschaft über Ländereien und Güter, die ihm zur Versorgung dienten. Das Feudalsystem hatte bis zur Auflösung des Heiligen Römischen Reiches Deutscher Nation 1806 Bestand (Abb. 10, 11).

Das Lehnswesen erreichte zwischen dem 10. und dem 13. Jahrhundert seine größte Bedeutung.[17] In seinen Ursprüngen belehnte der König als Lehnsherr einen Adeligen mit einem Gut («beneficium»), zumeist einer Grundherrschaft. Im entwickelten Feudalsystem des Hochmittelalters konnten als Lehnsherr außer dem König auch ein Herzog, ein Graf, aber auch ein Bischof oder ein Kloster auftreten, so dass eine «Lehnspyramide» entstand. Selbst formell gleichrangige Fürsten haben sich den fränkischen Königen als Vasallen unterworfen. Zu den frühesten überlieferten Ritualen der «Kommendation», also der Unterordnung unter einen Herrn, gehört jenes, das der dänische König Harald im Jahre 826 befolgte. Dabei legte er seine Hände in die König Ludwigs des Frommen, der umgekehrt die Hände seines Vasallen symbolisch umschloss.[18] Bestandteil dieses Vorgangs war ein Treueeid, den der neue Vasall zu schwören hatte.

Die Herrschaft und das Herrschaftsgebiet, das der Vasall zu seiner Versorgung erworben hatte, mussten allerdings gesichert werden. Zu diesem Zweck errichtete man Burgen, die jedoch in den Lehnsverträgen oft nicht ausdrücklich genannt sind. Das Recht zum Bauen einer Burg, mitunter sogar die Pflicht dazu, muss aber immer als Teil des Lehnsverhältnisses angesehen werden; Burg und Herrschaft gehörten grundsätzlich zusammen. Einen Sonderfall stellte die Belehnung mit einer Burghut (Burglehen) dar, bei welcher der Lehnsnehmer zur Bewachung und Betreuung einer Burg seines Herrn eingesetzt wurde. Dies konnte ein eigenständiger Vorgang sein (z. B. bei der Einsetzung der Burggrafen in Königsburgen wie Nürnberg), oder es war Bestandteil eines umfangreicheren Lehnsvertrags, zu dem sowohl

Wir Franz Josef der Erste, von Gottes Gnaden
Kaiser von Oesterreich, ... von Hungarn und Böhmen, der Lombardie und Venedig

10 Kropfsberg, Belehnungsurkunde, um 1850, Archiv der Burg

Herrschaftsrechte als auch die vom Lehnsnehmer geforderte Heerfolge gehörten. Im engeren Sinne wird aber nur die Aufsicht über die Burg selbst als Burglehen bezeichnet.[19]

11 Kropfsberg, Belehnungsurkunde, um 1450, Archiv der Burg

Bereits zur Zeit der Karolinger gab es Berufskrieger («Miles»), die vom König und den Fürsten zum Krieg eingesetzt wurden. Diese konnten mit Land belohnt werden, das sie zu Lehen erhielten; im Laufe von Generationen stiegen die Berufskrieger dann häufig in den niederen Adel auf und wurden Ritter. Eine ähnliche Entwicklung nahmen die Dienstleute bzw. Ministeriale, anfänglich Unfreie, die gleichfalls im Hochmittelalter allmählich in die Schicht des niederen Adels aufstiegen. Das Lehnswesen diente den höhergestellten Adligen zur Sicherung einer größeren Gefolgschaft, führte aber auch zu einer Machtteilung, indem es ihren direkten Einfluss auf die verschiedenen Herrschaftsbereiche verringerte.

Ursprünglich war das Lehnsverhältnis nicht erblich; starb ein Lehnsnehmer, so erlosch auch die gegenseitige Verpflichtung. Doch spätestens in ottonischer Zeit wurde es üblich, das Lehnsverhältnis auf den Sohn des Verstorbenen zu übertragen, der allerdings erneut um das Lehen ersuchen und dem Lehnsherrn Treue schwören musste. Nur wenn ein erbberechtigter Sohn fehlte, wurde das Lehen eingezogen und neu vergeben. Außerdem konnte der Lehnsherr das Lehen zurückfordern, falls ein Vasall seinen Treuepflichten nicht nachkam.

Urkunden aus karolingischer Zeit lassen erkennen, dass während der Regierung Karls des Großen (747/48–814) und Ludwigs des Frommen (778–840) das Recht zum Burgenbau ausschließlich beim König gelegen haben muss, aus dessen Hand die adligen Bauherren die Burgen empfingen. Im Edikt von Pîtres legte Ludwigs Nachfolger Karl der Kahle 864 für das westliche Frankenreich unter anderem fest, dass nur der König selbst das Recht zum Bau einer Burg besaß. Offenbar konnte dieses Recht aber delegiert und durch die Herzöge und Grafen ausgeübt werden. Im ostfränkischen Reich, also im heutigen Deutschland und Teilen Mitteleuropas, gab es hingegen kein vergleichbares Edikt, und es ist nicht bekannt, ob die spätkarolingischen und ottonischen Könige das exklusive Recht zum Burgenbau weiterhin beanspruchten und wie sie es gegebenenfalls durchsetzten. Zumindest sind keine königlichen Genehmigungen zum Bau einer Burg aus dem Hoch- und Spätmittelalter überliefert.

Dass es auch in dieser Zeit ein zumindest theoretisch vorhandenes Befestigungsrecht des Königs gegeben haben muss und dass es immer wieder eingefordert wurde,[20] zeigen verschiedene Rechtsquellen und Verfügungen. So legte Kaiser Friedrich II. in zwei Verordnungen («Confoederatio cum principibus ecclesiasticis», 1220, und «Statutum in favorem principum», 1232)[21] Details zum Burgenbau fest; beispielsweise untersagte er in der «Confoederatio» den Bau von Burgen auf kirchlichem Grund ohne Genehmigung der Kirche. Allerdings sicherten die beiden Verordnungen den Fürsten zu, Bauten auf eigenem Grund ohne königliche Genehmigung errichten zu dürfen.

12 Rothenfels, Blick vom Maintal auf die Kernburg, im Hintergrund der Bergfried

Als wichtigste Beschreibung des im frühen 13. Jahrhundert geltenden Rechts enthält der «Sachsenspiegel» eine Definition dessen, was eine Burg auszeichnet, deren Errichtung einer Genehmigung bedurfte. Die Genehmigung erteilte der «Richter des Landes», also der Stellvertreter des Königs, ein Graf, der zugleich Vorsitzender einer wichtigen Gerichtsinstanz war. Ohne Genehmigung durfte danach nur eine Mauer gebaut werden, die nicht höher war, als ein Reiter greifen konnte, die keine Zinnen und keine Brustwehr besaß und deren Graben nicht tiefer war, als ein Mann mit seinem Spaten Erde auswerfen konnte; zudem musste eine Tür ins Erdgeschoss führen. Alles andere war als Wehrbau genehmigungspflichtig.[22]

Auch außerhalb der Verbreitung des Sachsenspiegels (und der vergleichbaren Rechtsschrift des Schwabenspiegels) bedurfte der von Herzögen oder Grafen abhängige niedere Adel im Hoch- und Spätmittelalter zum Bau einer Burg der Genehmigung seines Lehnsherrn, und derartige Genehmigungen sind auch überliefert. Diese Burgen entstanden im Eigentum des Lehnsherrn, und der Lehnsnehmer hatte sie seinem Lehnsherrn für dessen Zwecke zur Verfügung zu stellen («Öffnungsrecht»). Er konnte aber selbst Einnahmen aus dem zur Burg gehörenden Besitz erzielen. Als ein Beispiel lässt sich die Erlaubnis zum Bau der Burg Runkelstein (Südtirol) anführen, die der Bischof von Trient den Brüdern von Wangen 1237 erteilte.[23] Auch für die Südtiroler Burg Boymont ist die Erlaubnis zum Bau aus dem Jahr 1235 überliefert.[24]

Ein weiteres Beispiel liefert die Gründungsgeschichte der Burg Rothenfels am Main (Abb. 12). Die Güter des im späten 8. Jahrhundert gegründeten Klosters Neustadt am Main verwalteten im 12. Jahrhundert die Herren von Grumbach als Vögte. Vogt Marquard II. von Grumbach (1113/25–1171) erbat vom Kloster die Erlaubnis zum Bau einer Burg auf klösterlichem Grund sowie die Überlassung von Gütern zur Versorgung der Burg. Der Abt lehnte zunächst ab, wohl weil er die Gefahr einer Entfremdung des Klosterguts sah. Auf Intervention König Konrads schlug dann der Würzburger Bischof den Kompromiss vor, dass das Kloster den Vogt mit der Burg gegen die Zahlung eines regelmäßigen Zinses belehnte. Daraufhin konnte die Burg gebaut werden.[25]

Es sind jedoch auch Fälle überliefert, in denen eine Burg ohne vorherige Erlaubnis errichtet wurde. Vor allem die Vögte von Klöstern und Bistümern, also die Verwalter von deren weltlichem Besitz, haben immer wieder Burgen für den eigenen Nutzen auf kirchlichem Grund errichtet und ließen sich auch durch gegenteilige Verordnungen nicht davon abhalten (z. B. Rheinfels, 1245). Allenfalls konnte ein Bischof oder ein Kloster erreichen, dass ihnen die gegen ihren Willen errichteten Burgen zu Lehen aufgetragen, also formal unterstellt wurden.

Neben den Herzögen müssen spätestens im 11. Jahrhundert auch die Reichsgrafen die Möglichkeit gehabt haben, Burgen ohne ausdrückliche königliche Genehmigung zu bauen. Im späten 12. und 13. Jahrhundert scheinen sogar niedrigere Adlige de facto ohne königliche Genehmigung Burgen errichtet zu haben. Außerdem erlangten unfreie Ministeriale, die seit dem 9. oder 10. Jahrhundert zur Verwaltung von Burgen des Reiches oder der Kirche eingesetzt wurden, immer mehr Selbständigkeit, was sich teilweise mit ihrem Aufstieg in den Adelsrang verband (wie z. B. bei den Herren von Büdingen). Manche Ministerialenburg konnte dadurch in den dauerhaften Besitz der sie verwaltenden Familie, also früherer Dienstleute, gelangen. Dies war zum Beispiel bei Burg Büdingen der Fall, die im 12. Jahrhundert als Kontrollsitz des Büdinger Bannforstes gegründet wurde, sowie bei Burg Münzenberg, die von den Ministerialen von Hagen im dritten Viertel des 12. Jahrhunderts anstelle ihres Burgsitzes beim heutigen Kloster Arnsburg gegründet wurde.

Keineswegs jedoch war ganz Mitteleuropa königliches Land. Vielmehr hatten Herzöge und Grafen, aber auch niedrigere Adlige erheblichen Eigenbesitz, der teils bereits aus dem frühen Mittelalter überkommen, teils nach und nach erworben war. Da es also neben Lehnsbesitz auch Eigenbesitz («Allod») gab, konnten neben den Lehnsburgen auch private Burgen auf eigenem («allodialem») Grund entstehen. Diese unterlagen dann nicht dem Lehnsrecht und wurden wohl oft ohne ausdrückliche königliche Genehmigung errichtet.

Schon im Hochmittelalter und verstärkt im 14. und 15. Jahrhundert kam als besondere Regelung das «Öffnungsrecht» zum Tragen. In Lehnsverträgen,[26] aber auch bei Verkauf oder Verpfändung ließ sich der oberste Grundherr die Öffnung der Burg im Falle kriegerischer Auseinandersetzungen zusichern, um sie zum Beispiel als Ausgangspunkt oder Rückzugsort bei kriegerischen Unternehmungen zu nutzen.[27] Allerdings konnte die Anwendung dieses Rechts dann schwierig werden, wenn durch immer mehr Verpfändungen und Besitzaufteilungen eine Burg mehrere Herren hatte. Dann verlor die Burg ihre militärische Bedeutung und konnte nur noch aufgrund ihrer «Zugehörungen» als Kapitalanlage dienen. So war die Weidelsburg in Nordhessen im Eigentum der Landgrafen von Hessen und der Grafen von Waldeck, doch Letztere veräußerten ihren Anteil, der an die Gegner der Landgrafen gelangte, die Erzbischöfe von Mainz. Hessen wurde dadurch zur Kooperation mit Mainz gezwungen.

Mit einer Burg konnte nicht nur eine einzelne Person, sondern auch eine Personengruppe belehnt werden, die dann als gemeinsamer Besitzer auftrat. Bekannte Beispiele für solche Burgen im Besitz mehrerer, grundsätzlich gleichberechtigter Herren sind Burg Montfort (Rheinland-Pfalz) und die in einem Seitental der Mosel liegende Burg Eltz. Die verschiedenen Herren verständigten sich vertraglich auf gegenseitige Rechte und Pflichten und bildeten damit eine «Ganerbenschaft». Die Rolle solcher Ganerbenschaften im Burgenbau des späten Hochmittelalters sowie des Spätmittelalters und der Neuzeit ist nicht unerheblich, da sich zunehmend derartige Besitzergemeinschaften bildeten: Burgen wurden an mehrere Familienangehörige vererbt, Burgenanteile wurden verpfändet oder sogar verkauft, und oft stellten Burgen eine Art Kapitalanlage dar, gewissermaßen einen fassbaren Immobilienfonds, der einer strikten Reglementierung bedurfte. In allen diesen Fällen hatte man es mit mehreren Burgenbesitzern zu tun. Kompliziert konnte dies dann werden, wenn in einer Burg mehrere Ganerben saßen, die Vasallen unterschiedlicher Fürsten waren und damit eventuell sogar gegnerischen Herren zur Heerfolge verpflichtet gewesen wären. Eine Anwendung des Lehnsrechtes im ursprünglichen Sinn war in diesen Fällen nicht mehr möglich, sondern beschränkte sich auf reine Geldzahlungen.[28] Aber auch ohne solche extremen Rahmenbedingungen bedurfte es für den täglichen Umgang innerhalb einer Ganerbschaft klarer Verträge, die durch den Lehnsherren oder einen übergeordneten Adligen genehmigt wurden. Wichtigster Bestandteil der Verträge war der Burgfrieden, den alle Anteilseigner einzuhalten hatten; er regelte das Leben innerhalb der Burg bis hin zum Verbot des Waffentragens, aber auch der Nutzung und dem Unterhalt gemeinsamer Einrichtungen (z. B. Kapelle, Wasserversorgung).

Die Burg war ein räumlich und rechtlich eingeschränkter Bezirk. In diesem Bereich, dem sogenannten Burgenbann, hatte der Burgherr das alleinige Sagen. Das Bannrecht verpflichte grundsätzlich die Bevölkerung in der Umgebung einer Burg (auch die freie) zum Bau und Unterhalt der Burg, wofür sich der Burgherr im Gegenzug verpflichtete, den Umwohnern in Krisenzeiten Schutz innerhalb der Burg zu gewähren.[29] Bei den Pflichten der Bevölkerung (Frondienst) handelte es sich vornehmlich um Hand- und Spanndienste zur Unterstützung beim Transport von Baumaterial, beim Ausheben von Gräben und anderen einfachen Arbeiten. Für kompliziertere Arbeiten waren geschulte Spezialkräfte (z. B. Steinmetzen) erforderlich, die bezahlt werden mussten.

Herrschaft und Verwaltung

Die Bedeutung der Burg lag in ihrer Funktion als Sitz und Repräsentation von Herrschaft. Der zur Burg gehörende Herrschaftsbereich («Zugehörungen») umfasste neben der Grundherrschaft – d. h. Ländereien, Gütern, Wirtschaftshöfen, aber auch Wiesen, Äckern und Wäldern – Rechte wie Zoll- und Gerichtsrechte oder die Nutzungsrechte von Kupfer- oder Silberminen sowie Fischerei- und Jagdrechte. Er schloss auch die Herrschaft über die auf dem Grund lebenden Menschen ein.

Ein Beispiel hierfür bietet eine Urkunde aus der Mitte des 12. Jahrhunderts, die König Konrad III. für den Basler Bischof Ortlieb ausstellte. Sie besagt, dass (in deutscher Übersetzung) «die beiden Burgen Waldeck [im Schwarzwald] mit allem Zubehör, bebautem und unbebautem Land, mit dem Wildbann, mit Wasser und Wasserläufen, der Fischenz, mit Mühlen, Weg und Steg, mit Wiesen und Weiden» dem Bischof überlassen wurden.[30] Die Burgen selbst bildeten hier nur einen kleinen Teil des dem Lehnsnehmer übertragenen Besitzes; einer Aufstellung nach machten sie in diesem Fall rund die Hälfte des Gesamtwertes aus. Ähnlich berichtete Mitte des 17. Jahrhunderts Maximilian Graf von Mohr zu seiner Burg Obermontani (Südtirol): «[...] habe ich due Khauf an mich gebracht anno 1647 und zu Lechen empfangen. Diese Veste ist mit Holz, Wein, Weid, Wasser, Höfen, Wüsen und Guetter, wie auch den Thurn Unter-Montani, sambt der Fischwaid, Rais und Raisgejaidt auch den Sitz Montelbon zu Partschins. 1650 habe ich [...] einen Burgfrieden und Jurisdiction erhalten».[31]

In Lehnsurkunden wie den eben genannten sowie in Pfandurkunden und Kaufverträgen werden die Zugehörungen häufig detailliert aufgezählt. Auskünfte über die zu einer Herrschaft gehörenden Güter und Rechte geben auch Besitzverzeichnisse («Urbare»). Der Wert einer Burg ermaß sich oft nur zum kleineren Teil aus den unmittelbar zur Anlage gehörenden Gebäuden – der größere Wert lag in den Zugehörungen und den damit verbundenen Rechten. Eine Burg war in dieser Hinsicht das architektonische und soziale Zentrum einer Wirtschaftseinheit. Wurde eine Burg erobert, so gingen auch die mit ihr verbundenen Zugehörungen in den Besitz des Siegers über. Die Frage, inwieweit die Größe einer Burg und die Stärke ihrer Verteidigungsanlagen auch Ausdruck der Größe des an sie angeschlossenen Besitzes waren, wurde bislang noch nicht systematisch untersucht.

Als Herrschaftssitz war die Burg auch ein Ort, an dem Urkunden ausgefertigt wurden, die ältere Rechtsverhältnisse bestätigten oder neue schufen – zum Beispiel Lehnsbriefe und Besitzrechtsurkunden, aber auch Urkunden wie die zur Entmachtung Heinrichs des Löwen und zur Aufteilung seines Herrschaftsgebietes (1180). Die Ausstellung erfolgte im Beisein der Aussteller und der Empfänger sowie von Zeugen. Für einen solchen Rechtsakt bot sich der Saal einer Burg als geeigneter Ort an. Auch die Rechtsprechung konnte zu den vertraglich gesicherten Rechten einer Burg gehören und war mit Einnahmen verbunden. Alle genannten Rechte und Einkünfte blieben auch in dem Fall erhalten, dass das Bauwerk zur Ruine wurde. Konsequenterweise konnten auch Ruinen verkauft oder verlehnt werden, da die Nutzungsrechte der Zugehörungen weiter Gültigkeit besaßen und lukrativ blieben. Werner Meyer führt in diesem Zusammenhang die 1356 bei einem Erdbeben zerstörte Burg Bischofstein bei Basel an, die 1464 offenbar nur der Zugehörungen wegen als Ruine den Besitzer wechselte.[32] Noch heute kommt es vor, dass ein Eigentümer eine Burgenruine behält, weil mit dem Eigentum Jagd- und Fischereirechte sowie Waldbesitz verbunden sind.[33]

Zur Ausübung der Herrschaft diente insbesondere bei größeren Territorial- und Landesherrschaften ab dem Spätmittelalter die Amtsfunktion vieler Burgen. Die Rechte, die mit einer Burg bzw. einer Herrschaft verbunden waren, mussten verwaltet, die Einkünfte aus den verschiedenen Gütern überwacht und dokumentiert werden. Diese Aufgaben übernahmen Verwaltungseinrichtungen, die unter dem Begriff

«Amt» zusammengefasst wurden; im Laufe der Zeit entwickelten sich die Ämter zu den wichtigsten Verwaltungseinheiten überhaupt. Ein weiterer Bestandteil von Burgen mit zunehmender Wichtigkeit waren die Amtsarchive, in denen alle Verzeichnisse, Entscheidungen und Urkunden aufbewahrt wurden und die heute eine wichtige historische Quelle darstellen. Urkunden wurden im Mittelalter nicht nur in Burgen ausgestellt, sondern insbesondere auch in Domen, Kloster- oder bedeutenden Pfarrkirchen. Im 13. Jahrhundert wurde jedoch in einigen Regionen Deutschlands mehr als ein Drittel aller erhaltenen Urkunden in Burgen ausgestellt. Dieser Akt setzte eine entsprechende «Behörde» voraus, die Kanzlei, die den Urkundentext verfasste, in wenigstens zwei gleichen Versionen niederschrieb und später auch archivierte. Gehörten Notare bei den Königen noch lange zum Reisetross, dürften die Fürsten seit dem 13. Jahrhundert über feste Kanzleien in ihren Burgen verfügt haben.

Die niedere Gerichtsbarkeit gehörte als Aufgabe zu Burgen mit einer Grundherrschaft, die (höhere) Blutgerichtsbarkeit zumindest zu landesherrlichen Burgen. Gerichtsverfahren erbrachten den Burgherren Einnahmen durch Gebühren und bei schweren Straftaten durch die Beschlagnahme des Eigentums der Täter. Allerdings war die Burg selbst nur selten der unmittelbare Ort von Gerichtsverhandlungen, denn sie galt nicht als öffentliches Gebäude und war daher nicht jedermann zugänglich. Da Gerichtssitzungen öffentlich stattzufinden hatten, tagten die Gerichte sehr viel häufiger vor den Burgtoren oder in einer nahe gelegenen Stadt als innerhalb der Burgmauern.[34] Dementsprechend war die Burg im Mittelalter auch nicht der Ort, an dem Strafgefangene festgehalten wurden, insbesondere nicht für einen längeren Zeitraum, sondern allenfalls kurzfristig und auch dies oft erst ab dem 16. Jahrhundert (Abb. 13). Anders sah es bei Fehden aus. Hier konnte ein Gegner auf der Burg festgesetzt werden, um durch seine Haft ein Lösegeld oder eine Unterwerfung zu erpressen.[35] Erst ab dem 16. Jahrhundert wurden auch Aufrührer, etwa Anhänger Thomas Müntzers, bis zu einer Verurteilung auf Burgen festgesetzt.

Des Weiteren konnten in Burgen Personen gefangen gehalten werden, die dem Burgherrn etwas schuldeten (z. B. Oswald von Wolkenstein 1388 im Turm von Vall und später in Burg Forst). Als Geisel, mit deren Hilfe man ein Lösegeld erpressen wollte, wurde z. B. der englische König Richard Löwenherz 1193 in Dürnstein und später im Trifels fest-

13 Kyburg, Gefängniszelle, 1529

gehalten. Solche Gefangene schmachteten aber nicht in einem dunklen Verlies, sondern lebten in einem ihrem adligen Status angemessenen Raum, da ihre körperliche Unversehrtheit zur Erlangung des Lösegeldes oberste Priorität hatte. In einigen Fällen kann es auch zu Folterungen gekommen sein, wie etwa Oswald von Wolkenstein sie seiner eigenen Aussage zufolge erfuhr, bis er zusagte, die von ihm unterschlagenen Gelder zurückzugeben.

Je stärker Burgen im Laufe des späten Mittelalters und der Frühen Neuzeit als Sitz von Ämtern und der Amtsverwaltung genutzt wurden, desto häufiger dienten sie allerdings auch selbst als Gerichtsorte (z. B. Alzenau, 15. Jahrhundert; Kynast/Schlesien, erste Hälfte 15. Jahrhundert; Weilburg, um 1570). In der Neuzeit konnte die Rolle als Amts- und Gerichtssitz diejenige als herrschaftlicher Wohnsitz ablösen (z. B. Cadolzburg, Heldburg). Nun konnte die Burg auch als Untersuchungsgefängnis mit Folterkammer fungieren. Berichte von Folterungen beziehen sich daher in aller Regel nicht auf das Mittelalter, sondern auf eine neuzeitliche Umnutzung der Burgen.

Wen schützten Burgen?

Eine Hauptaufgabe der Burg lag im Schutz vor äußeren Gefahren. Sie umfasste den Schutz der dauerhaften wie der vorübergehenden Bewohner und ihrer fahrenden Habe, also des beweglichen Besitzes, ferner der zugehörigen Güter und der mit der Burg verbundenen Herrschaftsrechte. Bedrohungen konnten durch Herrschaftsansprüche benachbarter Adeliger entstehen, aber auch eine Folge persönlicher Fehden sein – kriegerischer Auseinandersetzungen einzelner Adliger gegeneinander oder auch zum Beispiel der Fehde der Reichsstadt Nürnberg gegen Götz von Berlichingen 1515. Sie konnten sich außerdem aus Bündnissen infolge von Lehnsverpflichtungen ergeben.

Vor allem bei Fehden, die eher selten mit großen Heeren durchgeführt wurden, spielten Burgen eine wichtige Rolle. Der Angreifer konnte zwar das umliegende Land verwüsten, doch stellte die Burg zumeist einen sicheren Rückzugsort dar, der sich ohne größeren militärischen Aufwand nicht ohne Weiteres einnehmen ließ. Die Meinung, dass Burgen auch als Schutzbauten für die breite Bevölkerung dienten, lässt sich für das Hoch- und Spätmittelalter angesichts ihrer durchschnittlichen Größe und ihrer begrenzten Versorgungsmöglichkeiten nicht bestätigen. Beim Angriff französischer Truppen unter Philippe II. Auguste auf die normannisch-englische Burg Château Gaillard 1204 blieben beispielsweise einer zeitgenössischen Chronik zufolge die Tore für die Bauern der Umgebung geschlossen. Bis weit in die Neuzeit fand die Landbevölkerung in der Regel keinen Schutz. In besonders bedrohten Gebieten entstanden zwar in Dörfern und kleineren Städten die erwähnten Kirchenburgen, so etwa in Siebenbürgen ab dem 15. Jahrhundert in Anbetracht der Türkengefahr. Doch lediglich Städte, die ebenfalls oft stark befestigt waren, boten einen ähnlichen Schutz wie Burgen.

Eine gewisse Ausnahme stellen die im frühen Mittelalter nachweisbaren Befestigungen dar, die durch archäologische Forschungen nachweisbar sind und häufig als Fliehburgen («Volksburgen») bezeichnet wurden. Über die genaue Funktion und das tatsächliche Leben in diesen Befestigungen ist jedoch nur wenig bekannt, da es praktisch keine schriftlichen Quellen gibt. Im Frühmittelalter finden sich ausgedehnte

Siedlungskomplexe vor den Toren von Pfalzen und Burgen. Dies zeigt symptomatisch an, dass die Burgen des Mittelalters selbst grundsätzlich keine Schutzbauten für breite Bevölkerungsschichten waren, sondern zuerst dem Schutz der eigenen Bewohner dienten. Nur in besonderen Situationen kam diese Schutzfunktion weiten Bevölkerungsteilen zugute. Die Burgen, die gegen die Einfälle der Normannen im 9. Jahrhundert sowie der Ungarn im 9. und 10. Jahrhundert errichtet wurden, hatten auch größere Teile der Bevölkerung zu schützen, wie aus archäologisch ermittelten Überresten geschlossen werden kann. Eine Nutzung als dauerhafter Adelswohnsitz ist bei diesen Bauten dagegen nicht grundsätzlich erwiesen.

Obwohl die Verteidigungsfähigkeit der Burgen eine hohe Bedeutung besaß und zahlreiche Belagerungen und Eroberungen überliefert sind,[36] muss man sich allerdings darüber im Klaren sein, dass kaum jede dritte Generation von Burgenbewohnern eine Belagerung passiv erlebte. Im genauer untersuchten Baseler Umland war ein Drittel aller Burgen einmal von einer Belagerung oder von Kämpfen betroffen; bei einer Gesamtzahl von zwischen 300 und 400 Anlagen wurden nur zehn Burgen tatsächlich zerstört.[37] Die meisten Eroberungen gelangen durch Unterminieren der Mauern, Aushungern der Burgbesatzung, durch Verrat oder geschickte Verhandlungen. Zur Ruine wurden viele Burgen hingegen eher durch Brände infolge eines Blitzschlags und durch natürlichen Verfall als durch Eroberungen.

«Burgenpolitik»

Mit Burgen waren immer Herrschaftsrechte verbunden. Je mehr Burgen ein König, Fürst, Adliger oder ein Kloster besaß, desto mächtiger konnte er oder es sein. Ziel war es, ein möglichst großes Territorium zu besitzen. Daher bemühten sich die Dynastenfamilien und in ihrer Folge auch andere Territorialherren, ihre häufig zersplitterten Besitztümer zu arrondieren und das Gebiet durch Burgen zu sichern. In diesem Sinne ist auch der Ausspruch des Bischofs Otto von Freising (um 1112–1158) zu verstehen, der in den «Gesta Friderici» über den Vater des Stauferkaisers Friedrich Barbarossa, Herzog Friedrich II. von Schwaben (reg. 1105–

1147), berichtet, er habe immer eine Burg am Schwanz seines Pferdes hinter sich hergezogen. Der Ausspruch bezieht sich auf die Burgen, die Herzog Friedrich im Elsass und am Oberrhein anlässlich von Gebietserwerbungen bauen ließ, um die neuen Besitztümer abzusichern.[38] Nach einem Bericht des Abtes Arnold von Lübeck (um 1150–1211/14) sollen die Staufer bereits Ende des 12. Jahrhunderts 350 Burgen besessen – und in der Regel verlehnt – haben.[39]

Mit ähnlichen Absichten betrieben sicher auch andere Familien und Fürsten den Ausbau eigener Burgen, was von einigen Forschern als «Burgenpolitik»[40] bezeichnet wird. Gemeint ist damit ein mehr oder weniger systematischer, über Generationen geplanter und umgesetzter Ausbau. Ein solcher lässt sich jedoch in keinem Fall wirklich über einen längeren Zeitraum nachweisen. Viel eher handelte es sich um eine Reihe von Neubauten und anderen Baumaßnahmen, die entsprechend den Gelegenheiten und Gegebenheiten umgesetzt wurden. Auch bei den Staufern kann man eine königliche «Burgen(bau)politik» höchstens für den erwähnten südwestdeutschen Bereich erkennen, in dem sie ihre Hausmacht besaßen, nicht aber für weitere Reichsgebiete, zu denen beispielsweise auch Italien gehörte. Die Burgenforschung hat die Thesen zur «Burgenpolitik» nicht zufällig in den ersten zwei Dritteln des 20. Jahrhunderts entwickelt, als verschiedene europäische Nationen mit großen Betonwall- und Befestigungsanlagen Grenzen von Hunderten Kilometer Länge zu befestigen suchten (Maginot-Linie, Atlantik-Wall, «Eiserner Vorhang») und eine gesamtstaatliche Organisation dies auch ermöglichte; vergleichbare Machtgebilde gab es im Mittelalter aber nicht.

Eine gewisse Ausnahme bildet der Trierer Erzbischof Balduin von Luxemburg (Erzbischof 1307–1354), der mehrere Burgen im Gebiet des Hochstifts errichten ließ, die er teilweise nach sich benannte (z. B. Baldenau, Baldeneck, Balduinstein). Mit ihnen wollte er die weltliche Herrschaft des Stiftes gegen Ansprüche benachbarter Adliger sichern; aus diesem Grund ließ er auch oberhalb der Burg Eltz die kleine Burg «Trutzeltz» errichten. Während seiner Zeit als Administrator des Erzbistums Mainz (1328–1336) gab er die Erneuerung der Burg Eltville in Auftrag. In diesem Sinne setzte auch sein späterer Nachfolger Werner von Falkenstein (Erzbischof 1388–1418) die Errichtung von Burgen fort. Um 1401 ließ er Burg Wernerseck mit einem viergeschossigen Wohnturm erbauen.[41]

Die Burgen dienten jedoch sicher nicht nur der territorialen Festigung des Erzstiftes Trier, indem sie Bauplätze nahe dem Herrschaftsbereich anderer Fürsten besetzten. Sie waren auch repräsentative Wohnburgen, die «symbolisch» den Einflussbereich des Bischofs anzeigten, aber auch als Aufenthaltsort, beispielsweise bei Jagden, gut zu nutzen waren. Grundsätzlich dienten Burgen primär zur Sicherung der Herrschaft und insbesondere der Einkünfte aus Land-, Forst- und Wasserwirtschaft, nicht aber als Verteidigungsring im Sinne miteinander kommunizierender Festungen und Sperranlagen, wie sie aus der Neuzeit bekannt sind.

Dass Burgen der Sicherung bestehender Herrschaftsgebiete oder der Erweiterung von Herrschaften sowie der Einrichtung und Sicherung neuer Zölle gedient haben, zeigen zwei Bauten des späteren Königs Rudolf von Habsburg (Ortenberg/Elsass, Abb. 4) sowie König Ludwigs des Bayern (Pfalzgrafenstein, Abb. 76) am Mittel- bzw. Oberrhein. In der Regel dürfte die Anlage neuer Burgen örtlichen Bedingungen und dem grundsätzlichen Streben nach Besitzmehrung gefolgt sein: Burgen wurden errichtet, wo ein Bedarf existierte, Herrschaft und Herrschaftsansprüche sowie insbesondere Einkünfte zu sichern. Eine systematische «Burgenpolitik» lässt sich jedoch in keinem Fall nachweisen, auch wenn sicherlich einzelne Herrscher und Familien zeitweise intensiver mit der Neugründung von Burgen beschäftigt waren. Mit Wehrkonzepten des 20. Jahrhunderts darf man dies auf keinen Fall vergleichen.

4. DIE BAUTEILE DER BURG

Wie man eine Burg baute

Das Bauen einer Burg unterschied sich vom technischen Vorgang her nicht vom Bauen anderer steinerner oder hölzerner Gebäude. Eine Besonderheit war oft jedoch der Bauplatz, der abseits größerer Siedlungen oder in unwegsamem Gelände, etwa auf steilen Felskuppen, liegen konnte und somit nur mühsam zu erreichen war (Abb. 14). Der Bau an einem solchen Ort stellte Baumeister und Bauleute vor besondere Herausforderungen, angefangen beim mitunter gefahrvollen Vorbereiten der Baustelle. Bei Burgen auf felsigem und steilem Gelände war das Einmessen des geplanten Baus eine schwierige Aufgabe, denn man musste den vorgesehenen Grundriss festlegen, ohne eine ebene und leicht zu überblickende Fläche vor sich zu haben. Mühsam waren weiterhin der Antransport der Baumaterialien und die Versorgung der Baustelle mit dem zum Bauen nötigen Wasser. Für derartige Transporte konnte ein Burgherr allerdings häufig auf Hand- und Spanndienste im Rahmen von Frondiensten zurückgreifen.

Über den konkreten Bauvorgang beim Errichten einer mittelalterlichen Burg gibt es vor allem aus dem Früh- und Hochmittelalter praktisch keine schriftlichen Quellen. Erst ab dem Spätmittelalter erteilen Rechnungen, mitunter auch Chroniken oder Rechtsakten, Auskünfte über die am Bau beteiligten Werkleute, die verwendeten Materialien, die Reihenfolge der einzelnen Arbeitsschritte und natürlich die anfallenden Kosten. Bauinschriften, die vor dem 15. Jahrhundert ohnehin kaum vorkommen, geben hingegen keine befriedigenden Auskünfte. Ein großes Rätsel bleibt die Frage, wer eine Burg architektonisch geplant hat. Namen von Baumeistern sind vor der Renaissance in Mitteleuropa nicht überliefert; die einzige inschriftliche Namensnennung, die auf Burg Wildenberg i. O. («Bertold murte mich, Ulrich hiwe mich»), ist vermutlich eine neuzeitliche Fälschung. Auch Pläne sind vor dem 16. Jahrhundert (Abb. 15) nicht bekannt – ganz im Gegensatz etwa zu den großen Kirchenbauten, für die sogenannte Bauhüttenrisse seit dem 13. Jahrhundert erhalten sind. Bauherr und Baumeister scheinen sich demnach im Falle von Burgen auf andere Weise über Gestalt und Größe der Anlage verständigt zu haben, möglicherweise nur im Gespräch. Eine typische Entwurfsmöglichkeit waren etwa Skizzen auf Wachstafeln, die man leicht auswischen und nach Wunsch verändern konnte. Entwürfe konnten aber auch einfach in den Erdboden oder auf eine bereits errichtete Wand gezeichnet werden, die man nachher mit Putz überdeckte; zumindest aus dem Kirchenbau (z. B. vom Naumburger Dom, um 1230/50) sind solche Fälle bekannt.

14 Rappoltsweiler, Ulrichsburg mit Saalbau, Wohnbauten und Bergfried

15 Nürnberg, Kaiserburg, Entwurfszeichnung zur Aufstockung des Sinwellturms, 1561/63

16 Stein am Rhein, Burg, Dachwerk

Burgen wurden in Mitteleuropa aus Holz, Stein und Lehm errichtet. Auch wenn es heute oft so erscheint: Keine Burg war ein reiner Steinbau. Vielmehr spielten hölzerne Bauteile auch im hoch- und spätmittelalterlichen Burgenbau eine wesentliche Rolle, sei es in Form von ganzen Gebäuden oder Gebäudeaufbauten, sei es in Form von Balkenlagen und Dachwerken (Abb. 16), von Stubenkonstruktionen oder vorkragenden Erkern und Wehrgängen. Hölzerne Bauten oder Bauteile errichtete man als Gerüstbauten (zumeist Fachwerkbauten) oder als Blockbauten.[42] Bei der Neuanlage einer Burg scheint man, jedenfalls ab dem 12. Jahrhundert, zuerst entweder eine Ringmauer oder einen Turm (Bergfried) errichtet zu haben (Ringmauer: Romrod, Ende 12. Jahrhundert; Turm bzw. Bergfried: Reifenstein/Südtirol, 13. Jahrhundert). Erst danach, meist in geringem zeitlichen Abstand, entstanden die eigentlichen Wohn- und Wirtschaftsgebäude, oft wohl zunächst als Fachwerkbauten. Die Schutzfunktion der Burg stand beim Bau also vor anderen Überlegungen im Vordergrund.

Bei der Mehrheit der frühmittelalterlichen Burgen wird es sich um sogenannte Holz-Erde-Konstruktionen gehandelt haben, d. h. um Anlagen, die im Wesentlichen aus Holz und Lehm errichtet wurden. Wie an gut ergrabenen Burgen, etwa am Husterknupp (10./11. Jahrhundert) oder an Haus Meer (Anfang 11. Jahrhundert), zu ersehen ist, bestand auch der Hauptturm aus einem Fachwerkbau. Nur die Königs-, Bischofs- und Herzogspfalzen scheint man vornehmlich aus Stein errichtet zu haben.

Erst ab der zweiten Hälfte des 11. Jahrhunderts ist Stein das häufigere Baumaterial. Für Burgen wurde fast immer das örtlich vorhandene Gestein verwendet. Stein aus größeren Entfernungen heranzutransportieren, war aufwendig, zeitraubend und kostspielig. Musste man bei einer Burg am Hang einen sogenannten Halsgraben ausbrechen, so konnte man einen Teil des Steinmaterials bereits dort gewinnen. Meist reichte dies aber nicht aus, so dass man kleine Steinbrüche in der Nähe ausbeutete. Hierbei handelte es sich häufig nur um kleine Gruben, die sich überall dort anlegen ließen, wo der Fels leicht abzubauen war. In der Regel wurde nur wertvolleres Steinmaterial – etwa Sandstein, Kohlekalk oder Marmor –, wie es für Quader oder besondere Bauteile (Portal- und Fenstergewände, Kapitelle, Gewölberippen) benötigt wurde, in größeren, entfernter liegenden Gruben gebrochen. Nur in Regionen mit reichem Sandstein- oder Kalksteinvorkommen bestehen die gesamten Mauern aus diesem Material.

17 Beilstein (Baden), Ringmauer mit zweischaligem Mauerwerk. Der Aborterker verweist auf einen zerstörten Wohnbau an dieser Stelle

Fundamentmauerwerk ist auch bei Burgen deutlich gröber als aufgehendes Mauerwerk, da es in der Regel unter der Erdoberfläche verschwand und durch eine größere Breite dem aufgehenden Mauerwerk Stabilität verleihen sollte. Bei Backsteinbauten bestehen die Fundamente zumindest in Norddeutschland häufig aus Granitfindlingen. Die Mauerstärke einer Burg ist von der Funktion und Traglast der jeweiligen Mauer abhängig. Bei einem mehrgeschossigen Gebäude, insbesondere bei Türmen, benötigte man dickere Mauern, bei einem niedrigen Steinbau ohne Werkfunktion und ohne Gewölbe genügten hingegen Mauerstärken von unter einem Meter. Besonders Mauern an Angriffsseiten hat man durch eine größere Dicke geschützt, die in Einzelfällen mehrere Meter betragen konnte. Quadermauern wurden «zweischalig» gebaut, d. h., auf beiden Seiten errichtete man sorgfältig geschichtete Steinlagen mit möglichst dünnen Mörtelschichten und unterschiedlicher Steintiefe (Abb. 17). Zwischen diese beiden «Schalen» wurde dann Gesteinsbruch mit einem höheren Mörtelanteil eingebracht, so dass sich eine solide Mauermasse ergab. Dicke Mauern boten zudem die Möglichkeit, an bestimmten Stellen Mauertreppen, Wehrgänge, Abortgänge und andere Einbauten einzufügen.

Die häufigste Mauerwerksform im mitteleuropäischen Burgenbau ist das Bruchsteinmauerwerk (Abb. 18). Bei Bruchstein ist die äußere Erscheinung des Mauerwerks sehr unterschiedlich, da sich die im Vergleich zum Quadermauerwerk unregelmäßiger geformten Steine in ganz

18 Wertheim, Burg, Wohnbau aus Bruchsteinmauerwerk und Quadergewänden, Mitte verändert im 16. Jahrhundert, rechts Bergfried aus Buckelquadern

19 Belzig, Burg, Backsteinmauerwerk mit Ziersetzungen (Kreuze) und Gerüstlöchern

unterschiedlicher Weise vermauern ließen. Die Art des Mauerwerks kann dabei Hinweise auf die regionale und zeitliche Einordnung von Burgen geben. So konnte der Maurer Steine von immer gleicher Höhe und ähnlicher Größe aussuchen, was das Bild der Mauer sehr regelmäßig erscheinen ließ. Derart klare, schichtenweise aufgeführte Bruchsteinmauern («lagerhaftes» Mauerwerk) sind in einigen Gegenden Mitteleuropas für das 12. und frühe 13. Jahrhundert charakteristisch, Mauerwerk aus kleineren, handlichen Bruchquadern hingegen für das 11. und frühe 12. Jahrhundert. Im frühen wie auch im späten Mittelalter bevorzugte man hingegen Mauerwerk aus sehr unterschiedlichen Steinformaten – der Maurer nahm gewissermaßen, was ihm in die Hände kam. Allerdings unterscheiden sich Techniken und bauliche Gewohnheiten je nach Region, natürlich auch abhängig vom Steinmaterial, das zur Verfügung stand. Kennt man die regionalen Entwicklungen, kann man Bruchsteinmauern zeitlich zumindest grob einschätzen.

Ähnlich sieht es mit den Mauertechniken und den Steinformaten bei Backsteinen aus, die ab etwa 1180 im Burgenbau Verwendung fanden (Abb. 19). Sowohl bei den Formaten als auch bei der Oberflächenbehandelung der Backsteine sind wesentliche Unterschiede zu beobachten, insbesondere sind die Steine im Hochmittelalter größer als zu anderen Zeiten. Differenzen lassen sich auch für den Steinverband beobachten, also für die Abfolge von Läufersteinen (Breitseite sichtbar) und Bindersteinen (Schmalseite sichtbar).[43] Auch hier sind bei guter regionaler Kenntnis grobe Datierungen möglich.

20 Rötteln, Bergfried, ornamentiertes Buckelquadermauerwerk mit Zangenlöchern

21 Wildenberg, Ringmauer, Steinmetzzeichen auf Buckelquadern

Die Verwendung von Quadern spricht in der Regel für einen aufwendigeren Bau. Dass man Quadermauerwerk als Qualitätsausweis ansah, zeigt auch die Tatsache, dass man im Spätmittelalter Bruchsteinmauern mit Quaderbemalung versah, also ein teureres Mauerwerk optisch vortäuschte. Konnte oder wollte man keinen ganzen Quaderbau errichten, so mauerte man zumindest Gebäudeecken sowie Tür- und Fenstergewände bevorzugt aus Quadern. Sofern bei Quadern die ursprüngliche Steinoberfläche erhalten ist, kann man heute noch Spuren der Steinbearbeitung feststellen. Für die Herstellung des Quaderkubus war zunächst die Abarbeitung der Quaderkanten erforderlich, die an der Sichtseite als Randschlag, also als gleichmäßiger, glatter, zwei bis vier Zentimeter schmaler Rand, erhalten bleiben konnten (Abb. 20). Die Ansichtsfläche des Quaders konnte dann als Bosse (raue oder unbearbeitete Ansichtsfläche) bestehen bleiben – in diesem Fall spricht man von Buckelquadern –, oder sie konnte mit dem Spitzeisen grob oder mit dem Flacheisen sehr regelmäßig und fein geglättet werden. Viele dieser Erscheinungen sind typisch für bestimmte Epochen. Ab dem 12. Jahrhundert wurde es bis in die Zeit der Renaissance hinein üblich, dass Steinmetze die Quader mit Steinmetzzeichen, einer Art Kontrollzeichen, versahen (Abb. 21). Gleiche Steinmetzzeichen an einem Bauwerk weisen immer auf den gleichen Steinmetzen hin. Die Zeichen lassen sich zwar fast nie mit Namen in Verbindung bringen, aber zumindest durch ihre Form zeitlich einordnen.

Um das Baumaterial vom Boden zur Stelle der Verarbeitung zu schaffen, gab es mehrere Möglichkeiten. Eine einfache waren Kräne, die das Material in Körben oder auf Brettern hochhieven sowie Quader direkt hochheben konnten. Bis zum späten 12. Jahrhundert zog man Quader auf hölzernen Gestellen oder mittels eines «Wolfes» nach oben. Der Wolf ist ein mehrteiliges Eisen, das von oben in ein zuvor eingehauenes trapezförmiges Loch im Quader («Wolfsloch») eingeführt und durch Keile auseinandergespreizt wird, so dass man den Quader gefahrlos in die Höhe ziehen kann. Um 1200 verbreitete sich dann, ausgehend vom Elsass, als neues Hebewerkzeug die Steinzange (Abb. 22). Bei ihr benötigt man zwei kleine seitliche Löcher im Quader, in die die Zange eingreifen kann. Durch das Gewicht des Quaders schließt sich die Zange beim Heben. Dass die Zangenlöcher nach dem Verbauen sichtbar blieben, scheint seinerzeit niemanden gestört zu haben. Für uns sind sie heute eine wichtige Datierungshilfe, insbesondere wenn man nachweisen kann, zu welchem Zeitpunkt die Zange in einer bestimmten Region eingeführt wurde. Bei einigen Bauten kann man sogar ablesen, dass sich die Hebetechnik während der Baumaßnahmen geändert hat. So hat der Bergfried der Burg Kronach (Oberfranken) im oberen Teil Quader mit Zangenlöchern, ohne dass es eine klare Baufuge gegenüber dem unteren Teil gäbe, dessen Quader ohne Zange versetzt wurden. Ähnlich verhält es sich bei Burg Saaleck (Unterfranken). Dies erlaubt eine Datierung in die Jahre um 1240, da die neue Hebetechnik in Franken um diese Zeit eingeführt wurde. Der lange für besonders alt gehaltene Bergfried der Burg Rötteln bei Lörrach kann aufgrund der konsequenten Verwendung der Steinzange nicht vor dem ersten Drittel des 13. Jahrhunderts entstanden sein (Abb. 20), der häufiger in das 13. Jahrhundert datierte Turm der Burgruine Botenlauben bei Bad Kissingen dürfte dagegen aus dem späten 12. oder frühen 13. Jahrhundert stammen, aber nicht jünger sein.

22 Mendelsches Zwölfbrüderbuch: Maurer mit Kran und Steinzange, 15. Jahrhundert, Nürnberg, Stadtbibliothek

Nicht anders als heute wurden beim Burgenbau sowohl zum Aufmauern als auch zum Verputzen und Anstreichen Baugerüste benötigt. Theoretisch konnte man diese mit Stangen fixieren, die vor dem Bauwerk am

Erdboden verkeilt wurden, was der heutigen Praxis entsprechen würde. Zum Verputzen von Fachwerkbauten hat man dies wahrscheinlich auch so gemacht. Bei Steinbauten und besonders bei höheren Gebäuden und Türmen ließ man das Gerüst dagegen in das Mauerwerk ein. Für ein stabiles Gerüst musste man rund alle zwei Meter ein Gerüstholz verankern. Auf diese Hölzer wurden dann Bretter gelegt, von denen aus man arbeitete. Die Gerüstebenen lagen in Abständen von rund einem Meter übereinander, die einzelnen Gerüstlagen wurden also nicht gleichzeitig, sondern Ebene für Ebene genutzt. Nach Fertigstellung der Mauer arbeitete man sich wieder nach unten vor, verputzte das Mauerwerk und zog nach Vollendung von Putz und Anstrich die Gerüststangen heraus oder sägte sie ab. Durch ihre regelmäßige Anordnung sind die Gerüstlöcher, selbst wenn man sie vermauerte, besonders auffällige Merkmale der Bautechnik; starke Sprünge von Gerüstebenen können sogar ein Hinweis auf unterschiedliche Bauphasen sein.

Zur Datierung von Bauwerken und Bauteilen können auch kunsthistorische Beobachtungen zum Stil, zu Profilen und zu Ornamenten hilfreich sein. Einfassungen von Portal- und Fensteröffnungen, aber auch Sockel und Dachansätze hat man zumeist im typischen Stil der jeweiligen Zeit und Region profiliert; auch entsprechend geformte Gesimse trugen zur künstlerischen Aufwertung der Fassaden bei. Doch selbst ein gewisser architektonischer Purismus kann ein Datierungskriterium sein. Typisch für das frühe 13. Jahrhundert in Mitteldeutschland sind beispielsweise Portale, die aus mäßig breiten, völlig profillosen Quadern zusammengesetzt sind und einen einfachen, klaren Rundbogen ergeben (z. B. Marburg, um 1230/40).

23 Landeck (Baden), Entlastungsbogen über einer Felsspalte, ursprünglich vermauert. Irrtümlich werden solche Bögen immer wieder für Tore gehalten

Mauerwerksöffnungen, also Fenster, Portale und Nischen, benötigen einen Sturz über der Öffnung, um das Mauerwerk darüber zu stabilisieren. Neben geraden Steinen – bei schmaleren Öffnungen – ist der gemauerte Bogen die Regel, sowohl bei Quader- als auch bei Bruchsteinbauten. Bögen sitzen aber nicht nur direkt über den Öffnungen, sondern oft auch etwas oberhalb im Mauerwerk, wo sie als «Entlastungsbögen» das Gewicht vom Sturz weg auf die seitlichen, nicht durchbrochenen Mauerteile ableiten sollen. Es ist nicht immer einfach, durch bloßen Augenschein zwischen nachträglich vermauerten Öffnungsbögen und Entlastungsbögen zu unterscheiden. Leichte Verwechslungsgefahr besteht vor allem bei jenen Entlastungsbögen, die nicht über einer Maueröffnung sitzen, sondern über einer Felsspalte (Abb. 23). Bei zahlreichen auf Felsen gegründeten Burgen musste man Felsspalten überbrücken, da ein hohes Gebäude nur auf sicherem Grund stabilisiert werden konnte. Es gibt immer wieder Beispiele, bei denen die Forschung Öffnungen rekonstruiert hat, weil man einen Entlastungsbogen für einen vermauerten Tor- oder Portalbogen gehalten hat.

24 Burg Stargard, Bergfried, Baufuge zwischen dem älteren Zinnenkranz und der spätmittelalterlichen Aufstockung

Besondere Bedeutung bei der Untersuchung von Bauwerken spielen Baufugen (Abb. 24). Darunter versteht man Fugen im Mauerwerk, die sich aus dem Zusammentreffen verschiedener und fast immer auch unterschiedlich alter Bauteile ergeben und von den einzelnen Stoß- oder Lagerfugen dadurch zu unterscheiden sind, dass sie über mehrere Mauerwerkslagen hinwegreichen und das Mauerwerk beidseits der Fugen meist differiert.[44] Baufugen gibt es aber nicht nur zwischen verschiedenen Bauteilen, sie entstehen sowohl beim Zumauern als auch beim nachträglichen Einbrechen von Öffnungen, weil deren Gewände neu gemauert werden müssen. Die ursprünglichen Einfassungen oder Gebäudekanten bleiben dabei oft erhalten und bilden wichtige baugeschichtliche Hinweise, denn sie erlauben es, die relative Abfolge der Bauteile zu bestimmen.

Das für den Bau einer Burg benötigte Holz entstammte entweder den umliegenden Waldgebieten oder wurde mit Flößen herantransportiert. Die Baumstämme wurden in frisch gefälltem oder geflößtem Zustand zu einem Zimmerplatz nahe der Baustelle geschafft und hier «saftfrisch» zu Kanthölzern, d. h. Hölzern mit rechteckigem Querschnitt, zurechtgesägt oder -gebeilt. Bauholz wurde vor der Bearbeitung also nicht getrocknet.[45] Je nach geplanter Verwendung schnitt man die Kanthölzer dann der Länge nach in zwei Hälften oder vier Viertel. Wurden besonders lange Hölzer benötigt, insbesondere für Deckenbalken, beließ man die Kanthölzer allerdings in ganzer Dicke. Sie wurden anschließend «abgelängt», also auf die notwendige Länge zurechtgesägt. Schließlich mussten die Verbindungsstellen der Hölzer ausgearbeitet und die fertigen Verbindungen ineinandergepasst werden. War eine komplette Wand fertig vorbereitet, kennzeichnete der Zimmermann jedes der Hölzer mit einem Zeichen oder einer Ziffer, damit er die vielen Einzelteile beim Aufrichten der Wand wiederfinden und an die richtige Stelle setzen konnte.

Balkenlagen[46] für die Decken konnte man im Steinbau während des Aufmauerns der Wände einfügen oder nachträglich einsetzen (Abb. 25). Baute man sie ursprünglich ein, wurden die Balken ummauert. In manchen Ruinen sehen wir heute quadratische Löcher in dichter, gleichmäßiger Reihung, die eine frühere Balkenlage und damit Geschosshöhe belegen, wenn alles Holzwerk zerstört ist. Derartige Balken ließen sich kaum nachträglich einbauen; sorgfältig gemauerte Balkenlöcher weisen also auf einen ursprünglichen Bauzustand hin. Eine andere Methode, Deckenbalken einzusetzen, bestand darin, überall dort, wo eine Balkenlage sitzen sollte, durch einen leichten Rücksprung im Mauerwerk ein Auflager für die Balken zu schaffen; in diesem Fall war auch das nachträgliche Einsetzen möglich.

Viele erhaltene Burgen bestehen aus großen offenen Räumen. Der heutige Zustand muss jedoch nicht unbedingt dem mittelalterlichen entsprechen. Vielmehr ist anzunehmen, dass die Räume oft durch Innenwände in kleinere Raumteile gegliedert waren. Hölzerne Innenausbauten in Burgen waren zu jeder Zeit vorzugsweise Fachwerkwände. Hölzerne Stubeneinbauten aus Bohlen-Balken-Konstruktionen gab es wahrscheinlich ab dem 13. Jahrhundert (Boymont/Südtirol); die erhaltenen Beispiele entstanden ab dem 15. Jahrhundert. Die Wände dieser Einbauten benötigten einen Rahmen, der aus Schwelle und Rähm (unteres bzw. oberes waagerechtes Begrenzungsholz eines Wandabschnitts) oder aber aus zwei seitlichen Ständern bestand. In diesen Rahmen wurden Bohlen, also kräftige Hölzer, in Nuten eingelassen. Bei späteren Umbauten wurden solche Wände häufig wieder entfernt, doch oft blieben tragende Hölzer (Ständer, Schwelle oder Rähm) erhalten, und die Nuten können heute Hinweise für die Rekonstruktion verschwundener Bohlenstuben geben. War die Konstruktion fertig, so wurde sie zumindest auf der Rückseite (also einem Nachbarraum zugewandt) mit einer dicken Lehmschicht verkleidet, für die Holznägel als Halterung dienten. Diese Isolierung speicherte die Wärme der Stube, die von einem Nachbarraum aus durch einen Ofen beheizt wurde. Wo eine Stube gleichzeitig mit der Errichtung eines Steinbaus geschaffen wurde, kann sich an den Wänden des Letzteren auch nach der Zerstörung der Holzstube noch der Abdruck der Lehmverkleidung erkennen lassen (z. B. Karlskrone).

Zu den letzten Phasen des Bauvorgangs gehörte das Verputzen bzw. Anstreichen der Wände und Fassaden. Historische Putze, Schlemmen und Anstriche sind ein Thema, das lange Zeit nicht aufmerksam genug betrachtet wurde. Dies hatte zur Folge, dass sie oft leichtfertig entfernt wurden oder man sich überhaupt nicht bemühte, das frühere Erscheinungsbild zu rekonstruieren. Heute werden Putze in der Regel sehr viel dicker aufgetragen als früher, weil sich die Gewährleistungsfristen der Baufirmen mit der (geringeren) Haltbarkeit dünner Schlemmen nicht vertragen. Auch bei den Putzen gab es im Laufe des Mittelalters unterschiedliche Techniken und Moden. Im 12. bis frühen 14. Jahrhundert strich der Maurer bei Bruchstein die Mörtelfuge mit der Kelle glatt

25 Boymont (Südtirol), Saalbau, Inneres mit Saalfenstern sowie Balkenlöchern und Pfeilerfundament für die Stütze eines Unterzugs

26 Baden (Niederösterreich), Rauheneck, Burgkapelle, Pietrarasa-Putz, Anfang 13. Jahrhundert

und zog mit der Kellenspitze freihändig oder mit einem speziellen Eisen auf einem als Lineal wirkenden geraden Holzbrett eine Fuge in den Mörtel («pietra rasa», Abb. 26). Im 14. Jahrhundert – von Region zu Region allerdings unterschiedlich – hat man statt dieser plastischen Fugen auf den glatt gestrichenen Mörtel auch gemalte Fugen über einer dünnen Schlemme aufgetragen (z. B. Kreideturm bei Hocheppan/Südtirol). Erst ab dem späten 15. Jahrhundert gibt es Anhaltspunkte für eine etwas größere Putzdicke von einigen Millimetern, wenn nämlich Gewändesteine eine Putzkante aufweisen, bis zu der der Fassadenputz zu reichen hatte.

Den letzten Abschnitt der Baumaßnahmen stellte die Dachdeckung dar. Steinerne Helme statt hölzerner Dachwerke gibt es bei einzelnen Türmen (z. B. Ziesar), steinerne Plattformen mit Wasserabläufen finden sich häufiger bei Bergfrieden. Die Regel ist aber das hölzerne Dachwerk, das mit Ziegeln, Naturstein (Schiefer, Sollingstein, Plattenkalk), Holzschindeln oder Dachziegeln belegt wurde. Die Dachwerke unterscheiden sich dabei nicht von denen bei Fachwerkbauten.[47] Strohdeckungen gab es nur bei Nebengebäuden, vor allem in der Frühzeit des Burgenbaus.

Wie man an diesem Überblick ersehen kann, erforderte der Bau einer Burg zahlreiche spezialisierte Handwerker, die größerenteils aus der eigenen Region kamen, kleinerenteils aber geschulte Fachkräfte waren, die man aus anderen Gegenden herbeiholte (dies war z. B. häufig bei Steinmetzen, seltener bei Zimmerleuten der Fall – so stammten die Zimmerleute, die im 16. Jahrhundert das Dachwerk der Burg Hann. Münden aufsetzten, nachweislich aus den Niederlanden). Für die Errichtung eines mehrgeschossigen steinernen Wohnbaus oder eines Turmes brauchte man meist zwischen zwei und fünf Jahren. Bei steinernen Bauteilen musste der Mörtel abbinden, was die Baugeschwindigkeit reduziert haben dürfte, während sich Fachwerkkonstruktionen innerhalb eines Jahres aufrichten ließen. Der Winter war zum Bauen ungeeignet, konnte aber zum Schlagen der Steine sowie zum Fällen und Zuschneiden des Holzes genutzt werden. Erzählungen vom Bau einer Burg oder eines Turmes in wenigen Tagen oder gar über Nacht (Wartburg, 1067, Lug-Ins-Land-Turm vor der Nürnberger Burg) gehören dem Mythos an und dürften wohl nur im übertragenen Sinne für eine schnelle Baumaßnahme sprechen – wobei schnell bei einem reinen, mäßig großen und kaum ausgestatteten Fachwerkbau eine Bauzeit von einem Jahr bedeuten würde. Durchschnittlich dürften für eine Burg aus Wohnhaus, Ringmauer, Bergfried und ein bis zwei Nebengebäuden mindestens fünf Baujahre zu veranschlagen sein, für eine Anlage wie die Kaiserpfalz Gelnhausen wenigstens zehn Jahre.

Wehrbauten und Wehrfunktionen

Burgen standen entweder am Rande von Siedlungen oder aber abseits von ihnen, in der Nähe von Wegen, Brücken, Furten, Straßen und Zollstellen. Sie befanden sich an möglichst geschützten Plätzen, die sich leicht überwachen und verteidigen ließen, indem etwa die Zahl der Angriffsseiten reduziert war. Die *Lage* war somit Teil des Wehrkonzeptes. Isoliert stehende Burgen brachte man auf Bergspornen oder -höhen und an Hängen häufig so unter, dass die Ringmauer der Kante möglichst steiler Felsen folgte. In hügeligen Gebieten oder im Flachland bevorzugte man für den Sitz von Burgen Hügel oder leichte Geländeerhebungen. In wasserreichen Regionen wählte man dagegen Inseln oder Landzungen. Standen Burgen in Verbindung mit Städten, platzierte man sie am Ortsrand, so dass sie von der Stadt nicht vollständig eingeschlossen wurden; allerdings gingen Stadt- und Burgmauern oft ineinander über.

Wo natürliche Sicherungen fehlten, musste man diese künstlich herstellen. Hierzu gehörten trockene Gräben oder aber Wassergräben. Im Flachland bewirkte man besonders im hohen Mittelalter durch das Aufschütten künstlicher Hügel (Motten) zumindest eine minimale Höhensicherung. Eine weitere Möglichkeit waren Hindernisse wie Hecken aus dichtem Dornengebüsch («Gebück»), die man manchmal auch mit

Wall und Graben verband. Derart weiträumige Landwehren mit einzelnen Warten wurden jedoch mehrheitlich von Städten angelegt (z.B. Höxter, Frankfurt).

Heute wirken viele außerhalb der Städte liegende Burgen, insbesondere Ruinen, wie isolierte Bauten mitten im Wald, fernab jeglicher anderer Gebäude. Dieser Eindruck täuscht in den meisten Fällen, denn zu einer Burg gehörten in aller Regel eine Vorburg und Wirtschaftshöfe, die auch in einigem Abstand zur Burg stehen konnten, besonders wenn diese auf einem Berg gelegen war (z.B. Heldburg: am Fuß des Berges, Marburg: Renthof unterhalb des Schlosses). Ebenfalls zu bedenken ist, dass die mittelalterlichen und frühneuzeitlichen Straßen häufig ganz anders als die heutigen verliefen. Sie nutzten meist die Berge statt der sumpfigen Täler und führten oft viel näher an Burgen vorbei als heute. Der markanteste Unterschied zwischen der heutigen und der mittelalterlichen Situation dürfte aber in der Bewaldung liegen. Während sich heute viele Ruinen mitten im Wald oder auf stark bewaldeten Höhenrücken befinden und oft erst aus nächster Nähe zu sehen sind, so waren Burgen im Mittelalter frei von umgebender Bewaldung. Sie lagen nicht versteckt, sondern gut sichtbar und erlaubten im Gegenzug einen guten Überblick über die Umgebung. Zu keiner Burg hätte man sich durch einen dichten Wald heranschleichen können.

Als verteidigungsfähiges bewohnbares Bauwerk bedurfte die Burg nach allen Seiten einer Sicherung, die im Laufe der Zeit in enger Reaktion auf die Entwicklung der Waffentechnik immer komplizierter und vielschichtiger wurde. Von außen nach innen verfügten Burgen über ein in Jahrhunderten gewachsenes und immer wieder erweitertes System von Wehranlagen. Als heutiger Besucher stößt man zuerst gelegentlich auf äußere Bastionen, mitunter eine Barbakane, anschließend (abhängig von der Lage der Burg) auf einen Graben, gegebenenfalls auch ein System aus mehreren Gräben und Wällen, danach auf die Zwingermauer, den Zwinger selbst und schließlich auf die Ringmauer. Viele dieser Außensicherungen sind später verschwunden oder wurden überwuchert und sind daher nur schwer zu erkennen.

Jede an einem Hang oder einem Sporn gelegene Burg verfügte über einen *Halsgraben* (Abb. 27), der die Burg vom Bergrücken abtrennte. Bei den meisten Burgen ist dies die erste Sicherung, die einem Betrachter heute auffällt. Der Halsgraben hatte die Aufgabe, den einfachen und direkten Zugang vom Berg her zu erschweren und den Angreifer aufzuhalten. Das Betreten der Burg war nur über eine Brücke über den Halsgraben möglich, die im Gefahrenfall entfernt werden konnte. Ursprünglich erfolgte der Zugang oft mittig über den Bergrücken und über den Halsgraben hinweg; später konnte er an eine der Seiten verlegt werden, wie bei den Burgen Wildenberg i. O. und Ranis zu sehen ist. Dabei konnte der Halsgraben so tief ausgehoben sein, dass selbst ein seitlicher Zugang über eine Brücke hinweggeführt werden musste.

Vorbefestigungen wie etwa eigenständig befestigte *Vorwerke* sind in Deutschland selten nachzuweisen. Wahrscheinlich gab es solche Sicherungen aus einfachen Mauern und Toren oder Erdwerken weit vor dem Burgtor im hohen wie im späten Mittelalter häufiger – nur erhalten haben sie sich kaum. Eine äußere, vermutlich spätmittelalterliche Vorbefestigung hat beispielsweise Burg Wildenberg i. O. Vergleichsweise jung

27 Žebrák (Tschechien), Kernburg mit nachgebautem Tretrad eines Krans, Vorburg mit kleiner Pforte und Zugbrücke, das Haupttor führt weiter rechts in die Vorburg

sind neuzeitliche Bastionen, die mittelalterlichen Burgen vorgelagert wurden, also Außenbefestigungen, die nach den Prinzipien des Festungsbaus angelegt wurden (z. B. bei der Heldburg im 17./18. Jahrhundert) und als zusätzliche Außensicherung gedacht waren. Ihnen hat die Burgenforschung bisher wenig Beachtung geschenkt, wohl weil sie meist nur noch in geringen Resten erhalten sind.

Ein in Deutschland eher seltenes Verteidigungselement waren *Barbarkanen*. Unter einer Barbakane versteht man ein befestigtes Tor vor dem Burggraben, das jedoch im unmittelbaren Zusammenhang mit dem Burgtor steht. Eine Barbakane besteht aus einem Tor und einem kleinen ummauerten Hof; rückseitig stößt sie an den Burggraben, hinter dem sich die Ringmauer mit dem Haupttor der Burg befindet. Dieses lässt sich durch eine Zugbrücke von der Barbakane abtrennen. Die Bezeichnung «Barbakane» kommt wahrscheinlich aus dem Arabischen; ein früher Nachweis für die Existenz dieses Ausdrucks ist eine Inschrift im Crac des Chevaliers, der bedeutendsten Kreuzfahrerburg in Syrien, wobei dort allerdings keine Barbakane in unserem Sinne gemeint ist, sondern ein Zwinger.[48] Mitteleuropäische Barbakanen kennen wir mehrheitlich von Stadtmauern (Krakau, Naumburg, Weißenburg i. B.). Ein Beispiel im mitteleuropäischen Burgenbau ist Rathsamhausen bei Ottrott (Elsass, 15. Jahrhundert), häufiger finden sich Barbakanen bei englischen Burgen (z. B. Dover und Goodrich).

Ein typisches Element der mitteleuropäischen Wehrarchitektur ist ab dem 13. Jahrhundert der *Zwinger* (Abb. 28): ein schmaler, unbebauter Streifen zwischen der Ringmauer und einer vorgelagerten weiteren Befestigungsmauer, der Zwingermauer. Diese steht meist mit einem Abstand von wenigen Metern vor der Ringmauer und ist niedriger als diese. Die Zwingermauer kann mit den gleichen Wehrelementen versehen sein wie die Ringmauer, also mit Wehrgang, Zinnen, Schießscharten und Türmen. Der Angreifer, der die Zwingermauer überwunden hatte, sah sich in einem schmalen, ungeschützten Bereich ungedeckt der Ringmauer gegenüber, von der aus er beschossen oder mit Steinen beworfen werden konnte. Zwinger umgeben Burgen vor allem an besonders gefährdeten Seiten, im Notfall aber auch ringsum. Die Tore der Zwinger entsprechen in ihrer Gestalt häufig jenen der Ringmauer, können aber etwas einfacher sein und sind wie die Zwinger selbst oft jünger, da diese in vielen Fällen erst nachträglich vor die ältere Ringmauer gesetzt wurden. Durch Vorbefestigungen und Zwinger kann eine Burg über mehrere Tore verfügen; ein Extremfall ist die Burg Hochosterwitz (Kärnten) mit vierzehn Torhäusern vom Fuße des Burgbergs bis zur Hauptburg (um 1571–1585). Zur Verteidigung der Burg war eine derart große Zahl an Toren nicht erforderlich. Sie erfüllten wohl vor allem repräsentative Zwecke, zumal der Bauherr Landeshauptmann in Kärnten war.

Einen frühen Zwinger besitzt der bereits erwähnte Crac des Chevaliers, der nach neueren Forschungen[49] in die Mitte des 13. Jahrhunderts zu datieren ist. Über seine vornehmlich französischen Baumeister wurde die Kenntnis dieses Bautyps dann vermutlich nach Frankreich und England vermittelt. Regelmäßig angelegte Zwinger dürften daher auf Erfahrungen der Kreuzfahrer zurückzuführen sein. Allerdings finden sich auf dem Gebiet des Deutschen Reiches bereits seit dem 11. Jahrhundert bei einigen Burgen Bereiche vor der Ringmauer, die durch Vormauern gesichert wurden (Harzburg, Habsburg, Neuenburg, Schlössel).[50] Sie gelten als Vorläufer der Zwinger, aber ob sie für die späteren Zwinger auch als Vorbild gedient haben, ist fraglich. Als «*Torzwinger*» wird eine kleine Befestigung vor dem Burgtor bezeichnet, die eine zusätzliche Kontrolle der Besucher ermöglichte. Dazu wurde sie von

28 Kynast (Schlesien), Ringmauer (links), Zwinger und niedrigere Zwingermauer

29 Boberröhrsdorf, Wohnturm, Wehrgang unter dem Dachwerk

einer eigenen Wehrmauer mit einem Tor eingefasst, während als Rückseite die Ringmauer der Burg selbst diente. Im Unterschied zur Barbakane ist der Torzwinger direkt an die Ringmauer angelehnt und nicht durch einen Graben von der Burg getrennt.

Die *Ringmauer* war die Hauptsicherung einer Burg und schloss die Kernburg auf allen Seiten ein. Gab es eine Vorburg, so konnte dieser Bereich mit einer eigenen Ringmauer derjenigen der Kernburg vorgelagert sein. Die Ringmauer unterscheidet sich von einer schlichten Einfassungsmauer durch ihre Höhe, ihre Stärke und die Möglichkeit, von ihr aus die Burg aktiv zu verteidigen. Sie verfügt also immer wenigstens über einen Wehrgang. Obwohl der Begriff «Ringmauer» eine einheitliche, durchgehende Mauer nahelegt, konnte sie auch abschnittsweise errichtet werden. Gerade bei frühen Burgen oder kleineren Anlagen ist anzunehmen, dass sie nicht sofort vollständige steinerne Ringmauern erhielten, sondern an weniger gefährdeten und weniger repräsentativen Seiten auch hölzerne Befestigungen die Sicherung übernehmen konnten (z.B. Münzenberg, drittes Viertel 12. Jahrhundert). Grundsätzlich haben Ringmauern einen möglichst geradlinigen Verlauf, insbesondere wenn das Gelände eben ist. Starke Vor- und Rücksprünge wurden vermieden, da sie im Verteidigungsfall schwer zu kontrollieren waren. Oberhalb steiler Abhänge konnte auf Wehreinrichtungen bis auf eine Einfassungsmauer verzichtet werden.

Gestaltung und Aufbau der Ringmauer unterscheiden sich je nach Entstehungszeit erheblich, insbesondere hinsichtlich der Mauerungstechnik, aber auch in den Wehrelementen. Ringmauern wurden stets aus dem örtlich vorhandenen Gestein errichtet. Wo Sand- oder Kalkstein verfügbar waren, hat man besonders zwischen der Mitte des 12. und der Mitte des 13. Jahrhunderts gerne Buckelquader verwendet. Um Material einzusparen und zugleich schneller bauen zu können, ohne der Mauer die nötige Stabilität zu nehmen, setzte man ab dem späteren 13. Jahrhundert an den Innenseiten gelegentlich sogenannte Sparbögen ein (Bruneck, Nürnberger Stadtmauer, Rheinfels): Unterhalb dieser Bögen war die Mauer dünner, oberhalb reichte die Mauerstärke jedoch zur Unterbringung eines Wehrgangs aus.

Der *Wehrgang* (Abb. 29) bildet den oberen Abschluss der Ringmauer und ermöglichte es dem Verteidiger, das Gelände um die Burg herum zu überwachen. Grundsätzlich wurde die Ringmauer im hohen Mittelalter von diesem erhöhten Standort aus verteidigt. Nur selten lassen sich Schießscharten auch zu ebener Erde beobachten wie etwa in Neuleiningen (um 1240, Abb. 30). Für die Anlage eines Wehrgangs gab es verschiedene Varianten. Bei besonders dicken Ringmauern sitzt er auf der Mauerkrone und besitzt an der Außenseite eine dünne Mauerscheibe als *Brustwehr*, die dem Verteidiger Deckung gewährte. Diese Brustwehr musste jedoch durchbrochen sein, damit der Verteidiger das Vorfeld der Burg überblicken und Angreifer bekämpfen konnte. Dazu dienten in regelmäßigen Abständen angebrachte Öffnungen wie Zinnen und Schießscharten. Bei schmaleren Mauern gab es die Möglichkeit, den Wehrgang über Konsolen nach innen vorkragen zu lassen. Um den Mauerfuß besser überwachen zu können, die Gefahr für die Verteidiger aber zu reduzieren, wurden ferner *Maschikuli* entwickelt, schmale äußere Vorkragungen auf Konsolsteinen, zwischen denen Schlitze das Sichern des Mauerfußes durch Pfeilschüsse oder Steinwürfe erlaubten. Eine Ausnahme bilden Wehrgänge aus Holz, die vollständig auf der Außenseite der Ringmauer angebracht waren, sogenannte *Hourden* (um 1890 rekonstruiert in Karlstein). Sie boten den Vorteil, Angreifer am Mauerfuß direkt von oben abwehren zu können, doch waren die Verteidiger den Geschossen der Gegner wesentlich stärker ausgesetzt.

30 Neuleiningen, frühe Schießscharten ohne Schartennischen, um 1240

Historische Angriffs- und Verteidigungswaffen

Klassische Waffen des Mittelalters waren Hieb- und Stichwaffen für den Nahkampf, wie zum Beispiel Schwert, Lanze und Dolch, die vor allem als ritterliche Waffen für den Kampf Mann gegen Mann galten. Distanzwaffen, die mit großer Zielgenauigkeit gehandhabt werden konnten, waren Bogen und Armbrust. Die Armbrust konnte weiter schießen, war allerdings auch schwerer zu spannen (mit einem eigenen Gerät zum Spannen oder beiden Armen) und daher langsamer im Einsatz. Für Angriff und Verteidigung hat man Armbrüste von doppelter bis dreifacher Größe entwickelt, mit denen man schwerere Pfeile auch gegen Holzbauteile richten konnte (Belagerungsarmbrust). Die Kämpfer auf beiden Seiten schützten sich durch leichte Schilde. Die Angreifer nutzten zudem Setzschilde, d. h. mannshohe Schilde, hinter denen sie im Vorrücken auf eine Burg oder ein gegnerisches Heer Deckung finden konnten, um aus dieser heraus gezielte Pfeilschüsse abgeben zu können. Ein geübter Schütze war in der Lage, aus 30 Metern Entfernung in eine Schießscharte hineinzutreffen. Hatte ein Angreifer den Mauersockel erreicht, wurden wohl schon im hohen Mittelalter Sturmleitern genutzt, um die Mauern zu ersteigen. Erhaltene Sturmleitern sehen aus wie lange Lanzen, die jedoch aus den ineinandergesteckten Sprossen einer Strickleiter mit festen Leitersprossen bestehen. Mit einem Haken ließ sich die Leiter oben an der Mauer festhaken; durch kräftiges Ziehen lösten sich dann die einzelnen Sprossen zur Leiter. Die Verteidiger nutzten zur Abwehr Steine, die sie auf die Angreifer schleuderten, vor allem wenn diese am Mauerfuß angekommen waren. Heißes Wasser oder heißes Pech kamen hingegen nicht zum Einsatz – es wäre viel zu aufwendig gewesen, das Material zu erhitzen und über die Ringmauer zu kippen.

In den Jahren um 1200 wurde eine neuartige Steinschleuder entwickelt, die insbesondere im Angriff genutzt wurde, die sogenannte Blide. Bei dieser Wurfmaschine wurde ein langer Hebelarm mit Hilfe eines Gegengewichts in Schwung gebracht; er vermochte einen Stein über mehrere hundert Meter zu schleudern. Ziel der Waffe war es, die Ringmauer an einer Stelle zum Einsturz zu bringen, um sie dann leichter überwinden zu können. Der Einsatz dieser wohl im Nahen Osten entwickelten Maschine ist 1212 bei einem Angriff Kaiser Ottos IV. auf die Burg Weißensee der Landgrafen von Thüringen verbürgt. Bliden waren noch lange nach Einführung von Kanonen üblich, da man für sie weder Eisen noch Pulver brauchte. Ihr Einsatz erforderte allerdings besonders ausgebildetes Personal; der Name des fränkischen Malers Hans Pleydenwurff (um 1420–1472) deutet darauf hin, dass sein Großvater oder Urgroßvater ein Blidenschütze gewesen sein dürfte. Neben den Sturmwaffen und Wurfmaschinen gab es noch eine weniger spektakuläre Methode des Angriffs, nämlich das Unterminieren. Dazu wurden, falls der Boden nicht aus Fels bestand, unterirdische Tunnel bis unter die Ringmauer gegraben und unter der Mauer mit Holz gefüllt; dieses steckte man in Brand, um die Mauer dadurch zum Einsturz zu bringen.

Selbstverständlich reagierte der Burgenbau auf die Entwicklung der Waffentechnik, doch sind direkte Zusammenhänge im konkreten Fall nur schwer zu belegen, da Angreifer und Verteidiger nicht nur mit einer Waffengattung kämpften. So lässt sich dickeres Mauerwerk ebenso wie die Schrägstellung von Türmen, möglicherweise auch deren runder Grundriss, als Reaktion auf den zunehmenden Einsatz von Bliden erklären. Geböschtes, also schräges Mauerwerk erhöhte dagegen die Stabilität gegen das Untergraben. Die aus heutiger Sicht auffälligsten Veränderungen in der Wehrtechnik vollzogen sich erst im 15. und 16. Jahrhundert infolge der Verbreitung von Feuerwaffen (z. B. Hakenbüchsen und Kanonen).

31 Johann Bengedans, Handschrift des nordhessischen Büchsenmeisters, um 1450, heute in Kopenhagen, Arnamagnaenische Sammlung der Universität. Fol. 55 v zeigt eine Blide mit schussbereitem Stein

32 Oberwesel, Schönburg, Mantelmauer aus dem 14. Jahrhundert und neoromanischer Wohnbau aus dem 19. Jahrhundert

Gerade bei größeren Anlagen war die Ringmauer häufig mit *Mauertürmen* ausgestattet, die eine zusätzliche Schutzmaßnahme darstellten. Sie finden sich entweder in regelmäßigen Abständen über die gesamte Mauerlänge verteilt oder nur an besonders gefährdeten Stellen, etwa an Ecken, an der Angriffsseite oder in Tornähe. Mauertürme kommen in Deutschland ab der zweiten Hälfte des 12. Jahrhunderts vor, ein frühes Beispiel ist die Burg Salzburg in Unterfranken (drittes Drittel 12. Jahrhundert). Nicht alle Mauertürme flankieren die Mauer und ragen nach außen über die Mauerflucht hinaus; stattdessen können sie auch an der Innenseite der Ringmauer stehen. Diese Position erlaubte allerdings nur einen besseren Blick auf das Vorfeld der Burg und eine Rückendeckung für die sich anschließenden Ringmauerabschnitte (z. B. Burg Rochlitz, Ende 12. Jahrhundert). Hatten die Türme die Aufgabe, die Mauer zu flankieren, mussten sie an der Außenseite stehen. Von hier aus konnte ein Verteidiger einen Angreifer, der die Mauer mit einer Sturmleiter übersteigen wollte, von der Seite unter Beschuss nehmen. Ecktürme erlaubten dies sogar nach zwei Seiten.

Mauertürme hatten ursprünglich primär eine Wehrfunktion, auch wenn eine gewisse repräsentative Wirkung nach außen immer bestand. Viele Mauertürme waren wohl aus Gründen der Einsparung von Baumaterial und Arbeitsaufwand auf der Innenseite zum Burghof hin offen. Dass sich dadurch ein Angreifer im Turm nicht festsetzen konnte, war vielleicht ein willkommener Nebeneffekt. Kam es in jüngeren Zeiten doch zu einer weiteren Nutzung der Türme, etwa als Wohn- oder Arbeitsraum für Personal oder Handwerker, so hat man die offene Seite geschlossen. An der Stadtmauer in Nürnberg nahm man solche Umbauten teils durch Stein-, teils durch Fachwerkwände im 16. und 17. Jahrhundert vor.

Eine Sonderform des Mauerturms war die «torre albarrana». Diese mit etwas Abstand vor die Ringmauer gestellten Türme finden sich fast ausschließlich im spanischen Burgenbau, wo sie durch eine Brücke mit der Burg verbunden sind und die Ringmauer flankieren sollten. In Mitteleuropa hingegen hatten Türme, die mit einem Abstand vor die Ringmauer gestellt wurden, eine andere Funktion; hier dienten sie – wie in Westpreußen – als Aborttturm (z. B. Deutschordensburg Marienburg, Bischofsburg Marienwerder) oder – wie auf dem Trifels – als Brunnenturm. Die Hauptgründe für die Stellung dieser Türme waren also die Wasserversorgung und die Entsorgung, nicht die Verteidigung.

Als Sonderform der Ringmauer ist die sogenannte *Schildmauer* zu betrachten. Bei einer solchen Mauer ist ein Abschnitt der Ringmauer gegen die Angriffsseite besonders hoch und kräftig ausgeprägt, so dass er wie ein Schild die Burg dahinter deckt. Neben geraden Schildmauern (Bad Liebenzell, um 1200; Berneck, Mitte 13. Jahrhundert) gibt es solche, die dem Geländeverlauf folgend gekrümmt sind und die auch als Mantelmauern bezeichnet werden (Schönburg bei Oberwesel, 14. Jahrhundert, Abb. 32). Gemeinsam ist beiden Typen, dass sie die übrige Burg samt der weiteren Ringmauer und allen Gebäuden außer dem Bergfried überragen. Schildmauern waren dort erforderlich, wo die Burg dicht vor einem Hang stand, so dass man an der Hangseite von oben in die Burg hineinblicken und diese aus erhöhter Position leichter beschießen und angreifen konnte.

Das heute für viele markanteste Merkmal von Ringmauern sind *Zinnen*. Sie scheinen in der zweiten Hälfte des 12. Jahrhunderts zur Regel geworden zu sein; dass sie es schon in der ersten Jahrhunderthälfte waren, ist aufgrund des schlechter erhaltenen Baubestandes nur zu vermuten, jedoch schwer zu belegen.[51] Möglicherweise gehören sie zu jenen Wehrelementen, die im 11. Jahrhundert erstmals in Urkunden genannt werden. Die ältesten erhaltenen Zinnen stammen aus dem 12. Jahrhundert und sind meist unterhalb von späteren Aufmauerungen von Ringmauern und Bergfrieden erhalten (z. B. Münzenberg, östliche Ringmauerabschnitte, drittes Viertel 12. Jahrhundert; Salzburg/Unterfranken, Ringmauer, zweite Hälfte 12. Jahrhundert; Burg Prunn/Altmühltal, Bergfried, um 1200). Die Schussöffnungen zwischen den Zinnen wurden teilweise durch Holzklappen abgedeckt und waren dann nur für den Schuss zu öffnen, was die Sicherheit der Verteidiger erhöhte.

Die in Mitteleuropa verbreitete Zinnenform ist rechteckig, wobei die Breite variiert. Vor allem im Alpenraum kommen auch die in Italien spätestens ab dem 13. Jahrhundert geläufigen sogenannten Schwalbenschwanzzinnen vor, also Zinnen, die in der Mitte V-förmig eingekerbt sind (in Südtirol und Trentino z. B. Avio, Trient, Hocheppan). Theoretisch wurde damit ein schmaler Schussbereich gebildet, doch der tatsächliche wehrtechnische Nutzen dürfte gering gewesen sein; die Form ist vielmehr als rein dekorativ zu verstehen. Generell gehören Zinnen zu jenen Bauteilen, die den repräsentativen Eindruck einer Burg unterstrichen, wie nicht zuletzt die rundbogigen Zinnen der Renaissancezeit (z. B. Bolkoburg/Schlesien) und Zinnen an Rathäusern und Bürgerhäusern zeigen, die keinerlei Wehrfunktion besaßen (z. B. Bruneck, Hall).

Auch *Schießscharten* erscheinen uns heute als Markenzeichen des mittelalterlichen Wehrbaus, obwohl sie zumindest für den hochmittelalterlichen stauferzeitlichen Burgenbau nicht typisch sind. Eine Schießscharte ist eine möglichst schmale, meist schlitzförmige, beim Gebrauch von Feuerwaffen auch etwas breitere rechteckige Öffnung, die auf der Innenseite breiter als auf der Außenseite ist. Die Scharte sollte so hoch und so breit sein, dass der Verteidiger nicht nur das weitere Vorfeld der Burg, sondern auch den Mauerfuß überblicken und mit seinen Waffen erreichen konnte. Sie befinden sich in Ringmauern, in Türmen und an Toranlagen, seltener hingegen im Wehrgeschoss von Festen Häusern. Als Standorte für Schützen mussten sie schnell erreichbar sein. Auf der Innenseite verfügen die Schießscharten häufig über eine Mauernische, die es dem Schützen erlaubte, sich neben der Öffnung aufzustellen und nur zum Schuss hinter dieselbe zu treten. Ansonsten musste er hinter einem geschlossenen Mauerstück Deckung finden, denn ein geübter Schütze konnte auch von außen in eine schmale Scharte hineinschießen, wie ein Experiment in Coudray-Salbart, einer Burg im Westen Frankreichs, gezeigt hat.[52] Die Schartennische musste eine möglichst dünne Außenmauer haben, damit der Schütze in seinem Blick- und Schussfeld so wenig wie möglich behindert wurde; nur auf Wehrgängen waren keine Schartennischen erforderlich, da hier die Deckung durch die Brustwehr gewährleistet wurde.

Nicht immer lassen sich Schießscharten und Schlitzfenster von außen eindeutig unterscheiden. Letztere dienten ausschließlich der Beleuchtung und Belüftung der Räume und sollten durch ihre schmale Ausführung lediglich ein unerlaubtes Eindringen verhindern. Außerdem schützte ihre Form vor Kälte ebenso wie vor großer Hitze. In der Regel sitzt bei Schlitzfenstern die schmalste Stelle des Gewändes nicht bündig auf der Außenseite, sondern weiter innen, um einen besseren Lichteinfall zu ermöglichen. Dazu sind auch die Fenstersohlbänke oft schräg gemauert, namentlich in Kellergeschossen, was eine Nutzung als Schießscharte ausschließt.

Schießscharten werden anhand ihrer Form unterschieden. Diese steht in engem Zusammenhang mit der Waffengattung, für die die Scharte als Schussöffnung dienen sollte. Die im Mittelalter häufigste Form sind lange senkrechte Schlitze, die für den Einsatz von Armbrust oder Bogen, häufig auch für beide Waffenarten, gedacht waren. Der Schütze konnte die gesamte Höhe der Scharte zum Zielen nutzen, indem er die Waffe hob oder senkte. Scharten, die primär für Bogenschützen gedacht waren, erkennt man an ihrem stärker abgeschrägten Gewände (z. B. Neuleiningen). Ganz anders sind die Scharten für die frühen Feuerwaffen geformt. Aufgrund des starken Rückstoßes des Schusses benötigte man zum Abfeuern ein Prellholz, d. h. einen Holzbalken, der quer in die Scharte eingearbeitet wurde und in den der Haken der Waffe (Hakenbüchse) eingehängt werden konnte. Feuerwaffen konnten also nicht in beliebiger Höhe angelegt werden. Die Mehrheit der Scharten für frühe Feuerwaffen besitzt eine runde Schussöffnung und darüber einen kurzen schmalen Schlitz zum Zielen, was der Form den Namen Schlüssellochscharte gegeben hat.

Im 15. Jahrhundert lassen sich auch Sonderformen beobachten. So besitzt die Burg Taufers in Südtirol Schartennischen für Feuerwaffen

33 Taufers im Ahrntal (Südtirol), Schießscharte für Hakenbüchsen, Innenseite mit seitlichen Löchern für zwei Prellhölzer

34 Schaffhausen, Munot, Maulscharte in Form eines Gesichts mit breitem Maul, 1566

mit mehreren Schießöffnungen (Abb. 33). Die Scharten bestehen aus einer runden Öffnung unten und einer halbrunden oben, dazwischen befindet sich ein Sehschlitz. Einige der dortigen Schartennischen haben sogar drei Schussöffnungen. Diese Formen boten aber keinen erkennbaren funktionalen Vorteil und wurden vermutlich vor allem aus dekorativen Gründen geschaffen. Anders verhält es sich mit einer langen, über zwei Stockwerke hinwegreichenden Scharte in einem Ringmauerturm der Burg Lichtenstein in Unterfranken (um 1430). Die drei Meter lange Scharte erstreckt sich über zwei Stockwerke und besitzt ein Prellholz für Hakenbüchsen pro Ebene.[53] Die Länge der Scharte und ihre Konstruktion sprechen für eine wechselseitige Nutzung durch je einen Schützen mit einer Hakenbüchse und einen zweiten mit Bogen oder Armbrust, denn für zwei Hakenbüchsen allein wäre die Scharte viel zu lang und dadurch gefährlich gewesen. Die Lichtensteiner Scharte stellt somit eine recht schlaue architektonische Lösung in einer Umbruchszeit dar, in der mit beiden Waffengattungen verteidigt wurde.

Etwa zur selben Zeit lassen sich in der Region auch die ältesten datierten Scharten für Kanonen finden. Sie befinden sich in der Zwingermauer der Veste Coburg (um 1426). Frühe Kanonen hatten, wenn sie aus Türmen oder von einer Mauer aus abgefeuert werden sollten, nur eine mäßige Größe. Entsprechend handelt es sich bei den ersten Scharten um kleine rundbogige Öffnungen, die durch Klappen verschließbar waren. Diese Schartenform erlaubte jedoch nur einen geringen Schussradius. Kanonen saßen auf Holzgestellen (Lafetten) in breiten Nischen und waren kaum in der Höhe, wohl aber im Radius verstellbar, um so einen möglichst breiten Bereich vor der Burg zu sichern. Zu diesem Zweck baute man ab der Zeit um 1500 breite, stärker rechteckige Öffnungen von geringer Höhe, sogenannte Maulscharten. Im Munot von Schaffhausen, einem runden Befestigungswerk oberhalb der Stadt, hat man 1566 diese Form verballhornt und einer Maulscharte die Form eines geöffneten Mauls gegeben (Abb. 34). Da Geschütze einigen Raum zum Auffangen des Rückstoßes benötigten, standen sie nicht auf den zu schmalen Wehrgängen. Hingegen hat man sie auch auf ältere Türme, insbesondere Bergfriede, gestellt. Schließlich war für den Rauchabzug zu sorgen, denn Pulverdampf ist giftig. Ab dem 15. Jahrhundert wurden für die Geschütze eigens sogenannte Batterietürme errichtet, in denen man mehrere Kanonen aufstellen konnte.

Ein ebenso wehrtechnisch wie repräsentativ bedeutsamer Teil der Ringmauer ist das *Haupttor* einer Burg, das durch die Ringmauer hindurch in den Innenhof führt. Es kann durch ein überhöhtes Torhaus oder einen Torturm hervorgehoben sein. Das eigentliche Tor befindet sich immer an der Außenseite der Ringmauer, so dass sich hinter ihm in der Mauer eine kleine Tornische bildet, die so groß ist, dass sie für die geöffneten Torflügel Platz bietet. Das Tor ist im einfachsten Fall eine Öffnung mit einem rundbogigen, in gotischer Zeit auch spitzbogigen Gewände. Tore mit einer rechteckigen Öffnung waren vergleichsweise selten (Aggstein/Niederösterreich, schmales Tor zur Kernburg, 14. Jahrhundert). Zur repräsentativen Wirkung trug neben der Größe auch die architektonische und skulpturale Ausgestaltung bei. So konnte die Einfassung des Tores durch ein abgestuftes Gewände betont, aber auch durch aufwendigere eingestellte Säulen mit Kapitellen und Rundstäben akzentuiert sein. Wappen und Inschriften, die zum Beispiel Auskunft über Besitzer und Erbauungsdaten geben, wurden in Mitteleuropa erst ab dem späten 13. Jahrhundert üblich. Außer dem Haupttor besaßen viele Burgen, wenn die Lage es erlaubte, einen zweiten, schmalen Ausgang, eine sogenannte Poterne.

Viele Toranlagen besitzen zwei Öffnungen mit getrennten Zugängen. Die Aufteilung in ein Fahrtor und eine Pforte für Fußgänger ist im hochmittelalterlichen Burgenbau noch selten, ab dem 14./15. Jahrhundert jedoch häufiger zu finden und wohl nicht zuletzt eine Folge der Anlage von Zugbrücken. Hingegen haben Burgen in steilen Lagen mitunter gar kein befahrbares Tor, sondern nur eine Pforte für Fußgänger.

Häufig hat man in große Torflügel eine kleine sogenannte Schlupfpforte für Fußgänger eingesetzt. Sie diente zum einen der Sicherheit, da man die Fußgänger so leichter kontrollieren konnte, vor allem aber der Bequemlichkeit, denn man musste nicht das gesamte schwere Tor öffnen, sondern nur die kleine Pforte, um einen Fußgänger hindurchzulassen.

Die Torflügel waren in der Regel relativ schwere Holzkonstruktionen, die auf der Außenseite zusätzlich mit kräftigen Bohlen verkleidet wurden (Abb. 35). Als eine weitere Sicherungsmaßnahme gegen das Aufbrechen des Tores wie gegen Feuergefahr hat man die Außenseite der Flügel mit breiten Metallstiften oder Metallplatten verstärkt. Zugleich erhöhten die Metallauflagen aber auch die repräsentative Wirkung. Die Torflügel hatten an der Seite einen drehbaren hölzernen Holm, der sich in einer unteren und einer oberen «Pfanne», also einem Auflager und einem Deckstein bzw. einem Deckholz, drehte. Erst ab dem 17./18. Jahrhundert wurden die Torflügel mit Eisenkloben am Torgewände statt an einem hölzernen Holm befestigt. Nun saß das Tor nicht mehr auf dem Boden auf, sondern hing an Haken im Torgewände.

Wichtig für die Sicherung des Tores war vor allem die Verriegelung. Um die Torflügel abzuschließen, gab es unterschiedliche Möglichkeiten. Am weitesten verbreitet war der Verschluss durch einen waagerechten hölzernen Riegelbalken, der auf der Innenseite über die gesamte Breite des Tores gezogen wurde. Für diesen musste man in die Mauer hinter dem Tor auf der einen Seite einen Kanal einlassen, in dem sich der Schubriegel leicht bewegen ließ. Ein solcher Riegelbalken erschwerte das Aufbrechen des Tores mit Rammen erheblich. Diese Vorrichtung bot auch den Vorteil, dass sie durch einfache Zimmermanns- und Steinmetzarbeit herzustellen war und keine Schmiedearbeit erforderte. Entsprechend war sie die am häufigsten anzutreffende Verschlussmöglichkeit im Mittelalter, die sich auch an Kirchenportalen, an Türen im Inneren eines Gebäudes und an Fenstern (z. B. Kaiserswerth, Wartburg) finden lässt.

Als alternative oder zusätzliche Verschlussmethoden boten sich geschmiedete Schlösser und geschmiedete Schubriegel an, wie sie letztlich noch heute in Gebrauch sind. Eiserne Schubriegel verwendete man an Burgtoren allerdings wohl erst ab dem Spätmittelalter und der Frühen Neuzeit (z. B. Wartburg, innerer Torflügel des Torhauses), während sie im Inneren schon wesentlich früher zu finden waren. Geschmiedete Schlüssel aus Burgen sind bereits aus dem 12. Jahrhundert bekannt. Das

Schmiedeschloss erlaubte auch eine Öffnung von außen, was bei Burgtoren normalerweise nicht erforderlich war. Das geschmiedete Schloss erforderte natürlich einen Schlüssel und reduzierte damit die Zahl der Personen, die ein Tor öffnen konnten, erheblich, während der Schubriegel von jedermann zu handhaben war.

An vielen Toren gab es weitere architektonische und mechanische Vorkehrungen, um Eindringlinge abzuwehren. Schon bei frühmittelalterlichen Befestigungen hat man die Toröffnung als «Kammertor» gegenüber der Ringmauer nach innen gezogen, so dass vor dem Tor eine «Kammer» entstand, also ein von der Ringmauer zu beiden Seiten kontrollierbarer Vorplatz (z. B. Christenberg bei Marburg, 8. Jahrhundert). Eine Erfindung des Hochmittelalters ist hingegen das «Flankentor», bei dem die Ringmauer im Torbereich nach außen verspringt und das Tor nicht in gerader Linie in die Burg führt, sondern parallel zur Ringmauer angelegt ist, so dass man Ankommende von der Seite kontrollieren konnte (z. B. Rothenburg o. d. T., Wildenberg i. O.). Einfache, turmlose

35 Wartburg, Torbau mit zwei (geöffneten) Holztoren mit Schlupfpforten

36 Hohenrechberg, Torhaus, ursprünglich mit breiter befahrbarer und schmaler nur begehbarer Zugbrücke, im Mauerwerk Schlitze für Schwingruten

Tore wurden vor allem durch einen Wehrgang gesichert, der sich über den Torbereich hinwegzog. Im späten Mittelalter konnte als weitere Sicherung ein Wurferker hinzukommen, der sich oberhalb des Tores im Wehrgang oder an einem Obergeschoss befand. Auch Wurflöcher unmittelbar über dem Tor oder in einem Torraum dahinter (engl. «murderhole») sind im deutschen Burgenbau erst spät zu finden. Eine weitere spätmittelalterliche Entwicklung sind sogenannte Torkammern neben dem Tor, die auf das Tor ausgerichtete Schießscharten besaßen.

Unter den mechanischen Torsicherungen sind neben Schlössern und Riegeln vor allem *Fallgatter* und *Zugbrücken* (Abb. 36) zu nennen. Beide tauchen im mitteleuropäischen Burgenbau erst relativ spät auf: Die ersten bekannten Fallgatter datieren hierzulande aus der Zeit um 1240 (Neuleiningen), häufiger finden sie sich erst um 1300. Die ersten erhaltenen Zugbrücken stammen aus der zweiten Hälfte des 13. Jahrhunderts (Burg Stargard, um 1270). Fallgatter bestanden aus rund zehn Zentimeter dicken Kanthölzern, die ein engmaschiges Gitter bildeten, durch das man aber noch hindurchsehen und gegebenenfalls auch -schießen konnte. Das Gatter wurde in eine Führungsschiene eingelassen, die bereits bei der Errichtung des Torgebäudes vorgesehen sein musste und sich meist auf der Innenseite gleich hinter den Torflügeln befand. Eine Winde im Obergeschoss erleichterte das Aufziehen der schweren Holzkonstruktion. Nachträglich ließ sich ein Fallgatter nur auf der Außenseite des Torhauses anbringen und durch einzelne Führungssteine sichern, wie man es häufiger bei Stadttoren sieht. Ein Fallgatter setzte immer ein wenigstens zweistöckiges Torgebäude voraus, wobei der unmittelbar über dem Tor gelegene Raum bei hochgezogenem Fallgatter nicht mehr nutzbar war. Vielfach sind Torbauten mit Fallgattern daher mindestens dreistöckig.

Bei Zugbrücken wurde das Tor durch Absenken geöffnet und übernahm dann die Funktion einer hölzernen Brücke über den davor gelegenen Graben. Dazu musste im Graben ein Pfeiler als Auflager stehen, der der Höhe der Zugbrücke entsprach (z. B. Guttenberg, Ronneburg). In der Regel saß die Zugbrücke im geschlossenen Zustand bündig in einer flachen rechtwinkligen Nische im Mauerwerk, was verhinderte, dass sie von außen mit Haken heruntergezogen werden konnte. Derartige Tornischen sind meist ein Hinweis auf eine früher vorhandene Zugbrücke (z. B. Dringenberg).

Es gibt mehrere Typen von Zugbrücken. Im einfachsten Fall wurden Ketten oder Seile vorne an der Brücke befestigt. In den oberen Ecken der Tornische befanden sich Rollen und innen im Torhaus eine Winde, so dass man die Ketten von dort auf- oder abwickeln und das Tor schließen bzw. öffnen konnte (z. B. Lenzburg/Schweiz, um 1500). Bei einem anderen Typ wurden lange hölzerne Ruten, im Grunde ein galgenförmiges Holzgerüst, in Schlitze oberhalb des Tores eingelassen; dieses Gestell, das durch Ketten mit dem Brückenflügel verbunden war, wurde abgelassen, um das Tor zu öffnen. Dieser Typ des «Schwingrutentors» war anfänglich besonders in Italien verbreitet; ein mitteleuropäisches Beispiel ist das äußere Torhaus von Hohenrechberg (Württemberg, 15. Jahrhundert, Abb. 36). Zu den nur durch geringe bauliche Reste nachweisbaren Varianten gehören vor dem Burgtor stehende Zugbrücken, ähnlich Klappbrücken an niederländischen Kanälen. Diesen Typ kennen wir nur aus mittelalterlichen Abbildungen, Reste einer solchen Brücke lassen sich unter anderem in Büdingen vermuten.

Im Burghof steht meist nur ein Gebäude mit Wehrfunktion: der *Bergfried* (Abb. 37). Darunter versteht man in der modernen Forschung den im Unterschied zu einem Wohnturm nicht ständig bewohnten

Hauptturm. Er überragt die übrige Burg deutlich, steht weitgehend frei und hat seinen Eingang in einem Obergeschoss.[54] Bergfriede sind insbesondere für den Burgenbau in Mitteleuropa und Italien typisch, während Burgen in Frankreich und England häufiger über bewohnte Haupttürme verfügen. Die frühesten Bergfriede lassen sich im 11. Jahrhundert nachweisen (Harzburg). Spätestens ab der Mitte des 12. Jahrhunderts gibt es kaum eine Burg ohne Bergfried (eine Ausnahme ist z. B. die Heldburg). Bis über das 16. Jahrhundert hinaus bleiben Bergfriede ein wesentlicher Bestandteil von Burgen. Einige Burgen besitzen zwei Bergfriede (z. B. Nürnberg), manche sogar drei (Querfurt, Wimpfen), die zu unterschiedlichen Zeiten (wie in Nürnberg, um 1150/70 und um 1275) oder parallel zueinander (wie in Wimpfen, Ende 12. Jahrhundert) entstanden sein können.

Der Bergfried kann frei im Hof stehen, dicht hinter der Ringmauer, dicht davor oder aber mit der Ringmauer verbunden sein. Seine Stellung innerhalb der Burg ist auch von deren Lage abhängig; in der Regel ist er der Hauptangriffsseite zugewandt. In hügeligem Gebiet hatte der Turm zum Beispiel die Aufgabe, nahe gelegene Hügel zu überblicken, und sollte den Höhenrücken möglichst noch überragen. In Gipfellagen sowie bei Talburgen gibt es meist keine Hauptangriffsseite, dann kann der Bergfried in der Mitte des Hofes stehen (Breuberg, Steinsberg, Belzig), neben dem Tor (Beilstein, Gelnhausen), neben dem Tor vor der Ringmauer (Guttenberg) oder an einer weniger sicher erscheinenden Rückseite (Büdingen, ursprünglicher Bergfried; Gelnhausen, zweiter Bergfried; Ziesar).[55]

Der Grundriss der Bergfriede ist in den meisten Fällen rund oder quadratisch. Neben diesen einfachen Grundformen gibt es auch abweichende Grundrisse, zum Beispiel mandelförmige bzw. ovale (Seebenstein/Niederösterreich), dreieckige (Rauheneck bei Baden/Österreich), fünfeckige (Beilstein), polygonale (Rieneck) und halbkreisförmige (Hornberg/Neckar). Keine dieser Formen besitzt eindeutige wehrtechnische Vorteile, daher sind wohl eher lokale Traditionen oder der individuelle Wunsch nach einer besonderen Bauform als Begründung für die Wahl eines Grundrisses anzunehmen.

Der Bergfried hat mindestens drei (Stolpe, Burg «Grützpott», um 1200), häufig vier (Neipperg, zweites Viertel 13. Jahrhundert) und in Einzelfällen sogar noch mehr Geschosse. Ein Extrembeispiel ist der

Bergfried der Ordensburg Strasburg (Brodnicy bei Torún, 14. Jahrhundert) mit einer Höhe von 55 Metern, dessen Inneres in insgesamt dreizehn Geschosse aufgeteilt ist. Wurden die umliegenden Wohngebäude aufgestockt, was im späten Mittelalter vielfach geschah, wurde immer auch der Bergfried erhöht, oft noch im 16. Jahrhundert. Es gibt keinen Bergfried, der die übrigen Gebäude nicht zu jedem Zeitpunkt überragt hätte. Die Geschosse wurden zumeist durch Balkenlagen getrennt; über dem unteren (Strasburg, Grützpott) und dem obersten Geschoss (Neipperg) gibt es öfter auch Gewölbe, manchmal noch über weiteren Geschossen (Trifels: Mittelgeschoss), aber nur selten in allen Geschossen (Besigheim, Obere Burg). In die oberen Geschosse führten bei balkengedeckten Räumen leiterartige Treppen im Innenraum, während man bei gewölbten Räumen zumeist Treppen in der Mauer an den Gewölben vorbeigeführt hat (Trifels, Besigheim).

37 Klingenmünster, äußere Befestigung zum Zwinger, ursprünglich mit Zugbrücke, dahinter Schildmauer und Bergfried der älteren Befestigung

Obwohl Bergfriede grundsätzlich nicht auf eine dauerhafte Bewohnung eingerichtet waren, können Kamin und Abort dafür sprechen, dass es eine ständige Turmwache gab. Ganz selten lassen sich bauliche Einrichtungen nachweisen, die auf eine vorübergehende Wohnnutzung durch den Burgherrn hinweisen. So gab es etwa in Wimpfen einen aufwendigen Kamin, eine Schlafnische und einen Abort und in Boymont eine Stube und eine Kammer. Regelrechte Wächterwohnungen mit Kochstelle, Stube und Kammer kommen grundsätzlich erst bei jüngeren Türmen bzw. Turmaufstockungen vor (Veldenstein, Einbau im 16. Jahrhundert).

Der obere Abschluss des Bergfrieds besteht aus einer meist offenen Wehrplattform. Es finden sich jedoch auch unterschiedliche Abdeckungen mit gemauerten (Ziesar, Mitte 16. Jahrhundert; Klempenow, frühes 16. Jahrhundert) oder gezimmerten Helmen, die außen einen schmalen Laufgang bzw. Wehrgang (Lemgo-Brake, 1586–1592) belassen oder (im Falle von gezimmerten Helmen) auf der Außenmauer aufsitzen (Nürnberg, Kapellenturm nach Umbau 1299 und Sinwellturm nach Umbau 1561/63).

Über die genaue Funktion des Bergfrieds gibt es in der Burgenforschung unterschiedliche Meinungen. Neben der These einer vornehmlich militärischen Funktion, auf die bereits der Architekturtheoretiker Leon Battista Alberti im 15. Jahrhundert verwies,[56] wird vor allem eine symbolische Bedeutung diskutiert. Außerdem ist eine gelegentliche Nutzung des Sockelgeschosses als Verlies in Betracht zu ziehen, für die es jedoch nur wenige konkrete archivalische Belege gibt.[57] Für eine primär militärische Funktion spricht, dass an Burgen mit einer ausgeprägten Angriffsseite die Bergfriede auf diese ausgerichtet sind. Durch seine Höhe diente der Bergfried wohl vor allem als Beobachtungsturm zur Kontrolle des Umfelds; im Angriffsfall konnten von hier aus die Verteidigungsmaßnahmen gelenkt werden.[58] Als strategischer «letzter Rückzugsort», wie häufig zu lesen ist, war der Bergfried hingegen kaum geeignet, denn er war eng, besaß keine Wehröffnungen außer auf der oberen Plattform und gewährte fast nie Zugang zum Wasser. Vermutlich hat man bei dieser Deutung die Erfahrungen von bewohnbaren Haupttürmen, etwa dem Crac des Chevaliers (1271) oder dem Hauptturm von Château Gaillard (1205), auf Bergfriede übertragen. Für eine Interpretation als «repräsentatives Statussymbol»[59] spricht die erwähnte Vielfalt der teilweise sehr ausgesuchten Grundformen. Auch Zweifel an einer aktiven Verteidigungsfunktion sind begründet: Grundsätzlich musste ein Angreifer von der Ringmauer aus bekämpft werden, und zielgenaues Schießen oder Werfen dürfte von einem hohen Bergfried aus kaum möglich gewesen sein. Es ist jedoch falsch, zwischen militärischer und symbolischer Funktion des Bergfrieds einen kategorischen Unterschied zu sehen. Bedenkt man, dass mit dem Sehen zumeist das Gesehenwerden einherging, so steht die militärische Funktion des Bergfrieds grundsätzlich nicht mit seiner repräsentativen Wirkung im Widerspruch. Als höchstes Bauwerk der Burg ist jeder Turm und also auch der Bergfried per se ein Herrschaftszeichen und wurde auch im Mittelalter so gesehen.

Wohnbauten, Wohnräume und Wohnfunktionen

Als ein wesentliches Merkmal der Burg gilt die weitgehende bauliche Verbindung von Wehr- und Wohnelementen. Im Laufe der Entwicklung weisen Burgen die unterschiedlichsten Varianten einer solchen Verbindung in den verschiedenen Gebäuden auf, doch ebenso kommt die strikte Trennung der beiden Funktionen vor. Dort, wo die einzelnen Bauten in der Kernburg direkt an die Ringmauer angefügt sind, lässt sich häufig die Einbeziehung von Wehrgängen in Wohnbauten beobachten. Auf Höhe des Wehrgangs wurde dann der Gang aus dem Grundriss des Wohnhauses ausgespart. Im Verteidigungsfall war so ein schneller Zugang von den Wohnräumen zum Wehrgang möglich.

Am deutlichsten findet sich eine Verbindung von Wohn- und Wehrfunktionen bei *Wohntürmen* und sogenannten *Festen Häusern*, beides dauerhaft bewohnbare Bauwerke, die zugleich der Verteidigung dienen sollten (Abb. 38). Ein Wohnturm ist als Bauwerk mit quadratischem oder rundem Grundriss zu definieren, das (auch ohne Dach) höher als breit ist und das den Hauptbau, zumeist auch das höchste Bauwerk einer Burg darstellt.[60] Längliche Steingebäude, auch drei- und mehrgeschossige, sind hingegen als «Festes Haus» zu bezeichnen, womit sie als Hauptbau von einfachen Wohnbauten sowie von Saalbauten unterschieden werden können. Die Übergänge zwischen Wohnturm und Festem Haus, aber auch zwischen Festem Haus und Wohnbau sind allerdings fließend. Die beiden Ersteren unterscheiden sich jedoch deutlich vom Bergfried. Tendenziell haben Bergfriede besonders dickes Mauerwerk und im Vergleich dazu eine geringe Innenfläche, während Wohntürme und Feste Häuser wesentlich mehr Innenfläche und eine meist etwas geringere Mauerstärke aufweisen. Dies ist ein Hinweis darauf, dass bei diesen Gebäuden die Wohnnutzung vor der militärischen Nutzung im Vordergrund stand oder ihr zumindest die Waage hielt. Im Vergleich zu Bergfrieden finden sich in diesen Bauten sehr viel mehr Indizien für eine dauerhafte Bewohnbarkeit, schon indem sie genügend Platz für den täglichen Aufenthalt einer Familie boten. Anzeichen hierfür sind eine größere Zahl von Räumen und eine differenziertere Raumstruktur.

Im Gegensatz zur Wohnnutzung ist die tatsächliche Wehrhaftigkeit von Wohntürmen und Festen Häusern oft schwer zu belegen. Zahlreiche Feste Häuser verfügen über keine Wehrplattform (Schallaburg, 11. Jahrhundert), und selbst unter den Wohntürmen gibt es etliche, bei denen sich kein Verteidigungsgeschoss nachweisen lässt, auch wenn dies häufig an Umbauten liegen mag (Thurnau, um 1200). Oft fehlen sogar Schießscharten, die eine aktive Verteidigung erlaubt hätten (Beverungen, um 1330). Erhalten ist das Wehrgeschoss mit Zinnen dagegen beim Wohnturm in Boberröhrsdorf (Schlesien), wo es durch ein hohes Dachwerk vor der Witterung geschützt ist. Als Einzelbauten waren Wehrtürme und Feste Häuser nicht für die Abwehr eines stärkeren Angriffs eingerichtet. Allerdings muss man davon ausgehen, dass viele dieser Bauten ursprünglich durch eine Ringmauer eingefasst waren. In diesen Fällen war die Verteidigungslinie aus dem Wohn-Wehrbau heraus nach außen verlagert. Eine ähnliche Trennung von Wohn- und Wehrfunktion findet sich auch beim Schloss der Renaissancezeit.

38 Thurnau, Wohnturm, rechte Hälfte hochmittelalterlich, linke Hälfte mit Aborterkern sowie linker Anbau aus dem 16. Jahrhundert

Jede Burg hat wenigstens einen *Wohnbau* – wo es Wohntürme und Feste Häuser gibt, erfüllten diese die entsprechenden Aufgaben. Im Wohnbau sind die Räume für die wichtigsten nicht-militärischen Funktionen untergebracht: der Saal als Versammlungs- und Aufenthaltsraum für größere Personengruppen, die Stuben und (Schlaf-)Kammern als privatere Wohnräume, ein oder mehrere Aborte, meist auch die Küche und kleinere Vorratsräume sowie eine Kapelle. In größeren Burgen finden sich auch mehrere Wohnbauten für unterschiedliche Aufgaben. Für einige wenige Funktionen hat man gelegentlich selbständige Gebäude errichtet, namentlich Saalbauten, Kapellen und Küchenbauten.

Zur Burg als Herrschaftssitz gehört grundsätzlich ein *Saal*, also ein großer, hallenartiger Hauptraum.[61] Der Begriff erscheint neben der Bezeichnung «Aula» schon in hochmittelalterlichen Quellen. Abgesehen von Gebäuden, die aus mehreren Sälen bestehen (*Saalbauten*), gibt es Wohnbauten, deren komplettes Obergeschoss als Saal diente. Sie werden als *Saalgeschosshaus* (z. B. Wartburg, Lenzburg/Schweiz) bezeichnet und von Wohnbauten mit kleineren Sälen unterschieden.[62] In der Burgenforschung des 19. Jahrhunderts wurden insbesondere romanische Saalgeschosshäuser häufig «Palas» genannt (z. B. Wartburg, Gelnhausen, Tirol), wobei es sich hierbei nicht um einen historisch eindeutig definierten Begriff handelt. Der Ausdruck «Palas» wurde später so beliebt, dass in der populären Burgenliteratur bisweilen auch normale Wohnbauten einer Burg zum Palas(t) aufgewertet werden. Tatsächlich sollte man den Begriff angesichts seiner Unschärfen eher vermeiden.

In der Regel liegen die Säle im obersten Geschoss eines Wohnbaus, in Ausnahmen kommen sie aber auch im Erdgeschoss (Rotenburg/Fulda, 1570–1581, Ambras bei Innsbruck, 1570–1572) sowie im Mittelgeschoss (Hohengeroldseck, drittes Viertel 13. Jahrhundert) vor. Im allgemeinen Sprachgebrauch meint der «Saal» zunächst nur einen Raum, der größer und oft repräsentativer ausgestattet ist als die normalen Wohnräume. Gibt es mehrere Säle in einer Burg oder hat man es mit einem Saalbau (z. B. Den Haag, Marburg) zu tun, muss man von unterschiedlichen Funktionen der einzelnen Säle ausgehen, die etwa wie in Meißen und Ingolstadt als Festsaal, als Saal für weniger feierliche Empfänge und Zusammenkünfte sowie als saalartig ausgebaute Hofstube fungieren konnten.[63]

Besaß eine Burg nur einen einzigen Saal, so war dieser wie alle anderen Wohnräume der Burg multifunktional – seine Aufgaben reichten vom Festsaal bis zum Schlafraum. Rückschlüsse auf seine Nutzung erlauben mittelalterliche Quellen, vor allem Inventare und Beschreibungen in der erzählenden Literatur, sowie bildliche Darstellungen, besonders Buchmalereien. Inventare geben Auskunft über die mobile Ausstattung eines Raums. Diese war bei Sälen eher spärlich, denn die für Bankette benötigten Tische wurden aus einfachen Gestellen und darübergelegten Brettern bei Bedarf aufgebaut und mit wertvollen Tischtüchern und Geschirr zu einer prunkvollen Festtafel gedeckt; das Silbergeschirr wanderte nach dem Gebrauch in die Silberkammer. In den besonders umfangreich publizierten Tiroler Inventaren des 15. und 16. Jahrhunderts kommt der Saal entsprechend selten vor, für den Saal in Trient werden drei Bettstellen genannt. Besser ist die Quellenlage zu Sälen im mittleren Westdeutschland.[64] Durchaus repräsentativ auch für mittelalterliche Saalausstattungen ist ein Inventar der Marburger Burg von 1604. Es nennt für den Saal im Neuen Bau (Wilhelmsbau, 1493–1497) Tafeln, Tische und Bänke sowie einen Ofen, für den mittelalterlichen Großen Saal zwei Fürstentafeln, sechs Tische mit Bänken, mehrere Hirschgeweihe sowie zwei Öfen. Dem Mobiliar nach waren die Säle also für den Empfang und die Bewirtung von vielen Personen eingerichtet.

Auch mittelalterliche Romane und Epen schildern den Saal als Raum, wo der Hausherr seine Gäste empfängt, Versammlungen abhält und Hofstaat wie Gäste bewirtet. Ein frühes Beispiel ist die Beschreibung des Saales in der Gralsburg im «Parzival» Wolframs von Eschenbach (um 1200/10). Nachdem der Hausherr Anfortas in Begleitung seines Hofstaates zunächst Parzival im Saal empfangen hat, verwandelt sich der Raum während der Präsentation des Grals in einen prachtvollen Speisesaal und nach Abtragen der Tische schließlich in einen Versammlungsraum.[65] Zumindest für Festmähler, weniger dagegen für alltäglichere Mahlzeiten war die Nutzung des Saales üblich. Vermutlich diente in den meisten mitteleuropäischen Burgen auch vor der Verbreitung der Hofstube im 14./15. Jahrhundert ein Raum als gemeinsames Speisezimmer für Bedienstete und Herrschaft; Letztere separierte sich erst mit der zunehmenden Beliebtheit der Tafelstube ab dem 16. Jahrhundert.[66]

In der mittelalterlichen Bildkunst wird der Saal meist als festlicher Speiseraum charakterisiert, etwa beim Festmahl in der Willehalm-Handschrift des Rudolf von Ems[67] oder in Abbildungen der Hochzeit zu

Kana, zum Beispiel in Giottos Fresko in der Scrovegni-Kapelle in Padua (um 1305). An einfachen Tischen, die durch Tischtücher aufgewertet sind, sitzen an einer Seite die Gäste, von der anderen wird bedient (Abb. 39). Häufig dargestellt ist auch die Nutzung als Ort für Empfänge, Audienzen und Huldigungen; in der hochmittelalterlichen Buchmalerei (z. B. im Echternacher Codex, um 1050, heute im Germanischen Nationalmuseum, Nürnberg) steht häufig ein Thron im Saal. Außerdem fanden in ihm Hoffeste und Tanzveranstaltungen statt. Entsprechend sind in manchen Sälen noch Balkone oder Emporen für die Musiker und Sänger («Sängerbühnen») oder zumindest die Spuren solcher Bühnen erhalten (z. B. Wartburg, Heldburg).

39 Willehalm-Handschrift des Rudolf von Ems, um 1440/41, Nürnberg, Germanisches Nationalmuseum: Tafelszene

Ein gewisses Problem für die Burgenforschung stellt die Frage des Zugangs zu den Sälen dar, denn zu etlichen großen, im obersten Geschoss gelegenen Sälen des 12. bis 14. Jahrhunderts kennen wir keine ursprünglichen Treppen oder anderen Aufgänge. Der frühgotische Saal des Marburger Schlosses hat einen vermutlich hölzernen Aufgang auf der Hofseite gehabt, der im 15. Jahrhundert zugunsten innerer Zugänge über Wendeltreppen und Vorräume abgebrochen wurde, d. h., man verzichtete auf einen direkten Zugang zum Saal. Repräsentative Innentreppen, wie man sie aus neuzeitlichen Schlössern kennt, finden sich in Burgen nur selten, beispielsweise in der Kaiserpfalz in Kaiserswerth oder in der Burg Weißensee der Landgrafen von Thüringen, wo um 1225 ein geräumiger Treppenbau den schmalen älteren Zugang zum Saal ersetzte. Bisweilen trifft man auf einen dem Saal vorgelagerten Vorraum oder Gang (Wartburg, Saal im obersten Geschoss, um 1170).

Die bereits erwähnten *Hofstuben* (in Süddeutschland: Dürnitz) sind ab dem späten Mittelalter als ofenbeheizte gemeinsame Speiseräume der Burgbewohner nachzuweisen und liegen häufig im Erdgeschoss in unmittelbarer Nähe zur Küche. Die Größe der Hofstuben variiert von kleinen (Ronneburg) bis hin zu saalartigen Räumen (Ingolstadt), die sich kaum von einem Saal unterscheiden. In der kurfürstlichen Albrechtsburg in Meißen liegt die Hofstube sogar fern der Küche im Mittelgeschoss neben dem Saal und ist in die repräsentative Raumflucht dieses herrschaftlichen Geschosses eingebunden. Erst in der Frühen Neuzeit kam die Tafelstube als separierter Speiseraum für die Herrschaft auf (Heldburg, um 1560, Schmalkalden, 1585–1592).

Im Gegensatz zu Saal und Hofstube handelt es sich bei Kammern und Stuben eher um private Wohnräume der Herrschaft, die für den alltäglichen Aufenthalt, häusliche Tätigkeiten, Amtsgeschäfte sowie zum Schlafen genutzt wurden. Separate Wohn- und Schlafzimmer im heutigen Sinne gab es bis ins 18. Jahrhundert hinein mit wenigen Ausnahmen nicht. Das wichtigste Unterscheidungskriterium zwischen Kammer und Stube ist die Beheizung: Eine Kammer war entweder unbeheizt oder durch einen Kamin, d. h. eine offene Feuerstelle, mäßig beheizbar. Dabei wurde der Rauch über einen Schlot abgeleitet, drang aber auch in den Raum ein. Schon in mittelalterlichen Quellen taucht die Bezeichnung «Kemenate» als Synonym für einen Wohnbau auf, der durch einen oder mehrere Kamine geheizt werden kann; der Begriff bezeichnet also nicht, wie fälschlicherweise im 19. Jahrhundert angenommen, ein Frauengemach. Im Gegensatz zur Kammer zeichnete sich die Stube prinzipiell durch eine rauchfreie Heizmöglichkeit aus, entweder durch eine Fußbodenheizung oder ab dem 12. Jahrhundert üblicherweise durch Öfen. Allerdings gab es sowohl in der Frühzeit Räume, die wahrscheinlich die Funktion einer Stube innehatten, aber kaminbeheizt waren (im staufischen Machtbereich z. B. in Paternó/Sizilien, um 1240), als auch in der Spätzeit Stuben, die neben einem Ofen noch einen Kamin aufwiesen (z. B. Heldburg, Französischer Bau, um 1560).

Der Ofen bildete ein geschlossenes Heizsystem, da der Rauch direkt in den Schornstein geleitet wurde. Mittelalterliche Öfen wurden aus Kacheln gemauert und meist von der Rückseite, d. h. einem Nebenraum oder Gang, mit Heizmaterial befüllt. Bei einer Fußbodenheizung (Hypokausten-Heizung) wurde Feuer in einer Heizkammer entfacht, die sich unter dem zu beheizenden Raum befand. Wenn das Feuer ausgeglüht war, wurde die erwärmte Luft durch Bodenöffnungen in den Raum geleitet.

Die *Kammer* (Abb. 40), begrifflich schon in der althochdeutschen Sprache aus dem lateinischen «camera» abgeleitet, meinte ursprünglich einen gewölbten Raum, doch bereits im Hochmittelalter verstand man darunter nur noch allgemein einen (Neben-)Raum. Sie ist der häufigste und sicher multifunktionalste Raum einer Burg. Die in Inventaren aufgeführte Ausstattung gibt über die Hauptnutzungsarten Auskunft: So enthielten Kammern in der Regel mindestens ein Bett, mitunter ein Himmelbett, ferner wenigstens eine Truhe, oft einige Sitzmöbel und häufig auch einen Tisch, ab dem Spätmittelalter außerdem kleine Schränkchen. Die Funktion als wichtigster Schlaf-, bisweilen auch Aufenthaltsraum bestätigt die oft zu beobachtende Nähe zu einem Abort. Kammern gab es sowohl für die Herrschaft wie für die Angestellten und Bediensteten. Dabei war die Kammer des Herrn nach heutigen Maßstäben nur bedingt privat: In vielen Inventaren sind neben dem herrschaftlichen Himmelbett Beistellbetten vermerkt, die darauf hindeuten, dass zumindest der Leibdiener in der Kammer seines Herrn nächtigte. Auch die künstlerische Ausstattung mancher Kammern zeigt an, dass sie auch repräsentative Funktionen besaßen (Lauf/Mittelfranken, ab 1353, Kammer mit böhmischen Wappen in flachem Relief; Bilderzyklen in Runkelstein, um 1400).

40 Bösig/Bezděz (Böhmen), Burg, zweigeschossiger Wohnbau (Balkenlage zerstört), gewölbte Kammer im Obergeschoss mit Spur eines Eckkamins

In vielen, zumal älteren Burgen bzw. Burgruinen ist es oft kaum möglich, die Funktion der einzelnen Räume genauer zu bestimmen; bestenfalls kann man erkennen, ob Zimmer über einen Kamin verfügten oder nicht. Ab dem Spätmittelalter ist häufig nicht nur der bauliche Erhaltungszustand besser, auch die Raumstruktur ist differenzierter, vor allem in der Anordnung von Stuben und Kammern. Treten beide im Verbund miteinander auf, spricht man von einem *Appartement*.[68] Es bildete in Spätmittelalter und Renaissance die herrschaftliche Wohneinheit; die bislang frühesten nachgewiesenen Appartements sind in das 13. Jahrhundert zu datieren, wobei ältere Vorläufer nicht ausgeschlossen sind. Eines der frühesten bekannten Beispiele findet sich in der Burg Boymont in Südtirol. Der Hauptturm neben dem Tor weist im Geschoss unter der Plattform eine große Arkade zum Etschtal auf, die heute einen panoramaartigen Ausblick erlaubt, aber keine Spuren eines alten Geländers erkennen lässt. Dafür sind die Quaderkante der Bogenöffnung und die Innenseiten der Mauern durch starke Brandspuren gekennzeichnet. Hier muss ein Holzeinbau ausgebrannt sein, vermutlich eine Bohlenstube, wie man sie aus böhmischen Bauten des 13. Jahrhunderts kennt, jedoch nicht aus Türmen. Im Geschoss unter dieser vermutlichen Stube gab es eine Kammer, die mit einem Kamin und dem Zugang zu einem

41 Trostburg, Stube im Obergeschoss mit geschwungener Bohlen-Balken-Decke, Ende 15. Jahrhundert

Abort versehen war. Die Kombination der Befunde lässt an das Appartement des Burgherrn denken. Gegenüber dem Turm aber steht ein großer Wohnbau. Er besitzt im Mittelgeschoss einen Raum von saalartiger Größe, der jedoch direkt mit einem Abort verbunden ist, was eher für eine Kammer typisch ist als für einen Saal. Auch hier schließt sich eine – ebenfalls besonders große – Stube an. Wir haben es also mit zwei sehr unterschiedlich dimensionierten Appartements zu tun, die zu den ältesten gehören, die sich bisher in Mitteleuropa nachweisen lassen.

Vor allem große Burgen hatten oft mehrere solcher Appartements, sowohl für die Herrschaft (Appartement des Fürsten, der Fürstin, eventuell der Kinder bzw. des Erbprinzen) als auch für das herausgehobene Personal (Räte, Kammerdiener, Küchenmeister). Für das Residenzschloss Kassel lassen sich im späten 16. Jahrhundert mehr als dreißig Appartements nachweisen. Bei der Kombination von Kammer und Stube, die meist direkt miteinander verbunden waren und seltener über einen gemeinsamen Vorraum, bildete grundsätzlich die Stube den Durchgangsraum und die Kammer den abgeschlosseneren, privateren Rückzugsraum, außer bei nebeneinanderliegenden Kammern eines Ehepaars, die dann durch eine Tür verbunden waren.

Die *Stube* (Abb. 41) war der Wohn-, Aufenthalts- und Arbeitsraum, den man wie gesagt rauchfrei beheizte. Der Begriff[69] kam schon im 12. Jahrhundert auf und bezieht sich ursprünglich auf einen Raum mit einer Heizmöglichkeit; verwandt ist etwa die Bezeichnung «Stövchen». Bei Ausgrabungen gefundene Ofenkacheln, sichere Indizien für eine Stube, reichen gleichfalls bis ins 12. Jahrhundert zurück, allerdings lassen sich so frühe Stuben baulich bislang nicht sicher identifizieren, sondern nur in archivalischen und literarischen Nennungen. In den Alpenländern, in Süddeutschland, Böhmen sowie Thüringen und Sachsen ist die Stube sehr häufig eine vollständige Holzkonstruktion (Bohlen-Balken-Konstruktion), die wie eine große Kiste in die Steinarchitektur der Burgen hineingestellt wurde. An den Fassaden erkennt man Bohlenstuben durch kleine gestaffelte Fenstergruppen mit einem gemauerten Bogen (Karlskrone, Boymont, Lichtenstein/Franken). An diesen Stellen hat man entweder eine Bohlenwand für die Stube direkt in die Fassade eingelassen oder aber die Bohlenwand der Stube durch eine lediglich dünne Bruchsteinwand überdeckt. Spätmittelalterlichen Inventaren zufolge befanden sich in Stuben vor allem Tische und Sitzmöbel, mitunter auch

Truhen. Zudem nutzte man wohl die Möglichkeit, Sitzgelegenheiten in Form von umlaufenden Holzbänken und Ofenbänken direkt mit den Raumwänden bzw. der festen Einrichtung zu verbinden – in diesen Fällen dienten die Wand bzw. der Ofen als Rückenlehne. Zur Gattung der Einbaumöbel gehören auch Wandnischen, Wandschränke und Regale – auch sie konnten in Stuben direkt in die Wände integriert sein.

Eine Sonderform der Stube ist die *Badestube*. Archäologischen Befunden zufolge besaß bereits das Schlössel bei Klingenmünster im 11. Jahrhundert eine Badestube, beheizt durch eine gemauerte Warmluftheizung im Boden. In Schriftquellen finden sich ab dem 12. Jahrhundert vermehrt Hinweise auf Badestuben – man scheint auf Burgen also viel Wert auf Körperpflege gelegt zu haben. Badestuben lagen in der Regel im Erdgeschoss, da man Wasser zu ihnen bringen musste und verbrauchtes Wasser schnell ableiten wollte. Zudem musste ein benachbarter Raum, entweder die Küche oder ein spezieller Raum mit einer Feuerstelle, das Aufheizen des Wassers erlauben. Spätestens im 15./16. Jahrhundert gab es regelrechte Badestuben-Appartements (z. B. auf Schloss Ambras oder in der Heldburg).

Zu den Hygieneeinrichtungen einer Burg zählt auch der *Abort*. Er ist in aller Regel als Erker an der Außenfassade angebracht, so dass die Ausscheidungen entweder direkt oder durch Fallschächte schnell nach unten in den Burggraben oder eine Sickergrube abgeleitet werden konnten. Aborte befinden sich meist in unmittelbarer Nähe zu den Wohnräumen, besonders zu Kammer und Saal; selbstverständlich sitzen sie nie über Fenstern oder Türen. In manchen Burgen wurden Aborte in die Mauern eingelassen (z. B. Plantaturm am Kloster Müstair/Schweiz, 9. Jahrhundert) und fielen damit optisch weniger auf; geruchlich hatte diese Variante jedoch eher Nachteile. Wo Aborte nicht gebaut werden konnten, hat man mit der Verwendung von Nachttöpfen, in der Neuzeit auch von tragbaren Sitztoiletten zu rechnen.

Jede Burg hatte eine *Küche* (Abb. 42) oder zumindest eine fest eingerichtete Kochstätte. Kochen konnte man theoretisch an jedem offenen Feuer. Die fest eingerichteten Herdplätze waren aber größer als die nur zum Heizen dienenden Kamine. Sie waren auf drei, mitunter sogar auf vier Seiten umgehbar und ragten daher aus der Wand weiter heraus als Kamine, konnten aber auch mitten im Raum untergebracht sein. Der Rauchfang über großen Herdplätzen musste so hoch sein, dass sich der

Rauch nicht in der Küche verbreitete. Dies setzte einen hohen Erdgeschossraum voraus und führte bisweilen zur Errichtung eigener Küchengebäude (Aggstein, Cadolzburg). Die Wände einer Küche waren möglichst massiv, um die Brandgefahr zu reduzieren. Bevorzugt lag die Küche so, dass man schnell einen Brunnen oder eine Zisterne erreichen konnte, um das notwendige Wasser zu erhalten. Auch kühle Vorratsräume, also Speisekammern und Keller, gehörten in ihre Nähe. Lebensmittel, vom Mehl über Schmalz und Öl bis hin zu Fleisch sowie Wein und Bier, lagerten in der Kernburg.

Die Küche umfasste neben dem Herdplatz einen Bereich zur Vorbereitung und zum Anrichten der Speisen sowie eine Gelegenheit zur Reinigung des Geschirrs, die sich am Wasserausfluss erkennen lässt. Trotz dieser charakteristischen Merkmale gelingt es nicht in allen Burgen, die Küche eindeutig zu identifizieren. So lässt sich gerade in Burgruinen der Herdplatz oft erst ab einer bestimmten Größe eindeutig von einem Saalkamin unterscheiden. Bei frühneuzeitlichen Fürstenburgen konnte es, wie etwa in Schmalkalden, auch mehrere Küchen geben, um Speisen für die Herrschaft und das Personal gesondert zubereiten zu können.

42 Burgk, Küche mit zentraler Herdstelle

Ein weiterer Raumtyp, der auch als eigenständiger Bau bekannt ist, ist die *Kapelle* (Abb. 43). Die mittelalterliche Gesellschaft in Mitteleuropa gründete im Christentum, und die Gottesfurcht gehörte zu den ritterlichen Tugenden, die für weite Teile der Gesellschaft maßgeblich waren. Ein Ort für die Andacht war daher in jeder Burg notwendig, und zu Pfalzen gehörte unabdingbar eine Kapelle. In vielen Burgen gab es vermutlich nur einen Bereich mit einem Tragaltar oder einen Kapellenerker,[70] doch findet sich häufig auch ein spezieller Raum bis hin zum aufwendigen, in fürstlichen Anlagen sogar mehrgeschossigen Kapellenbau. Ein unverzichtbarer Bestandteil waren Kapellen bzw. Burgkirchen schließlich in Ordensburgen. Hier dienten sie wie in einem Kloster als Ort regelmäßiger Gebete und Messen bei Tag und bei Nacht. Vielfach wurden eigens Geistliche zur Versorgung der Kapelle angestellt, die dann zum Burgenpersonal gehörten; mit täglichen oder wöchentlichen Messen konnte aber auch ein externer Geistlicher oder ein Kloster beauftragt werden (Runkelstein im 15./16. Jahrhundert). Inventare nennen als Kapellenausstattung häufig Messbücher, Messgewänder und Kelche. Dies setzte einen geweihten Altar voraus und damit eine kirchenrechtliche Genehmigung durch den Bischof, der auch darauf achtete, dass eine neue Kapelle finanziell so ausgestattet war, dass ein Geistlicher regelmäßig die Messe lesen konnte.[71]

43 Eger, Kaiserpfalz, Doppelkapelle, Blick zum Altar der Unterkapelle

Für Kapellen gibt es mehrere mögliche Standorte und bauliche Varianten.[72] Schlichte Kapellenerker waren häufig mit dem Saal verbunden. Gegebenenfalls konnte man die Erkertüren zum Saal öffnen und den Festsaal in einen Gottesdienstraum umwandeln (z. B. Ronneburg, Eltz). Die großen, teils mehrgeschossigen Kapellen, die einen eigenen Bauteil ausmachen, waren oft entweder vom Wohnbau bzw. vom Saal aus zugänglich (Burglohra, Bösig/Bezděz, Schloss Tirol, Abb. 44) oder bildeten ein selbständiges Bauwerk (Querfurt, Kaiserpfalz Eger, Landsberg bei Halle). Als Einbau in den Wohnbau gibt es aufwendige gewölbte, doppelgeschossige Kapellen in Ingolstadt sowie in Meißen. Eine Alternative ist die Verbindung von Kapellen- und Torbau, wie man sie in der Doppelkapelle von Rheda, in Marburg und Dringenberg antrifft. Die Kapelle war nicht nur ein Ort der Andacht, sondern auch eine Gelegenheit zur Repräsentation, da zu ihr auch Gäste der Burg und oft das gesamte Burgpersonal Zutritt erhielten. In der Regel besitzen Pfalzen, landesfürstliche Burgen und natürlich Bischofsburgen (Ziesar) Kapellen von außerordentlicher Größe und vergleichsweise aufwendiger Gestaltung, während Burgen des niederen Adels meist mit Kapelenerkern auskamen oder eine Kapelle gar keinen architektonisch hervorgehobenen Platz hatte.

44 Schloss Tirol, romanisches Figurenportal zur Kapelle, um 1138

Mit der Aufteilung und genauen Nutzung der verschiedenen Wohnbauten und -räume hat sich die Forschung erst in den letzten Jahren intensiver beschäftigt. Dabei wurden einige Prinzipien entdeckt, die es erleichtern, die früheren Wohnfunktionen zu identifizieren. Wichtige Hinweise erhalten wir beispielsweise durch die Raumabfolge, also die Reihenfolge, in der man von einem Raum in den nächsten gelangte, einschließlich der Schließrichtung der Türen. Auch die Form, Größe und Abfolge von Fenstern kann Hinweise auf bestimmte Räume geben; so war der Saal oft mit besonders großen, repräsentativ gestalteten Fensterreihen versehen. Ferner spielen Ausstattungselemente wie Öfen, Kamine und Aborte eine wichtige Rolle, da von ihnen auch nach einer weitgehenden Zerstörung der Innenwände oft noch Spuren erhalten sind.

Türen bildeten die wichtigsten Nahtstellen zu Bauwerken und Räumen. Türen zu Wehrtürmen und Wohngebäuden befanden sich im hochmittelalterlichen Burgenbau sehr häufig im ersten Obergeschoss und waren wahrscheinlich über eine Leiter oder einen schmalen Holzvorbau zugänglich («Hocheinstieg»). Noch der repräsentative Saalbau des Marburger Schlosses besitzt ein Portal im Obergeschoss (um 1295). Türen setzten sich aus einer Einfassung und einem Verschluss, also dem Gewände und dem Türblatt, zusammen. Dabei saß das Türblatt stets an der Außenseite der Türnische; in der Nische befand sich der Riegelbalken gleich hinter dem Türblatt. Außen und Innen bzw. die Schließrichtung der Tür sind damit fast immer eindeutig zu bestimmen und liefern wichtige Indizien für die Raumstruktur und die jeweilige Raumfunktion. Da Räume selten durch Flure erschlossen wurden, sondern vielmehr durch andere Räume, sind die privateren Zimmer wie Kammern dadurch zu erkennen, dass ihre Türen in der Regel von innen gegen den vorgelagerten Raum, etwa eine Stube, zu verschließen waren.

Eine andere Form der Öffnung stellen *Fenster*[73] dar. Sie saßen in Nischen mit meist schrägen Gewänden. Bei größeren Fenstern, etwa in Sälen oder Beobachtungsposten, wurden die Nischen besonders im Spätmittelalter mit eingebauten steinernen Sitzen versehen («Sitznischen»). Die Gestalt und Größe der Fenster variierte je nach Epoche und Funktion erheblich. Bei sehr schmalen Öffnungen sprechen wir von Schlitzfenstern, die von außen mitunter Schießscharten ähneln. Form und Profilierung des Gewändes können Anhaltspunkte für die Datierung des Fensters, aber auch für die Bedeutung des durch es belichteten Raumes sein. Grundsätzlich stellten Fensteröffnungen bei Wehrbauten eine Gefahr dar, da sie einerseits die Massivität und Stabilität der Mauer verminderten und andererseits Geschosse durch sie leichter eindringen konnten. Dass Fenster dennoch im Laufe der Jahrhunderte immer größer wurden, liegt erstens an der Entwicklung der Bautechnik, zweitens an der zunehmenden Verlagerung der Verteidigungslinien nach außen (z. B. in den Zwinger) und drittens an der kostengünstigeren Herstellung von Glas – größere Fensterflächen galten im Mittelalter als Luxus. Die wenigsten Fenster waren daher vollständig verglast, vielmehr dienten vielfach Holzklappen oder -läden als Verschluss. Vermutlich konnte statt Glas auch Pergament als Fensterverschluss dienen, doch erhalten haben sich solche Fenster nicht. Burgen unterscheiden sich hier nicht wesentlich von Bürgerhäusern in Städten.

Eine wichtige Verbindungsfunktion kam auch *Treppen*[74] zu. Die meisten Treppen in hochmittelalterlichen Burgen waren geradläufig, was sowohl für äußere Freitreppen wie die meisten Mauertreppen und hölzernen Innentreppen gilt. Vor allem bei Wehrbauten wie Bergfrieden nutzte man bis ins Spätmittelalter innen wie außen auch Leitern. Wendeltreppen erscheinen dagegen erst später und anfänglich nur an untergeordneter Stelle, also entweder in die Mauern eingelassen oder seitlich in den Gebäuden. Der älteste repräsentative Wendeltreppenturm ist in Babenhausen erhalten (um 1189), einem Sitz der Herren von Münzenberg, wo er mittig vor dem Wohn- und Saalbau steht. Üblich wurden breitere, repräsentativ gestaltete und die Fassade gliedernde Wendeltreppen jedoch erst ab dem späten 13. Jahrhundert (z. B. Marburg, 1288). Treppentürme konnten außen vor der Fassade, mittig vor einem Gebäude oder im Winkel zwischen zwei Bauwerken stehen, um die Erschließung möglichst vieler Ebenen zu gewährleisten. Enge Wendeltreppen sollten vor allem Platz sparen und dienten nicht als Verteidigungsmaßnahme, wie manche Mittelalterfilme suggerieren.

Die hinreichende *Wasserversorgung* war ein zentrales Problem im Burgenbau.[75] Wasser wurde bereits zum Bauen benötigt, vor allem aber zum täglichen Bedarf. Theoretisch konnte Frischwasser über Brunnen gewonnen oder über Fernleitungen (Wartburg) zur Burg gebracht werden; vor allem aber ließ sich Wasser in Zisternen sammeln, die im mitteleuropäischen Burgenbau den Regelfall darstellten. Hierbei handelte es sich um einen gemauerten Tank, der mit Regenwasser oder zugeführtem Frischwasser befüllt wurde. Gegen Keime und Verunreinigungen ließ man entweder die Feststoffe sich langsam absetzen (Lockenhaus/Burgenland) oder installierte ein Filtersystem aus kleinen Steinen (sogenannte Filterzisterne, z. B. Wandersleben/Drei Gleichen, Münzenberg). Zisternen wurden so angelegt, dass das Regenwasser gut hineinlaufen konnte, d. h., man wählte eine möglichst tief gelegene Stelle in der Burg (Münzenberg) oder platzierte die Zisterne so zwischen Bauten, dass man das Dachwasser ableiten konnte (Runkelstein). Reichte das Regenwasser nicht aus, behalf man sich, indem man Wasser von einer nahe gelegenen Wasserstelle mit Hilfe von Packtieren in die Burg schleppte. Tiefbrunnen waren im Mittelalter äußerst selten (Kyffhäuser, 176 m, 12. Jahrhundert, und Trifels, 60 Meter ohne den Turmaufbau, um 1200), da man nicht über die nötige Grabungstechnik verfügte. Die meisten Tiefbrunnen auf Burgen wurden daher erst im 15. und 16. Jahrhundert gegraben.

Verwaltungsräume, Nebenräume, Burggrafensitze

Zum Bestand vieler Burgen gehören Räume mit speziellen Funktionen, vor allem Räume zur Verwaltung wie die Schreibstube, aber auch Räume zur Aufbewahrung wertvoller Dokumente und Besitztümer wie das Archiv oder die Schatzkammer. Genauere Kenntnis über diese Räume haben wir meist erst durch Inventare seit dem Spätmittelalter, doch viele Raumtypen gab es sicher schon vorher.

Königliche und fürstliche Burgen wurden in der Regel durch einen Burggrafen oder Burghauptmann geleitet, der besonders während der Abwesenheit seines Herrn die Herrschaft verwaltete. Der Burggraf verfügte über ein eigenes Appartement, bisweilen sogar über ein separates Burggrafenhaus. Ein solcher *Burggrafensitz* konnte einen eigenen Bauteil in der Kernburg oder in der Vorburg bilden und verfügte grundsätzlich über die gleiche Art von Räumlichkeiten wie die herrschaftlichen Burgteile. Im Unterschied dazu waren die Burgmannenhäuser die Wohnhäuser für das in der Burg tätige adelige Personal; sie waren meist an einem Weg vor der Burg (Marburg, Ritterstraße), manchmal aber auch in der Vorburg (Erbach, «Städtl», Abb. 45) angesiedelt. Die Burgmannenhäuser entsprachen häufig großen Bürgerhäusern, benötigten jedoch keine Räume für Handel und Gewerbe, wie sie für Bürgerhäuser typisch waren.

Weitere notwendige oder zumindest übliche Räume in Burgen lassen sich an dieser Stelle nur aufzählen. Am einfachsten zu bestimmen sind meist die Räume der Torwache, die in der Regel neben dem Tor liegen und durch eine Tür mit diesem verbunden sind; ein weiterer Wachraum über dem Tor wurde im Verteidigungsfall verwendet, wie man an Schussöffnungen von dort zum Bereich vor oder hinter dem Tor erkennen kann. Schwieriger zu identifizieren sind die Räume zur geschützten Lagerung wertvoller Gegenstände, die, einmal leer geräumt, keine charakteristische Gestaltung mehr aufweisen. Eine Silberkammer enthielt das Tafelsilber, silberne Kerzenständer und Tafelaufsätze, eine Lichtkammer die Leuchtmittel wie Kerzen oder Unschlitt. Im Archivraum wurden Urkunden und andere Dokumente aufbewahrt, die zum Nachweis von Rechten, Besitzungen oder Familienverhältnissen wichtig waren. In größeren Burgen gab es wahrscheinlich Schatzkammern, die zur Aufbewahrung von Geld in Form von Gold- und Silbermünzen und von Schmuck dienten. Rüstkammern enthielten Waffen, Rüstungen und Munition. Hinweise auf solche besonders gesicherten Räume geben Raumformen und Schließrichtungen von Türen. So gibt es in Burghausen in Bayern (zweite Hälfte 13. Jahrhundert) eine ursprünglich gewölbte fensterlose Kammer im Erdgeschoss der Kernburg, die nur von außen zu schließen war.[76] Als Tresorraum, möglicherweise zur Aufnahme der Reichskleinodien, könnte auch ein im Erdgeschoss der Nürnberger Kaiserburg ergrabener runder Raum von rund fünf Metern Durchmesser vorgesehen gewesen sein, der sich knapp zehn Meter von der Burgkapelle entfernt mitten im unteren Saal befand.[77] Auch die anderen königlichen Burgen wie der Trifels und Karlstein waren für die Aufbewahrung der Reichskleinodien durch besonders abschließbare Sakralräume und beheizbare Wachräume ausgestattet.

45 Erbach, Burgmannenhäuser im «Städtl»

Die Vorburg: Wirtschaftsbauten und Wirtschaftsräume

Zu Burgen gehörten grundsätzlich Lager- und Wirtschaftsbereiche, die fast immer in Vorburgen untergebracht waren. Vorburgen befanden sich in der Regel an der Zugangsseite der Burg, was auch einen zusätzlichen Schutz für diese bewirkte. Seltener gab es einen zweiten Wirtschaftshof an der Rückseite (Birstein, 16. Jahrhundert). Bot das Gelände bei der Burg nicht genügend Platz, so konnte der Wirtschaftshof auch weiter entfernt, etwa im Tal unterhalb der Burg, angesiedelt sein (Heldburg). Die Vorburg bzw. der Wirtschaftshof bildete das wirtschaftliche Rückgrat der Burganlage.

Falls es handwerkliche *Produktionsstätten* im Bereich der Burg gab, waren sie in der Vorburg konzentriert oder lagen in deren Nähe. Insbesondere frühe Pfalzen konnten mit größeren Siedlungen verbunden sein, in denen neben Landwirtschaft auch handwerkliche Produktion betrieben wurde. In der Pfalz Tilleda in Sachsen-Anhalt wurden Werkstätten von Schmieden, Töpfern und Webern aus dem 9./10. Jahrhundert in einer Vorburg ausgegraben, die im Grunde vorstädtische Ausmaße hatte. Zu den häufigsten Handwerken in Burgen gehörten Schmiedewerkstätten, in denen Hufeisen und einfachere Materialien für den täglichen Bedarf geschmiedet und Reparaturen vorgenommen werden konnten.

Das wichtigste Fortbewegungsmittel von Adligen und Rittern, sowohl im zivilen Bereich wie im Kampfeinsatz, waren Pferde. Daher war der Pferdestall (*Marstall*) ein unverzichtbarer Bestandteil von Burganlagen, sofern die Lage der Burg dies erlaubte. Je nach Größe der Burg und Zahl der Pferde war der Marstall in der Kernburg (z. B. Hämelschenburg, um 1600) oder in der Vorburg (z. B. Marburg, 15./16. Jahrhundert) untergebracht, in Letzterer vor allem bei einer größeren Anzahl von Pferden.[78]

Zur täglichen Versorgung der Herrschaft und des Burgpersonals mit Milch, Butter, Eiern mussten Tiere in der Burg gehalten werden. Vor allem milchgebende Tiere, also Ziegen und Kühe, lebten in der Vorburg oder im Wirtschaftshof. Dort ist daher immer mit einem *Stallgebäude* zu rechnen. Fleisch wurde weniger bei der Jagd gewonnen als vielmehr im Stall: Wo die Archäologen Reste von Lebensmitteln analysieren konnten (Knochen in Abfallgruben), fanden sich kaum Wildknochen, wohl aber Knochen von Schweinen, Schafen und Rindern. Je nach Region gehörte auch Fisch zu den Hauptnahrungsmitteln, der zudem eine wichtige Fastenspeise war. Zur Lagerung von Getreidevorräten, aber auch von Futter und Stroh, errichtete man *Scheunen* in der Vorburg.[79] Auch die landwirtschaftliche Grundausstattung – Pflug, Egge, Wetzstein, Sense, Heugabeln und Wagen – gehörte zum Bestand einer Vorburg und wurde in Lagerräumen oder Scheunen aufbewahrt.

Die Lagerung war auch deshalb von Bedeutung, weil landwirtschaftliche Produkte als Handelsware bei vielen Burgen zur Erzielung von Einnahmen eine große Rolle spielten. Beispielsweise war Korn zu lagern, wenn man es mit hohem Gewinn in wirtschaftliche Krisengebiete verkaufen wollte, wie dies für etliche adelige Güter des 16. Jahrhunderts im Weserraum nachgewiesen ist und sicher keine Ausnahme darstellt.[80] Für Rothenfels am Main ist – allerdings erst aus dem 17. Jahrhundert – überliefert, dass dort «Bannwein» gelagert wurde, der aus dem herrschaftlichen Weinberg gewonnen wurde und den die Gastwirte der zugehörigen Orte anbieten mussten. Bereits im frühen 16. Jahrhundert dienten die Dachgeschosse über den Wohnbauten der dortigen Kernburg auch als Lagerräume für Getreide. Mittelalterliche Wirtschaftsgebäude in Vorburgen wurden bisher kaum untersucht, die wenigen Ausnahmen gehören erst dem 15. Jahrhundert an (Pappenheim/Altmühl).[81]

Außerhalb der Vorburg war schließlich noch eine *Mühle* angesiedelt (in Steinbach/Südhessen unmittelbar vor dem Burgtor), da man zu ihrem Betrieb entweder Wasser oder eine freie Fläche benötigte. Selbstverständlich war für die adelige Küche eine Mühle erforderlich. Für kleine Mengen gab es Handmühlen in den Burgen selbst; üblicherweise nutzte man jedoch Wassermühlen, die außerhalb der Burg, etwa in einem nahe gelegenen Flusstal, standen. In Niederdeutschland konnten auch Windmühlen zum Einsatz kommen. Die Mühlen mussten auch von den Bauern der Umgebung genutzt werden, denn das Mühlenrecht war herrschaftliches Regal (Bannmühlen). Alle Bauern des Herrschaftsgebietes mussten ihr Korn bei einer bestimmten Mühle mahlen, wobei der Grundherr am Umsatz mitverdiente.[82]

5. DIE BURG IM MITTELALTER

Epochen und Kontinuitäten von Burgen: Das Beispiel Marburg

Wer sich mit Burgen beschäftigt, wird schnell feststellen, dass praktisch keine Burg aus einem Guss ist, sondern Bauwerke und Bestandteile aus ganz unterschiedlichen Epochen vereint. Vielfach verbergen sich zudem ältere Teile unter der Erdoberfläche, oder archivalische Quellen lassen auf ihr einstiges Vorhandensein schließen. Ein solches Monument ihrer eigenen Geschichte und ihrer wechselnden Funktionen ist die bis heute kontinuierlich genutzte Burg Marburg, die als Höhenburg über der Altstadt das Lahntal nach Norden und nach Süden beherrscht (Abb. 46, 47, 48).[83] Die Burg gehörte im 11. Jahrhundert zunächst dem regionalen Adelsgeschlecht der Gisonen (benannt nach dem Leitnamen Giso), bevor sie 1122 durch Erbschaft an die Ludowinger fiel, die Landgrafen von Thüringen waren. 1248 wurde sie zum Ausgangspunkt der neuen Landgrafschaft Hessen und zur Residenz der hessischen Landgrafen, die sie immer wieder modernisierten. In der Frühen Neuzeit wurde die Burg zunehmend zur Amtsburg, bevor sie in der Moderne mehrheitlich als Gefängnis, Museum, Universitätsgebäude und Archiv genutzt wurde.

Der älteste Teil der Burg ist ein unter dem Westflügel der Kernburg ergrabenes rechteckiges Steinhaus.[84] Erhalten haben sich nur die unteren Mauerpartien, die sorgfältig aus mäßig großen Bruchquadern, d. h. zum Vierkant geschlagenen, jedoch nicht geglätteten Bruchsteinen, aufgeschichtet wurden. Solche Steinlagen sind für das 11. und 12. Jahrhundert charakteristisch. Leider gibt es kein Fundmaterial, das eine genauere Eingrenzung der Bauzeit erlaubt. Ob es sich bei diesem ältesten Bau um ein Festes Haus oder ein Saalgeschosshaus handelte, ist aufgrund der Reste nicht zu entscheiden, auch nicht, welche weiteren Gebäude damals existierten. Für ein Festes Haus spricht allein die Analogie des Grundrisses zu anderen Burgen des 11. oder frühen 12. Jahrhunderts.

In einer zweiten Phase, vermutlich erst im späteren 12. Jahrhundert, wurde auf dem Sockel dieses Rechteckbaus ein schlankerer, fast quadratischer Bau errichtet, vermutlich ein Turm. Sein Mauerwerk ist auf drei Seiten rund sieben Meter hoch erhalten, in dieser Höhe allerdings ohne eine Tür- oder Fensteröffnung. Gleichzeitig mit dem Umbau zum Turm entstand westlich davon eine erste Ringmauer. Sie wurde, ebenfalls in dieser Phase, mit der neuen, relativ gut ins späte 12. Jahrhundert zu datierenden westlichen Stadtmauer verbunden, die direkt unterhalb der Burg westlich der Pfarrkirche verläuft. Als dritte Phase folgte

46 Marburg, Schloss von Süden, rechts der Wilhelmsbau (1493–1497), in der Mitte die Schlosskapelle (geweiht 1288) und die Rentkammer

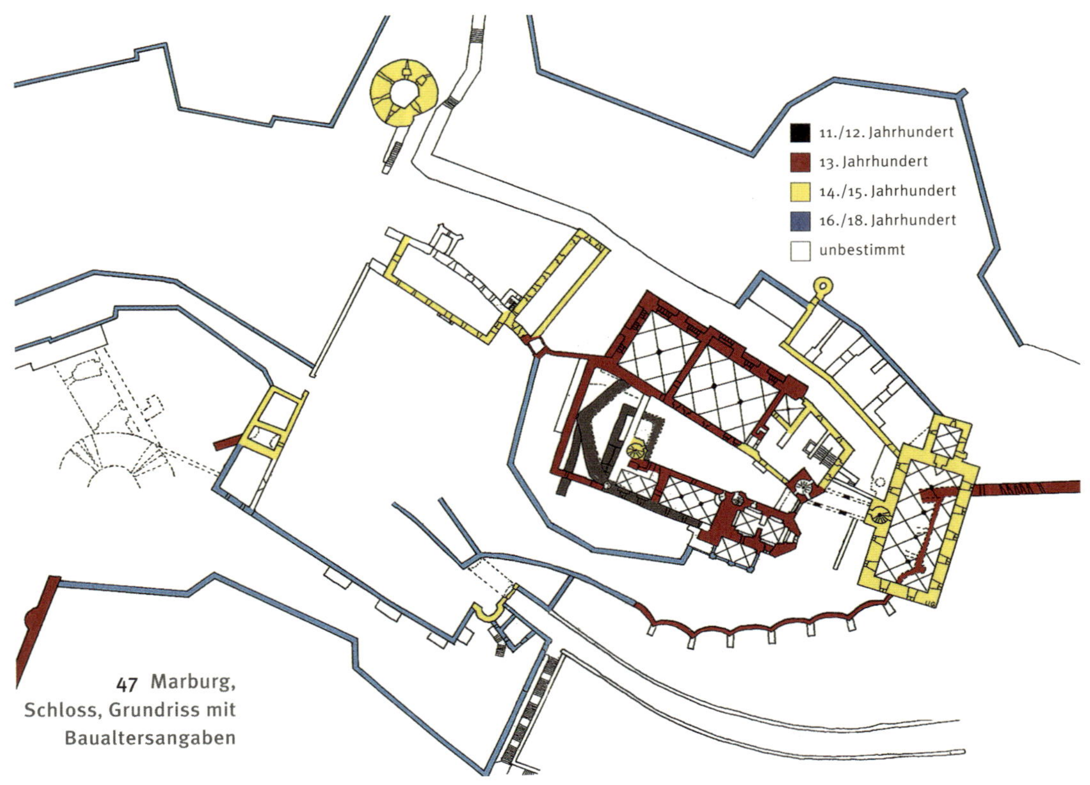

47 Marburg, Schloss, Grundriss mit Baualtersangaben

im zweiten Viertel oder in der Mitte des 13. Jahrhunderts die Errichtung des heutigen Südflügels. Damit wurde die Burg an der Südseite über die ältere Ringmauer hinweg erweitert. Aus dieser Zeit stammt wohl auch das rundbogige Portal, das vom Schlosshof in diesen Flügel führt und dessen einfacher, glatter Steinschnitt mehreren Marburger Portalen gleicht, die im zweiten Viertel des 13. Jahrhunderts geschaffen wurden (Herrenhaus des Deutschen Ordens, Kalbstor).

Die 1248 von Thüringen abgespaltene Landgrafschaft Hessen erlangte unter Landgräfin Sophie von Brabant die Selbständigkeit. Ihrem Sohn Heinrich I. gelang 1292 die Aufnahme in den Reichsfürstenstand, also die unmittelbare Belehnung durch den König und somit die politische Selbständigkeit. Heinrich baute um 1290 die Burg und Stadt Marburg so weit aus, dass man von einer Residenz sprechen kann, weit früher als in anderen Ländern des römisch-deutschen Reiches. Mit dieser Bauphase erreichte die Kernburg ihre heutige Ausdehnung: Bis etwa 1288 (Weihe der Schlosskapelle) wurde der Südflügel ausgebaut und um die Kapelle erweitert, die bis heute von Weitem den Eindruck der Burganlage bestimmt. Mit der Kapelle errichtete man auch das neue Tor zur Kernburg und darüber die Sakristei. Die damaligen Wohnräume für das tägliche Leben und Arbeiten dürften im Südflügel untergebracht gewesen sein. Im Norden vergrößerte man in den Jahren um 1295 die Burganlage, indem man den großen, unterkellerten zweistöckigen Saalbau über die Ringmauer hinaus an den nördlichen Hang setzte; dieser Bau enthält einen der bedeutendsten profanen Säle des Mittelalters in Deutschland und verdeutlichte die landgräflichen Ansprüche.

Nochmals wurde die Anlage der Burg in der zweiten Hälfte des 15. Jahrhunderts wesentlich erweitert, als Marburg infolge von Erbteilungen neben Kassel abermals die Funktion einer Hauptresidenz erhielt. In diese Phase gehören die Errichtung eines Batterieturms in Nordwesten (1478), der Umbau der Wohngebäude mit dem Ausbau eines kleinen Saales im Südflügel (1481) und die Hinzufügung des viergeschossigen Wilhelmsbaus im Osten (1492–1497), die wieder durch das Hinausschieben des Baus über die Burgmauer hinaus ermöglicht wurde. Nach einer weiteren Zeit als Nebenresidenz unter Philipp dem Großmütigen wurde Marburg 1567 in der Folge einer weiteren Erbteilung zum letzten Mal – bis 1604 – Hauptresidenz, nun von einer kleinen hessischen Teilgrafschaft. Die wichtigsten baulichen Neuerungen waren im Süden vor der Kapelle die Rentkammer, der Sitz des Finanzbeamten (1572), und südlich außerhalb der Schlossanlage, auf halber Strecke zum Marktplatz, die landgräfliche Kanzlei als

48 Marburg, Schlosskapelle und Treppenturm, Hofseite, 1288

selbstständiges Verwaltungsgebäude. Nach einer zurückhaltenden Modernisierung im 16. Jahrhundert wurden die Wehranlagen im 17. und 18. Jahrhundert massiv verstärkt, insbesondere errichtete man eine weiträumige bastionäre Festung westlich an der Stelle des älteren Schlossparks, um diese «Achillesverse» Marburgs abzusichern. Sie hielt jedoch dem Ansturm französischer Truppen im Siebenjährigen Krieg (1756–1763) nicht stand und wurde anschließend geschleift.

Ab dem 17. Jahrhundert diente Marburg den in Kassel residierenden Landgrafen als Nebenresidenz, vor allem jedoch als Verwaltungssitz, bis Hessen 1866 durch Preußen annektiert wurde. Im 19. Jahrhundert wurde die Burg (besonders der Batterieturm von 1478) als Gefängnis umgenutzt und 1869 zum Staatsarchiv umgebaut. Dieses stellt im Grunde eine Kontinuität zur mittelalterlichen Nutzung dar, denn das «Samtarchiv» der Landgrafen war trotz aller Teilungen immer in Marburg verblieben. Hinzu kam eine erste Nutzung als Museum, der sich die neuerliche museale Nutzung ab 1978 anschloss.[85]

Besonders deutlich wird in Marburg der Zusammenhang von Burg und Stadt, die maßgebliche Ressourcen, auch in personeller Hinsicht, bereitstellte. Die Burg verfügte über einen direkten Zugang von der Stadt, allerdings auch über zwei weitere, die durch die Stadt nicht zu kontrollieren waren. Sicher hatte schon die älteste Anlage eine Vorburg; der heutige Vorburgkomplex stammt aus dem 13. Jahrhundert und wurde im 14. oder 15. Jahrhundert auf die heutigen Dimensionen vergrößert. Daneben gab es einen Renthof nördlich unterhalb des Schlosses, in dem seit der Mitte des 13. Jahrhunderts die Steuereinnahmen, die Renten (Zehnten), eingesammelt und gelagert wurden. Betrachtet man die Entwicklung der Burg Marburg im Überblick, so überwiegt auf den ersten Blick zwar der Eindruck einer hochgotischen Anlage, doch wäre letztlich die Bezeichnung als Burg der späten Salierzeit, der Stauferzeit, der Spätgotik und der Renaissance, ja sogar als Barockfestung ebenso berechtigt. Wenn im Folgenden bei zahlreichen Burgen einzelne, besonders markante Bauphasen hervorgehoben werden, muss man sich also bewusst sein, dass die meisten Burgen ihre Gestalt auch Bauphasen aus anderen Epochen verdanken. Tatsächlich stellte der ständige Um- und Ausbau die Regel im Burgenbau dar.

Frühe Burgen und Pfalzen

Vormittelalterliche Befestigungen

Befestigte Plätze hat es in Mitteleuropa bereits in der Keltenzeit im 1. vorchristlichen Jahrtausend gegeben. Teils handelte es sich dabei um zeitweilige Fliehburgen, teils um dauerhaft bewohnte Plätze. Einige dieser Befestigungen wurden bis ins Mittelalter weitergenutzt. Große Ringwälle aus Wall, Graben und Palisaden, die vermutlich Siedlungen umschlossen, wurden von den germanischen Stämmen in der späten Kaiserzeit (2.–4. Jahrhundert) und zu Beginn des Mittelalters, im 5. bis 7. Jahrhundert, vor allem auf Höhenrücken angelegt. Daneben gab es zu dieser Zeit auch die aus Stein gebauten Kastelle mit ihren charakteristischen flankierenden Wehrtürmen, welche die Römer in den Jahrhunderten nach Christi Geburt errichtet hatten. Beim Zerfall des römischen Imperiums standen in den einst römischen Gebieten, besonders entlang des Limes, noch etliche Befestigungen, die für künftige Wehrbauten als Vorbild dienen konnten und sich teilweise auch weiternutzen ließen. Das Kastell Abusina bei Eining in Niederbayern wurde 89/91 n. Chr. zunächst als Holz-Erde-Befestigung angelegt und umschloss eine Fläche von 1,8 Hektar. Nach einem Brand im Jahr 125 n. Chr. erneuerte man es als Steinbau. Nach heftigen Kämpfen und Beschädigungen im 3. Jahrhundert baute man eine Ecke des Kastells um 300 n. Chr. zu einem Kleinkastell um, das dem Grundriss nach wie eine mittelalterliche Burg wirkt und um 450 aufgegeben wurde. Ein Beispiel für die bauliche Kontinuität römischer Kastelle in Mitteleuropa ist das kleine Kastell Felix Arbon (Ende 3. Jahrhundert) an der Südseite des Bodensees, das nach dem Abzug der Römer im 5. Jahrhundert als Wohnsiedlung einer kleinen christlichen Gemeinde genutzt und im 13. Jahrhundert durch eine bis heute erhaltene Burg überbaut wurde. Die sprachliche Ableitung des Wortes «Burg» aus dem lateinischen «burgus» (dt. kleinerer Burgturm) könnte eine Bestätigung auch für eine bauliche Orientierung im Frühmittelalter an römischen Vorbildern sein. Kleinere Burgtürme aus römischer Zeit blieben vermutlich häufiger am Limes erhalten.

Bislang ungeklärt ist die Frage, ab wann man in frühgeschichtlichen germanischen und slawischen Siedlungen Bauwerke einer Adelsschicht erkennen kann, die gegenüber der restlichen Siedlung abgegrenzt, hervorgehoben und besonders gesichert waren. Als Ausgangspunkt kann man germanische Siedlungen wie Feddersen Wierde (im Kreis Cuxhaven) betrachten, die in der ältesten Phase[86] aus weitgehend gleich großen Bauernhöfen bestanden, also zunächst keinen durch Größe und Befestigung besonders hervorgehobenen Hof aufwiesen. In der zweiten oder dritten Phase von Feddersen Wierde lässt sich jedoch bereits im 2. Jahrhundert n. Chr. ein solches Bauwerk feststellen, das durch eine Palisade eingefasst war. Erst im Laufe des Frühmittelalters aber wurden innerhalb der großen Ringwallanlagen eigens befestigte Bereiche klarer abgesondert, die sich als Herrensitze interpretieren lassen. Dies gilt etwa für die jüngere Bauphase des «Runden Bergs» bei Urach, die in die Jahrzehnte um 500 fällt, aber auch für die «Bürg» in Oberpöring (8. Jahrhundert). Vergleichbare ausgesonderte Herrensitze lassen sich in slawischen Gebieten erst im späteren 8. und 9. Jahrhundert nachweisen.

Das frühe Mittelalter

Für die Entstehung des eigentlichen Burgenbaus mit königlichen Pfalzen und befestigten Herrschaftssitzen von Adeligen und Dienstmannen war die Ausbreitung der merowingischen und der fränkischen Königsherrschaft mit der allmählichen Entwicklung neuer Herrschaftsstrukturen entscheidend. Chlodwig (reg. 482–511) konnte mit dem Sieg über den letzten römischen Heerführer 486 das Merowingerreich begründen, das sich vom Rhein aus über weite Teile des heutigen Nord- und Mittelfrankreich erstreckte. Die Regierungsgeschäfte führte der «Hausmeier» als oberster Dienstmann. Im 8. Jahrhundert hatten die Hausmeier mit Karl Martell (reg. 714–741) und Pippin «dem Großen» (Hausmeier ab 741, König 751–768) faktisch die Macht inne. Pippin setzte schließlich den merowingischen König ab und machte sich zum Alleinherrscher des auf diese Weise entstandenen Frankenreichs. Sein Sohn Karl der Große (reg. 768–814) konnte das Frankenreich durch Kriegszüge und die Unterwerfung benachbarter Fürstentümer weit nach Nordosten, Osten und Süden ausdehnen; es umfasste schließlich auch die Reiche der Sachsen, der Bayern sowie der Langobarden in Italien. Im Vertrag von Verdun wurde 843 eine Teilung des Frankenreichs vereinbart; das Ostreich wurde zum Vorläufer des späteren römisch-deutschen Reichs.

Zu den nachweislichen Befestigungen aus der Zeit der Merowinger gehören vor allem die merowingischen Königspfalzen im heutigen Frankreich. Sie befanden sich vornehmlich an Orten, die bereits römische Befestigungen[87] aufwiesen, namentlich in Attigny, Clichy, Compiègne, Malay bei Sens sowie in Quierzy (nordöstliches Frankreich). Sie sind jedoch weitgehend nur durch archivalische Quellen bekannt; allein in Quierzy wurden während der deutschen Besatzung 1916 Grabungen durchgeführt. Sie verfolgten allerdings vor allem politische Ziele und ergaben keine konkreten Hinweise auf eine Pfalz.[88]

Erste umfangreichere Befestigungsphasen werden in spätmerowingischer und frühkarolingischer Zeit (7./8. Jahrhundert) fassbar, verstärkt ab Mitte des 8. Jahrhunderts bis zum 10. Jahrhundert.[89] Mehr als 1000 längerfristig bewohnte Befestigungen wurden in den letzten Jahrzehnten durch archäologische Grabungen nachgewiesen. Die erste merowingische Befestigungsphase stand im Zusammenhang mit der Expansion des Merowingerreichs nach Osten.[90] Südlich des Limes wurden für einige der Anlagen römische Befestigungen genutzt. Römische Befestigungsmauern sind in Andernach, Bacharach, Regensburg und Trier erhalten und wenigstens teilweise (Andernach) auch für Herrenhöfe verwendet worden.[91] Nördlich bzw. östlich des Limes kam es hingegen zu vollständigen Neubefestigungen. So entstanden Höhenburgen wie etwa Büraburg nahe Fritzlar. In geringem Umfang wurden aber auch in diesen Gebieten frühgeschichtliche Befestigungen weiter- oder wiedergenutzt. Auf dem Glauberg bei Büdingen erneuerte man ab dem 7. Jahrhundert eine 200 Jahre zuvor aufgegebene Anlage, und auf dem Christenberg bei Münchhausen (Hessen) konnte man sich beim Neubau der karolingischen Befestigung sogar eine latènezeitliche Wallanlage (um 420 v. Chr.) zunutze machen.

Bei den frühen fränkischen Burgen handelt es sich meist um Höhenburgen, die sich in der Nähe von Verkehrswegen (Wasserläufen oder Straßen) befanden. Sie waren je nach Topographie entweder mit einem umlaufenden gestaffelten Befestigungssystem aus Gräben, Erdwällen, mitunter Vorburgen und weiteren Annäherungshindernissen (Hecken) ausgestattet (Ringwallanlagen, z. B. Lengefeld bei Korbach, Lüningsburg bei Neustadt a. R.), oder sie mussten, wenn sie auf einem

Bergsporn lagen, nur an der Angriffsseite durch Wälle oder Mauern besonders geschützt werden. Eine Burg mit einer solchen Abschnittsbefestigung war etwa die Pfalz Tilleda (Abb. 49) oder die «Birg» bei Hohenschäftlarn (Bayern); beide nutzten jeweils an drei Seiten das natürliche Gelände aus und waren an der vierten durch einen oder mehrere Wälle abgesichert. Schließlich gibt es regelmäßige Anlagen aus dieser Zeit, die nicht der Geländestruktur folgen, sondern häufig geradlinige Mauerabschnitte aufweisen, wie zum Beispiel die Eiringsburg bei Bad Kissingen (Mitte 8. Jahrhundert), bei der es sich vermutlich um die Adelsburg eines Freien mit dem Namen Iring handelt. Dort ist eine Bergkuppe zur Hälfte in die Burg einbezogen, der Rest der Kuppe wird durch eine gerade verlaufende Mauer abgeschnitten. Dieses Bemühen um gerade Mauerverläufe ist kein Einzelfall in der karolingisch-ottonischen Epoche. Befestigt waren diese Bauwerke teilweise noch mit Wall und Graben sowie mit Palisaden; teilweise kamen aber auch Trockenmauern sowie feste («gemörtelte») Mauern vor.

49 Tilleda, Pfalz, ausgegrabene Fundamente des «Palas» in der Hauptburg

Viele dieser Burgen haben eine erhebliche Grundfläche von zwei und mehr Hektar; die Büraburg[92] umfasste sogar rund acht Hektar. Sie wurde Mitte des 8. Jahrhunderts vor allem zur Verteidigung gegen die Sachsen angelegt. Grabungen zufolge war sie mit einer Ringmauer und Türmen an den Ecken befestigt. Die Innenbebauung der Büraburg bestand aus 21 Pfostenbauten in Reihen, in den ca. 7 x 3 Meter großen Häusern befanden sich jeweils zwei Räume und eine Feuerstelle.[93] Die Burg war also im Gegensatz zu kleineren Sitzen einzelner Adliger wie der Eiringsburg offenbar für eine Vielzahl von weitgehend gleichrangigen Bewohnern eingerichtet. Die Burgenforschung bezeichnet diese Befestigungen, die Zentren für Wirtschaft und Handel waren, auch als Zentralorte. Zugleich waren sie oft ein wichtiger kirchlicher Standort. So gründete der hl. Bonifatius auf der Büraburg 741/72 einen Bischofssitz; zudem gab es hier ein der hl. Brigida geweihtes Kloster, so dass die Burg zu einem wichtigen Missionszentrum wurde.

Nicht nur gegen die Sachsen, sondern auch gegen Einfälle der Normannen im 9. Jahrhundert sowie der Ungarn im 10. Jahrhundert betrieben die fränkischen Könige den Bau und Ausbau von Burgen. Der Mönch und Chronist Widukind von Corvey[94] überliefert eine Anweisung («Burgenbauordnung») Heinrichs I. aus dem Jahre 929, der zufolge jeder neunte bäuerliche Krieger in einer Burg wohnen und von den übrigen acht versorgt werden sollte, um im Gegenzug deren Schutz zu gewährleisten und den Widerstand gegen die Ungarn effizienter zu organisieren. Die «Heinrichsburgen» wurden offenbar zum Schutz der Bevölkerung[95] angelegt, was an die Funktion frühgeschichtlicher Wehrbauten erinnert. Zu den derartigen weiträumigen Befestigungen dürfte auch die Wallanlage in Kallmünz in der Oberpfalz gehören, die in die Zeit der Ungarneinfälle datiert wird, auch wenn einige Funde aus keltischer Zeit auf die Weiternutzung einer älteren Anlage hindeuten. Im 12. Jahrhundert wurde die Wallanlage dann zum äußeren Schutz einer deutlich kleineren Adelsburg umfunktioniert. Zeitgleiche Wallanlagen gab es vor der Karlburg am Main und an der Burg Castell oberhalb des gleichnamigen Ortes in Unterfranken.

Einen ganz anderen Bautyp stellte die von Karl dem Großen errichtete Pfalz in Aachen dar (Abb. 50). Für sie lassen sich in Mitteleuropa keine Vorbilder nachweisen. Als Anregung scheinen vielmehr große Palastanlagen wie in Ravenna (Palast des Ostgotenkönigs Theoderich des Großen, bei S. Apollinare Nuovo, Anfang 6. Jahrhundert) oder in Konstantinopel gedient zu haben, möglicherweise auch die antiken Paläste auf dem Palatin und insbesondere der Lateranpalast in Rom, der als päpstliche Pfalz in Quellen «palacium» genannt wird.[96] Die karolingische Pfalzanlage erstreckte sich auf einem weiträumigen Areal und umfasste nicht nur die Pfalzkirche (den heutigen Aachener Dom) mit einem geräumigen Atrium im Süden, sondern auch einen zweigeschossigen Saalbau an der Stelle des heutigen (gotischen) Rathauses im Norden; die beiden Gebäude standen mehr als 150 Meter voneinander entfernt. An den Längsseiten sowie an der westlichen Schmalseite hatte der Saalbau jeweils eine halbrunde Apsis, über deren Funktion nichts bekannt ist. An seiner südöstlichen Ecke befand sich der noch erhaltene quadratische Granusturm, der als repräsentativer Treppenturm diente. Von den weiteren karolingischen Wohnbauten sind nur geringe Reste ergraben, die keine weitere Identifizierung zulassen.[97] Die bauliche Gliederung der Pfalz scheint nicht an einer äußeren Wehrstruktur orientiert gewesen zu sein, von der sich keine Spuren erhalten haben und bei der es sich möglicherweise zumindest partiell um eine zeitübliche Holz-Erde-Konstruktion handelte. Im Vordergrund stand vielmehr die repräsentative Beziehung zwischen den unterschiedlichen Gebäuden im Innern der Anlage, wie sie auch bei den genannten Beispielen in Italien und Konstantinopel vorgeprägt war. Als Hauptresidenz und designierte Grabstätte Karls des Großen bildete die Pfalz in Aachen zugleich das Herrschaftszentrum des Karolingerreichs.

Eine zweite relativ gut untersuchte karolingische Pfalz ist Ingelheim am Main.[98] Sie nahm wesentliche Teile der heutigen spätmittelalterlichen Stadt ein. Es lässt sich also eine ausgesprochen große Anlage rekonstruieren, deren Ausdehnung rund 140 x 110 Meter betrug. An einen fast quadratischen Innenhof grenzen an drei Seiten Bauwerke, darunter die vermutliche Königshalle, der ein kleiner kreuzgangähnlicher Hof vorgelagert ist. An der vierten Seite schließt sich an den großen Innenhof ein halbrunder Gebäudekomplex an, der auf der Außenseite mit kleinen Rundbauten (Türmen?) versehen ist. Auch hier überwiegt aus heutiger Sicht im Gesamteindruck das Palastartige gegenüber der Wehrfunktion, wobei ähnlich wie in Aachen über die sehr wahrscheinlich vorhandenen Befestigungen keine Forschungsergebnisse vorliegen. Dass man bei Pfalzen durchaus mit Befestigungen rechnen muss, zeigt die Pfalzanlage in Frankfurt.[99] Für die Errichtung dieser Anlage, die das Gebiet des heutigen Domes und den Bereich westlich davon umfasste, nutzte man Reste einer römischen Militärsiedlung. Die karolingische Gesamtanlage besaß eine mehr als 2,5 Meter dicke Ringmauer, die am Mainufer sowie nördlich des Domplatzes über längere Strecken nachzuweisen ist.

Weitere frühe Pfalzen sind im Osten des fränkischen Reiches belegt. Sie wurden noch unter den Karolingern im 9. Jahrhundert (Tilleda), um 900 (Grone) oder unter dem Ottonen Heinrich I. im ersten Drittel des 10. Jahrhunderts (Werla) gegründet. Alle diese Pfalzen waren mit ausgedehnten Vorburgen ausgestattet, in denen Handwerker angesiedelt waren, die vermutlich nicht nur zur unmittelbaren Versorgung der Pfalz beitrugen, sondern aus dieser ein regelrechtes Wirtschaftszentrum ähnlich den frühen Zentralorten machten. Die Kernanlagen enthielten große Saalbauten, Wohnbauten und eine Kapelle in lockerer Bebauung und waren durch ihre Hanglage, Ringmauern und Vorburgen deutlich besser geschützt als Aachen oder Ingelheim. Ein Grund für die stärkere Befestigung kann auch in ihrer Lage in der Grenzzone zwischen Franken und Slawen gesehen werden.

Neben den Pfalzen gab es auch große königliche Güter, die zur Versorgung des Königs und seines Gefolges angelegt wurden. Sie werden

50 Aachen, Kaiserpfalz, Saalbau, Granusturm (Treppenturm)

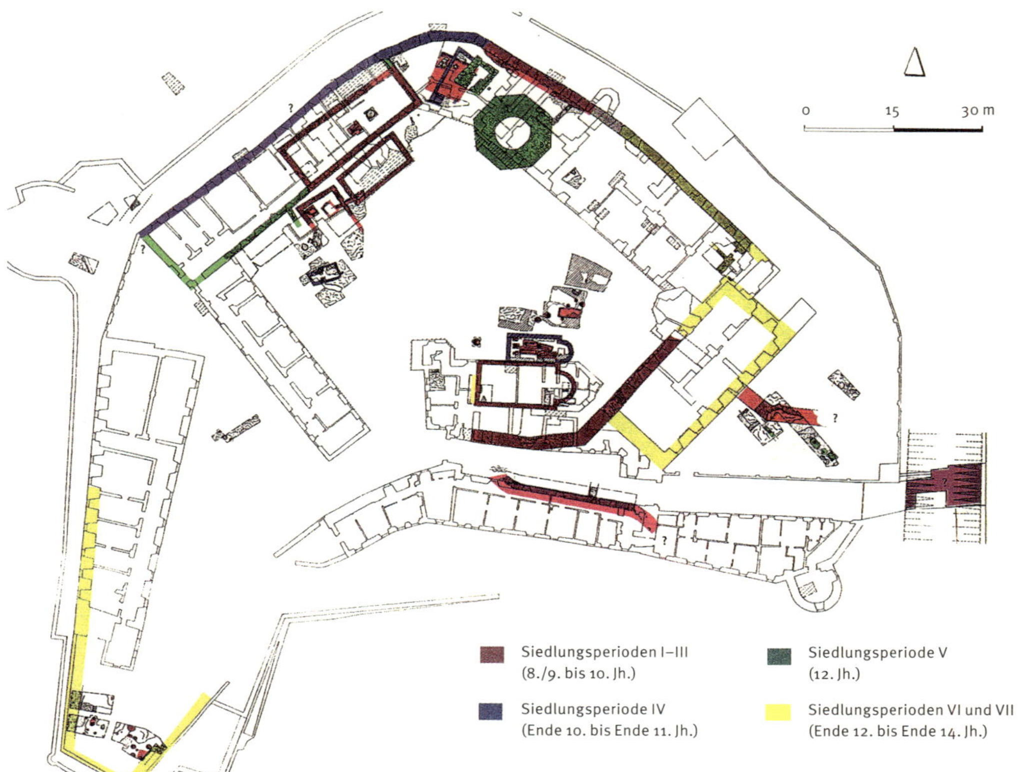

51 Sulzbach, Burg, Grundriss mit Baualtersangaben

in den Quellen vornehmlich als «curtis» (Hof) tituliert, wobei die Bezeichnungen in den Urkunden gelegentlich variieren; die Pfalz Pöhlde wird beispielsweise einmal als «curia regia» benannt. Ähnlich wie die Pfalzen bestanden auch die königlichen Höfe aus herrschaftlichen Wohn- und Saalbauten sowie einer Kapelle (z. B. Dreihausen nahe Marburg); sie waren damit für die Aufnahme des Herrschers und seines Gefolges geeignet. Im Unterschied zu den Pfalzanlagen waren sie stärker durch eine (land-)wirtschaftliche Funktion geprägt, gleichwohl allerdings vollständig ummauert. Einige Höfe wie der Christenberg bei Münchhausen befanden sich deutlich länger als bisher vermutet, von karolingischer Zeit bis ins frühe 12. Jahrhundert, in Nutzung und wurden immer wieder ausgebaut.[100]

Eine große Rolle in der Herrschaftsstruktur des Reiches spielten kirchliche Grundherren, vor allem Bistümer und Klöster. Im späten 8. Jahrhundert und um 800 entstanden im sächsischen Gebiet gleich mehrere Bistümer (z. B. Paderborn, Bremen, Hamburg), die immer auch mit einer weltlichen Grundherrschaft ausgestattet wurden. Außerdem wurden Reichsabteien durch den König gegründet und großzügig ausgestattet, wobei sich ihr Besitz durch private Zustiftungen stetig vergrößerte. Im Falle der Reichsabtei Hersfeld weist das Güterverzeichnis Besitztümer auf, die sich über das heutige Hessen bis nach Sachsen-Anhalt erstreckten; genannt werden vor allem «hubas» und «mansus», zwei Formen zinspflichtiger Höfe, die im Grunde einen Herrenhof voraussetzten. Auch die Abtei Corvey verfügte über einen großen Herrschaftsbezirk. Bischofssitze und Reichsabteien bildeten für den König zugleich Stützpunkte im Rahmen seiner Reiseherrschaft. Klöster und Landesherren setzen zur Verwaltung ihrer Gebiete Vögte und Ministeriale ein, also Unfreie, welche die Besitzungen von Burgen aus verwalteten. Vom 8. bis zum 10. Jahrhundert gibt es vermehrt Hinweise auf Burgen als Sitze solcher Ministerialen; beispielsweise beauftragten die Abteien Echternach und Prüm schon frühzeitig Vögte mit der Verwaltung ihres Besitzes. Als Eigentum der Reichsabtei Hersfeld werden in den Quellen achtzehn Burgen am Ostharz und im heutigen Thüringen genannt.

Hochadelige Burgen unterschieden sich in spätkarolingischer und ottonischer Zeit in ihren Dimensionen, aber auch in ihrer baulichen Anlage kaum von den Königspfalzen. Ein Beispiel dafür ist Burg Sulzbach-Rosenberg (Abb. 51).[101] Offenbar schon im späten 8. Jahrhundert im königlichen Besitz, kam sie wohl im 9./10. Jahrhundert in die Hände der Grafen von Sulzbach. Von einer ersten Anlage aus dem 7./8. Jahrhundert gibt es nur geringe Spuren. Umso genauer lässt sich hingegen auf nahezu dem gesamten Areal der heutigen Barockanlage eine steinerne Befestigung des 9./10. Jahrhunderts samt Ringmauer nachweisen. Zusammen mit einer Vorburg umfasste die Anlage eine Fläche von rund vier Hektar. Die Bauten innerhalb des Hofes waren alle mit einem Abstand zur Ringmauer errichtet worden. Zumindest gab es einen größeren steinernen Wohnbau neben kleineren Holzbauten sowie eine separat stehende Kapelle – eine räumliche Verbindung zwischen Kapelle und Wohnbau wurde erst im Hochmittelalter zum Regelfall. Umbauten des 10. und 11. Jahrhunderts betrafen vor allem die Erweiterung der vermutlichen Wohnbauten und der Kapelle. Ein achteckiger Bergfried wurde im 12. Jahrhundert hinzugefügt, ein Festes Haus im 14. Jahrhundert außen an die Ringmauer gesetzt; zur Zeit der Renaissance und des Barock schlossen sich weitere Baumaßnahmen an. Ebenso wie Marburg steht Sulzbach für die Kontinuität, mit der Burgen vom frühen Mittelalter bis zur Gegenwart ausgebaut und genutzt werden konnten.

Die Karlburg in Unterfranken[102] gehörte seit 751/53 dem Bistum Würzburg, dem sie von König Pippin geschenkt worden war. Die Burg liegt auf einem Sporn rund zwei Kilometer vom Ort Karlburg entfernt. Über die Innenbebauung dieser Burg wissen wir zwar kaum etwas, aber dafür lässt sich die Hinzufügung eines äußeren Walls in die Zeit der Ottonen datieren und damit wohl mit den Einfällen der Ungarn in Verbindung bringen. Gut erforscht sind auch die Befestigungen der Burg Roßtal in Mittelfranken, die wohl um 800 von den Liudolfingern, den späteren «Ottonen», errichtet wurde. 954 belagerte Kaiser Otto I. sie erfolglos im Rahmen einer von seinem Sohn Liudolf angeführten Fürstenrebellion. Zu diesem Zeitpunkt war die aus einem Wall, einem Graben und einer dünnen Ringmauer bestehende Befestigung um eine dickere Mauer und Flankentürme ergänzt worden. Die Innenbebauung bestand aus mehreren Pfosten- und Grubenbauten unterschiedlicher Größe, vermutlich Wohn-, Wirtschafts- und Speicherbauten; insbesondere die Grubenhäuser dienten vornehmlich einer handwerklichen Produktion.[103] Mit der Zunahme privater adliger Burgen,[104] die dem Adel zum Ausbau seiner Herrschaftspositionen dienten, verschwanden allmählich die großflächigen, oft von einer größeren Personengruppe genutzten Burgen, die als charakteristisch für das Frühmittelalter gelten.

Wie erwähnt, wurden schon in karolingischer Zeit kleinere Höhenburgen errichtet, wie sie dann für das Hochmittelalter typisch wurden. Eine genaue Datierung ist oft schwierig, da als Anhaltspunkt häufig nur die Keramikfunde dienen können, die sich jedoch zwischen dem 8. und dem 11. Jahrhundert meist nur ungenau datieren lassen. Zu den frühen, wohl noch karolingischen oder ottonischen Höhenburgen gehören der Rickelskopf bei Stedebach und die Turmburg bei Caldern. Die Mehrzahl der in den Quellen erwähnten Burgen, vor allem die Sitze von Dienstmannen, dürften kleine, aus Holz errichtete Bauwerke gewesen sein. Sie waren zweifellos der «Normalfall» einer Burg in vorromanischer Zeit. Ab dem frühen 9. Jahrhundert lassen sie sich verstärkt nachweisen und wurden offenbar ohne königlichen Auftrag errichtet.[105]

Eine der ersten umfassend ergrabenen Anlagen am Niederrhein ist der Husterknupp (Kreis Grevenbroich, Abb. 52), 1080 im Besitz der Grafen von Hochstaden erwähnt. Die älteste Bauphase gehört nach neueren Untersuchungen des Fundmaterials vermutlich ins 10. Jahrhundert.[106] In den ersten beiden Phasen bestand die Burg aus Holzhäusern auf flachem Gelände und wurde nur durch wassergefüllte Gräben geschützt; ein Graben trennte die Anlage in Vor- und Hauptburg. In der dritten Bauphase erfolgte im späteren 11. Jahrhundert die Aufschüttung zu einer «Motte», d. h. einem künstlichen Hügel von mehreren Metern Höhe, auf dem ein hölzernes, turmartiges Gebäude vermutet werden kann, von dem allerdings nur ein kräftiger Pfosten dokumentiert ist.[107]

Die bereits erwähnte Burg bei Haus Meer zeigt einen ähnlichen Bauverlauf.[108] Bauherren der Burg waren die Grafen von Meer, verwaltet und bewohnt wurde sie durch deren Ministeriale, die von Turren. In der ersten Periode (um 1000) haben wir es auch hier mit einer Flachsiedlung[109] zu tun. Sie war durch mehrere, dicht nebeneinanderstehende Holz- bzw. Fachwerkhäuser gekennzeichnet und nur durch Palisaden sowie einen Wassergraben geschützt. In einer zweiten Periode wurde in

52 Husterknupp, Rekonstruktion der Phase als Hochmotte

der Mitte des 12. Jahrhunderts eine Motte aufgeschüttet. In diese Zeit fiel auch die Gründung des benachbarten Prämonstratenserklosters durch Hildegunde von Are-Meer (1166), wodurch die Burg schon bald an Bedeutung verlor; offenbar wurde sie zugunsten des Klosters aufgegeben.

Betrachtet man den frühmittelalterlichen Burgenbau im fränkischen und sächsischen Raum im Zusammenhang, so ist festzustellen, dass wir es nicht mit einer geradlinigen, einheitlichen Entwicklung zu tun haben, sondern die Typenvielfalt schon in dieser frühen Zeit außerordentlich groß war. Tendenziell scheinen große, regelmäßige Anlagen bis ins 9./10. Jahrhundert zu überwiegen, Gleiches gilt für die Bevorzugung von Höhenlagen. Befestigt wurden Burgen ebenso wie Pfalzen vornehmlich mit Wall und Graben sowie hölzernen Palisaden, bisweilen auch mit steinernen Mauern und Ecktürmen. Ein unmittelbarer Anschluss der Gebäude an eine Ringmauer war offenbar nicht üblich, selbst dort nicht, wo Ringmauern vorhanden waren. Komplizierte Toranlagen sind nicht bekannt. Die Innenbebauung frühmittelalterlicher Burgen bestand zumeist aus einer mal dichten, mal locker angeordneten Baugruppe, die von einer Befestigung mehr oder weniger eng eingefasst wurde. Bei den Gebäudeformen bestanden keine wesentlichen Unterschiede zwischen Pfalzen und Burgen; längliche, rechtwinklige Wohnbauten sowie Kapellen kamen in beiden vor. Der Unterschied zwischen Pfalz und Burg ist zu dieser Zeit folglich primär in ihrer Funktion bzw. ihrem Besitzer zu suchen: Während die Pfalz ein verteidigungsfähiger Palast der Reichsherrschaft oder des Landesfürsten war, stellte die große Burg den verteidigungsfähigen Sitz regionaler Herrscher (Husterknupp), die kleine Burg den eines Adligen oder eines Ministerialen von lokaler Bedeutung dar.

Der Burgenbau der Salierzeit

Die Epoche der Salier, die nach dem Tod des letzten Ottonen Heinrich II. die Herrschaft im Reich übernahmen, umfasst die Zeit zwischen 1024 (Regierungsantritt Konrads II., Kaiser 1027) und 1125 (Tod Heinrichs V.). Diese Zeit wurde durch eine große wirtschaftliche und kulturelle Blüte geprägt, die in Mitteleuropa mit dem Beginn der Romanik einhergeht. In die Salierzeit fällt jedoch auch der 1071 entbrannte Investiturstreit zwischen Kaiser und Papst, bei dem es vordergründig um das Recht der Einsetzung von Bischöfen ging, in dem zugleich jedoch das Herrschaftssystem des gesamten Reiches auf dem Spiel stand, denn die Bischöfe waren nicht nur geistliche Fürsten, sondern hielten große Teile der weltlichen Macht in ihren Händen. Nicht zuletzt spielten sie auch bei der Königswahl eine wichtige Rolle.

Seit der Kaiserkrönung Ottos des Großen 963 lag das Recht zur Kaiserwürde beim römisch-deutschen König. Dieser wurde durch eine kleine Gruppe von Fürsten (Herzögen, Erzbischöfen) gewählt oder durch Akklamation bestimmt; erst mit der Goldenen Bulle Karls IV. (1356) wurde die kanonische Zahl der sieben Kurfürsten für die Königswahl festgelegt. Die Herzöge und (Erz-)Bischöfe, die an der Königswahl beteiligt waren, standen dem König zugleich als Konkurrenten um die Macht gegenüber, auch wenn sie ihm formal untergeordnet waren. Auch deswegen waren die Könige darauf angewiesen, möglichst viele und mächtige Vasallen an sich zu binden. Das Lehnsrecht erlebte dadurch zwischen dem 10. und dem 13. Jahrhundert eine ausgesprochene Blütezeit. Es sicherte den Vasallen Einkünfte aus Ländereien, dem König bzw. Landesherrn dagegen Gefolgschaft zu. Wie erwähnt, bewirkte das Lehenssystem längerfristig eine faktische Ausdifferenzierung der Herrschaft. Vor allem der gräfliche Adel war in der Salierzeit um den Ausbau seiner Position bemüht, wozu die Übernahme von Herrschaft in Form eines Lehens gehörte. Erleichtert wurde die Erweiterung eigener Herrschaftsgebiete durch Rodungen, die neue landwirtschaftliche Nutzflächen und Siedlungsgebiete erschlossen.

Historische Quellen zeigen, dass sich einzelne Adelsfamilien besonders im Südwesten des Reiches ab der Mitte des 11. Jahrhunderts vermehrt Burgen abseits der bisher von ihnen bewohnten Ortschaften auf nahe gelegenen Höhen errichteten. Die Forschung vermutet hier eine generelle Entwicklung und spricht von einer «Höhenwanderung» der Burgen. Diese wurden also nicht mehr bei den Siedlungen im Tal, sondern noch häufiger als zuvor auf Höhen oder an Hängen gebaut, wo sich ein weiterer Überblick ergab und der Standort durch die natürliche Lage besser geschützt war. Offenbar gelang vielen Adeligen in dieser Zeit der Ausbau eigener Herrschaften und in Verbindung damit auch der Bau eigener Burgen. In der gleichen Epoche lässt sich auch erkennen, dass sich erstmals zahlreiche Familien nach dem neuen Standort ihrer Burgen benannten.[110] Zudem stiegen viele Familien spätestens jetzt zum dauerhaften Besitzer und schließlich zum Eigentümer ihrer Burg auf.

Auch andernorts nahm die Zahl der Neugründungen von Burgen im 11. Jahrhundert deutlich zu. Nicht nur Grafen schufen sich in dieser Zeit zunehmend neue Familiensitze, auch der Hochadel war um den Ausbau seiner Herrschaft durch den Bau neuer Burgen bemüht. An erster Stelle stand der König selbst. Vor allem Heinrich IV. (1050–1106) trat als Bauherr vieler Burgen auf. Besonders im Harz versuchte er durch den Burgenbau, seinen Einfluss auf das nicht zuletzt wegen des Bergbaus bedeutende Gebiet und damit seine Herrschaft zu sichern; dafür musste er die Macht regionaler Adelsgeschlechter, beispielsweise der Grafen von Northeim, einschränken.[111]

Die zu diesen Zwecken ab 1065 errichtete Harzburg (Abb. 53) war nach ihrer Lage auf einem schmalen Bergrücken und nach ihrer Bauart eine äußerst wehrhafte Königsburg, mit Bergfrieden und Zwinger als baulichen Neuerungen. Die Anlage besaß einen runden Bergfried im Osten sowie einen quadratischen in der Mitte am Zugang zum Westteil der Burg. Die östliche Spitze wurde zusätzlich zur Ringmauer durch einen schmalen Zwinger gesichert, der zu den frühesten in Mitteleuropa gehört. Die ergrabenen Reste der Wohnbauten erlauben allerdings keine genauere Identifizierung derselben. Der durch eine Fernleitung mitversorgte Brunnen nahe dem quadratischen Bergfried zeigt, dass die Burg nicht nur für den kriegerischen Einsatz, sondern auch für friedliche Perioden gedacht war, denn im Kriegsfall war eine solche Leitung durch die Belagerer schnell zu unterbrechen und war daher wenig sinnvoll. Doch Friedenszeiten sollte die Burg nicht erleben. Ein Aufstand sächsischer Adliger gegen Heinrich IV. endete mit der Niederlage des Königs. Die Harzburg und alle anderen Bauten Heinrichs in Sachsen wurden nach dem Frieden von Gerstungen 1074 wieder abgebrochen.[112]

Der wichtigste Pfalzneubau des 11. Jahrhunderts entstand in Goslar (Abb. 54). Die Pfalz wurde an der Stelle eines Sitzes, der im Zusammenhang mit dem Harzbergbau bereits im späten 10. Jahrhundert geschaffen worden war, vollständig neu errichtet. Bereits kurz nach ihrer Gründung richtete Heinrich III. 1040 das Domstift von Goslar als «capella regis» (Königskapelle) ein. Der erst 1819 abgebrochene Dom stand direkt unterhalb des Pfalzbezirks. Das zweigeschossige «Kaiserhaus» ist

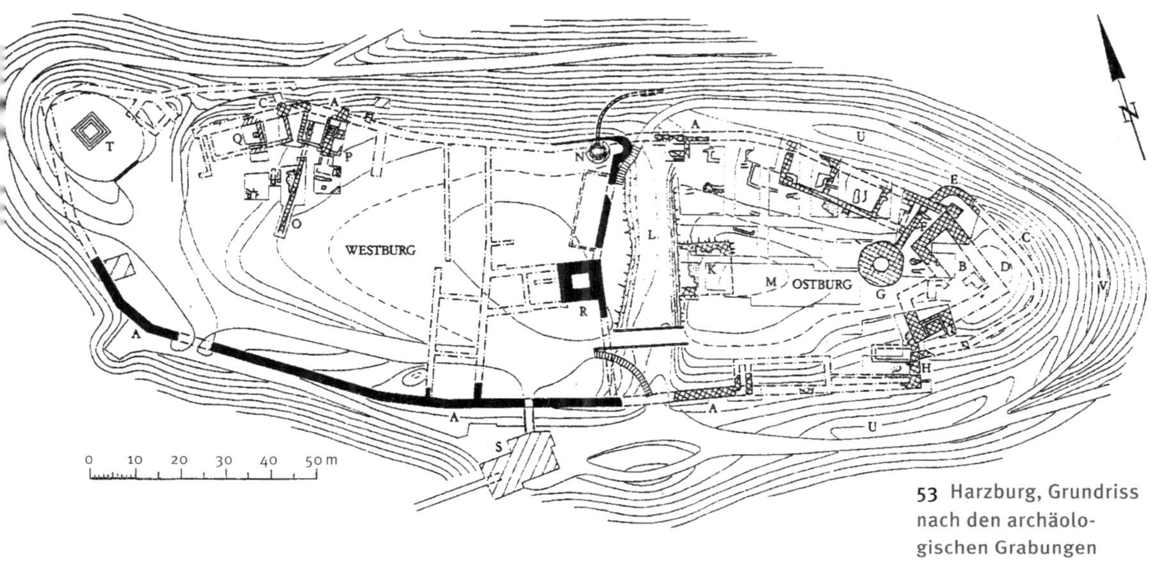

53 Harzburg, Grundriss nach den archäologischen Grabungen

- Aufgehendes Mauerwerk
- Grabungen 1902–1904 und 1959: Befund und Rekonstruktion

Grabung 1970–1975:

- Vorhandenes oder durch Untersuchung nachgewiesenes Mauerwerk
- Rekonstruktion
- Romanisches Mauerwerk
- Mauerwerk jüngerer Bauperioden
- Estrich
- Grabungsgrenzen
- Höhenlinien

A Ringmauer
B Zweiflügeliger Wehrbau
C Wehrmauer
D Zwinger
E Flankierungsturm
F Abschlussmauer der Kernburg
G Rundturm
H Burgtor mit Torkammer
J Palas
K Künstlicher Felseinschnitt mit Fundamentresten
L Abschnittsgraben
M Ehemaliges Wirtschaftsgebäude, bisher nicht archäologisch untersucht
N Burgbrunnen mit einmündender Wasserleitung
O 25 m lange Mauer
P Turm (?)
Q Kapelle
R Quadratischer Turm
S Seilbahnstation
T Obelisk (sog. Canossasäule)
U Graben
V Wall um die Ostburg (heute Rundweg)

ein Saalbau, der noch zu weiten Teilen aus salierzeitlichem Kleinquadermauerwerk besteht, allerdings um 1180 sowie im 18. und 19. Jahrhundert umgebaut wurde. An beiden Gebäudeenden schlossen sich Kapellen an, wobei die doppelgeschossige, im Erdgeschoss kreuzförmige und im Obergeschoss achteckige Ulrichskapelle eine staufische Hinzufügung darstellt. Über Wehrfunktionen ist nichts bekannt, eine Befestigung zwischen Stadt und Pfalz ist nicht überliefert. Allerdings befindet sich die Pfalz am höchsten Punkt der Stadt, während das Stift eine Fläche einnimmt, die ihre Vorburg gebildet haben könnte.

Im Vergleich zum Frühmittelalter haben sich aus dem 11. Jahrhundert mehr Reste von Steinbauten erhalten, auch wenn bis in die staufische Zeit hinein weiterhin Burgen in Holzbauweise errichtet wurden. Die zunehmende «Versteinerung» ist nicht nur ein Phänomen des Burgenbaus, sondern im 11. und 12. Jahrhundert generell zu beobachten. So konnten unter vielen romanischen Steinkirchen Reste hölzerner Vorgängerbauten ergraben werden.[113] In Verbindung mit dem zunehmenden Steinbau gab es offenbar ab der Mitte des 11. Jahrhunderts bauliche Neuerungen, die sich jedoch zunächst nur aus archivalischen Nennungen erschließen lassen. Zu ihnen gehört ab etwa 1040 das «propognaculum», womit in diesem Zusammenhang Zinnen gemeint sein müssen. Daneben werden in den Quellen auch Steinmauern und Türme häufiger genannt.[114]

Hans-Wilhelm Heine unterscheidet im Burgenbau des 11. Jahrhunderts traditionelle von fortschrittlichen Bauformen. Zu den traditionellen gehören zumeist mit Wall und Graben befestigte Hofstätten, deren Bauten im Tal oder auf Bergspornen mehr oder weniger ebenerdig lagen und aus einer Kernburg und einer Vorburg bestanden; ein Beispiel

54 Goslar, Kaiserpfalz, Ansicht des Saalbaus und der Doppelkapelle

ist die Bardenburg bei Oesede (Landkreis Osnabrück), die noch im späten 11. oder im 12. Jahrhundert aufgegeben wurde. Zu den fortschrittlichen Anlagen zählt Heine insbesondere Motten und Turmburgen. Bemerkenswert ist die ergrabene Burg Elmendorf in Dreibergen am Bad Zwischenahner See, die, wie der heutige Ortsname sagt, aus drei Erhebungen bestand, die voneinander durch Gräben abgesetzt waren. Die beiden Haupthügel trugen je einen hölzernen Bau, der vermutlich die Vorburg bildende dritte Hügel sogar mehrere.[115]

Gehen wir von den erhaltenen Burgen und Bauteilen sowie von den umfangreicher ergrabenen Anlagen aus, so zeigen sich drei Bautypen besonders häufig, nämlich Motten, Feste Häuser und Wohntürme. *Motten* waren besonders im Flachland verbreitet. Eine Motte entstand in der Regel durch die künstliche Aufschüttung eines kleinen Hügels, der zwischen zwei und zehn Metern Höhe schwanken konnte. Im deutschsprachigen Raum waren Motten grundsätzlich mit Holzbauten und nur in Ausnahmen mit steinernen Wohntürmen versehen, während es in den Niederlanden (Leiden), Frankreich (Gisors) und England (York, Lincoln, Durham, Windsor) häufig steinerne Gebäude auf Mottenhügeln gab bzw. noch gibt. Statt durch Aufschüttungen konnte durch Abgraben des umgebenden Geländes eine «natürliche» Motte entstehen, beispielsweise in Gaiselberg (Niederösterreich), wo drei Gräben erhalten blieben. Auf dem dortigen konzentrischen Mottenhügel befanden sich ein rechteckiger Wohnbau und zwei zu Wirtschaftszwecken genutzte Grubenhäuser. Entstanden ist die Anlage allerdings wohl erst in der zweiten Hälfte des 12. Jahrhunderts, also bereits in staufischer Zeit. Sie wurde bis ins 16. Jahrhundert hinein immer wieder genutzt und erneuert. Lehnsherren waren die Bischöfe von Passau, Lehnsnehmer zeitweilig das bedeutende niederösterreichische Adelsgeschlecht der Kuenringer, also keineswegs eine Familie aus dem niederen Adel.[116]

Ausgrabungen auf Mottenhügeln belegen eine gewisse Bandbreite von Bauten, bei denen es sich sowohl um turmartige Fachwerkhäuser wie um niedrigere Wohnbauten handeln konnte. Beim derzeitigen Forschungsstand ist es nicht möglich zu entscheiden, ob der für viele Motten charakteristische Turm eher als herrschaftlicher Wohnsitz diente oder ob er – als hölzerner Vorläufer von Bergfrieden – vor allem militärische Zwecke erfüllte.[117] Vermutlich ist eine Kombination aus beidem der Fall, wie die Untersuchungen zu den zwei bekanntesten Motten in

Deutschland, dem Husterknupp und Haus Meer, nahelegen. Sie gehören zu einer Gruppe kleinerer Burgen, die sich als «ständige Wohnsitze wohl adeliger Familien»[118] bereits im 10. Jahrhundert nachweisen lassen und vermutlich zur Verbesserung ihrer Wehrhaftigkeit im 11. Jahrhundert in Motten umgewandelt wurden.

Die frühen, weitgehend aus Holz bzw. aus Holz und Lehm errichteten Motten sind praktisch vollständig verschwunden. Sie lassen sich nur noch anhand der Erdformation nachweisen, sofern die Holzbauten nicht in nachfolgenden Jahrhunderten in Steinbauten umgewandelt wurden. Dies hat dazu geführt, dass man den salierzeitlichen Burgenbau vor allem unter dem Gesichtspunkt der «Versteinerung» betrachtete, was jedoch zu einseitig ist: Denn Holzbauten blieben im Burgenbau des 11. und 12. Jahrhunderts weiterhin wichtig.

Sehr viel umfassender erhalten sind Beispiele für zwei andere frühe Bautypen, den steinernen Wohnturm sowie das Feste Haus. Ein bedeutendes Beispiel für einen *Wohnturm* ist die Burg «Schlössel» bei Klingenmünster in der Pfalz. Eine weitläufige ringförmige Befestigungsanlage stammt bereits aus frühmittelalterlicher Zeit (9. oder eher 10. Jahrhundert); es handelt sich um einen Wall, dessen Kern aus vermörtelten Steinen besteht. Gegen Mitte des 11. Jahrhunderts setzte ein unbekannter Bauherr am höchsten Punkt in diese Anlage eine wesentlich kleinere Burg auf ovalem Grundriss. Sie besitzt innerhalb einer eigenen Ringmauer den erwähnten Wohnturm. Eine Mauer trennt einen kleinen Vorhof, der als Wirtschaftshof anzusehen ist, von der übrigen Burg ab. In diesem Hof lagen mehrere Nebengebäude, die nach Beschädigungen in der zweiten Jahrhunderthälfte nochmals ausgebaut wurden. Hierzu gehörten ein Küchengebäude mit gemauertem Herd und gesondertem Backofen sowie ein Badehaus, von dem sich die Bodenheizung erhalten hat. Den schmalen Fundamenten nach zu urteilen waren beide aus Fachwerk. Von dem geräumigen, massiven Wohnturm sind noch zwei Geschosse erhalten. Er besaß eine anspruchsvolle Architektur mit romanischen Biforien-Fenstern. Ein großer Abort-Anbau unterstreicht, dass es sich um einen dauerhaft bewohnten Turm handelte. Die Burg war zusätzlich mit einem Wall samt Graben befestigt, der wie ein Zwinger wirkt. Offensichtlich hat man hierzu den älteren, mit einem steinernen Kern versehenen Wall weitergenutzt und dadurch einen der frühesten Zwinger in Mitteleuropa geschaffen. Die Untersuchungen im Schlössel erlauben uns, einzelne für die dauerhafte Bewohnung wichtige Räume bzw. Raumtypen zu erkennen. Mit den Wohn- und Schlafräumen im Turm sowie mit der Küche und der Badestube weist diese vergleichsweise kleine Anlage einen Wohnkomfort auf, den man eigentlich erst in sehr viel späteren Jahrhunderten vermutet hätte und der sehr wahrscheinlich auch bei anderen Burgen vorzufinden war.[119]

Einer der größten Wohntürme in Deutschland ist in der Burg Dreieichenhain in Südhessen erhalten geblieben und stammt wahrscheinlich aus dem dritten Viertel des 11. Jahrhunderts (Abb. 55). Der quadratische Bau von rund dreizehn Metern Seitenlänge besaß über einem gewölbten Sockelgeschoss vier Obergeschosse und vermutlich eine Wehrplattform. Der Eingang lag im ersten Obergeschoss. Da nur eine Mauer des Turms erhalten ist, lassen sich zur Innenaufteilung keine genaueren Aussagen treffen. Der Wohnturm war in geringem Abstand von einer Ringmauer eingefasst und besaß eine weiträumige Vorburg mit Wirtschaftsbauten, die durch die ebenfalls nur als Ruine erhaltene Burganlage des 12./13. Jahrhunderts weitgehend überbaut wurden. Bauherren der Burg waren die Herren von Hagen (später Hagen-Münzenberg), die sich nach (Dreieichen)Hain benannten und als Vögte des Königs den Reichsforst zu verwalten hatten.

Wie das Beispiel der Motte Lürken im Rheinland (1965 abgebrochen) zeigt, fanden sich Wohntürme auch in Verbindung mit Motten. In einer ersten Bauphase war Lürken allein durch Palisaden gesichert; in der zweiten Bauphase erhielt sie im 11. Jahrhundert eine Ringmauer und einen zusätzlichen Wehrturm, als Zugang diente ein einfaches Flankentor.[120] Zur Motte gehörten zwei Vorburgen auf eigenen Inseln. In einer von ihnen wurde ein Schmelzofen ergraben, die Burg wurde also auch als Produktionsstätte für Eisen genutzt. Auch der umgekehrte Fall ist belegt: Die nicht zur Motte aufgeschüttete Burg Holtrop (Bergheim) erhielt als Hauptgebäude vermutlich im 11. Jahrhundert einen Fachwerk-Wohnturm, der im 12. Jahrhundert massiv erneuert wurde.

Nur in den Grundmauern ist Burg Weißenstein nahe Marburg erhalten.[121] Sie bestand in ihrer ersten Bauphase aus einem rechtwinkligen Wohnbau, der wahrscheinlich turmartig überhöht war und an zwei Seiten von einer Wehrmauer gesichert wurde. In einer zweiten Phase wurde er wohl im frühen 12. Jahrhundert zu einem Fünfeckturm erweitert, der eine für diese Zeit ungewöhnliche Bauform darstellt. Der Turm wurde jetzt vollständig von einer Ringmauer eingefasst, innerhalb derer noch ein zweiräumiges Gebäude Platz fand. Weißenstein steht stellvertretend für die im Grundriss häufig sehr kleinen Burgen des 11. Jahrhunderts und zeigt zugleich, dass die Übergänge zwischen Festen Häusern und Wohntürmen fließend waren.

Neben den annähernd quadratischen Wohntürmen sind in Mitteldeutschland einige frühe runde Türme nachzuweisen, die aufgrund ihrer großen Nutzfläche wohl gleichfalls als Wohntürme dienten. Dies gilt für den Turm der im 11. Jahrhundert gegründeten Wiprechtsburg in Groitzsch (um 1080)[122] sowie für den runden Turm der Burg Anhalt in Harzgerode (Mitte 11. Jahrhundert). Während sich Letzterer mitten in der ovalen Gesamtanlage befindet, stehen einige andere Rundtürme (z. B. in der Wiprechtsburg) direkt hinter dem schützenden Wall oder der Ringmauer, was an die Position späterer Bergfriede erinnert. Wohn- und Wehrfunktion waren in diesen Fällen also vermutlich noch enger verbunden, als die Ausdifferenzierung der Burggebäude in den folgenden Jahrhunderten vermuten lässt.[123]

Neben den Wohntürmen war das längliche, mehrgeschossige *Feste Haus* weit verbreitet. Zu den am besten erhaltenen Wohnbauten des 11. bzw. des beginnenden 12. Jahrhunderts in Mitteleuropa gehört die Schallaburg in Niederösterreich (Abb. 56).[124] Ihr Hauptbau ist ein längsgestreckter viergeschossiger Steinbau. Diesem fehlen heute zwar alle Innenwände, die aus Holz bzw. Fachwerk konstruiert waren, doch sind Spuren der früheren Raumnutzung in Rauchabzügen, Balkenlöchern sowie Fenster- und Türöffnungen erhalten. Im obersten Geschoss lässt sich ein repräsentativer Saal erschließen, der durch eine Reihe von acht gleichartigen Rundbogenfenstern beleuchtet war. Ein größerer Rauchabzug im ersten Obergeschoss könnte auf eine Küche hinweisen, zwei Rauchabzüge im zweiten Obergeschoss gehörten zu Wohnräumen. Die Rauchabzüge reichen schräg durch die Mauern nach außen – es gab also noch keine Schornsteine. Insgesamt lässt sich bereits ein differenzierter Grundriss mit mehreren beheizten Wohnräumen nachweisen. Der Bau steht als selbständiges Haus in geringem Abstand zur Ringmauer, die sich vor seiner Eingangsseite zu einem größeren Hof weitet. Dort befand sich seit dem 12. Jahrhundert ein quadratischer Bergfried.

Ein gut dokumentiertes Beispiel eines Festen Hauses findet sich in der ursprünglich zum Kloster Hersfeld gehörenden Burg Querfurt

55 Dreieich, Burg Dreieichenhain, Wohnturm, Innenseite der erhaltenen Turmseite

56 Schallaburg, Festes Haus, Inneres mit Wohnräumen im mittleren Geschoss und einem Saal im zweitobersten Geschoss

(Sachsen-Anhalt), Stammsitz der gleichnamigen Edelherren. Hier sind zwei unterschiedliche Steinbauten des frühen 11. Jahrhunderts nachgewiesen worden, von denen der eine dem Grundriss nach wie ein Festes Haus, der andere wie ein an die Ringmauer angelehntes Wohn- oder Saalhaus wirkt. Daneben gibt es noch ein Torhaus, das mit seinen vier Kreuzgewölben auf einem Mittelpfeiler so aufwendig gewölbt ist, wie man es sonst erst in staufischer Zeit vermuten würde.[125]

Vergleicht man die für das 11. Jahrhundert gesicherten Grundrisse mitteleuropäischer Burgen, soweit sie sich aus den Grabungsbefunden rekonstruieren lassen, so fällt auf, dass kaum eine Burg über einen Bergfried verfügte. Das genaue Aussehen und die Funktion der oberen Geschosse von Turmbauten bleiben allerdings in vielen Fällen unklar, da die erhaltenen Grundmauern in der Frage einer dauerhaften Bewohnung letztlich keine Aussage erlauben. Grundsätzlich gilt ein Turm mit dickem Mauerwerk und wenig Binnenfläche als Bergfried, ein Turm mit dünnerem Mauerwerk und größerer Binnenfläche als Wohnturm.[126] Danach dürfte die erwähnte Harzburg mit zwei besonders frühen Bergfrieden ausgestattet gewesen sein.

Zusammenfassend lässt sich sagen, dass trotz der zunehmenden Bedeutung von Stein noch im gesamten 11. Jahrhundert Fachwerk- und Bohlenbauten mit Lehmwänden gegenüber reinen Steinbauten überwogen. Aus Holz wurden sowohl Wohn- und Wirtschaftsbauten als auch die Befestigungen errichtet. Die nahezu immer hölzerne Motte hatte im 11. und im 12. Jahrhundert Hochkonjunktur, was dem aus schriftlichen Quellen gewonnenen Bild der «Versteinerung» widerspricht. Aus Stein wurden zunächst Wohntürme und Feste Häuser errichtet, häufig, aber keineswegs immer in Verbindung mit steinernen Ringmauern. Die wenigen Bergfriede blieben Einzelfälle. Vieles, was uns heute typisch für den mittelalterlichen Burgenbau erscheint, gab es in der Salierzeit noch nicht oder war eine seltene Ausnahme. Anhand der umfangreicher erhaltenen Burgen wie der Schallaburg, des Schlössels oder der Pfalz Goslar lässt sich jedoch ersehen, dass bereits differenzierte Raumstrukturen bestanden. Für Wohnkomfort sprechen das Badehaus im Schlössel oder auch zumindest archivalisch nachweisbare Stuben. Große Wohn- und Saalbauten wie in der Pfalz Goslar und der Schallaburg oder die Torkapelle Donaustauf (um 1060) verdeutlichen das Streben nach repräsentativer Architektur und die Aufnahme neuester Bauformen.

Burgen und Pfalzen der Stauferzeit

Die Stauferzeit, d. h. die Epoche von Konrad III. bis zum Tod Friedrichs II. (1138–1250), ist unter vielen Burgenforschern als die «klassische Zeit» des Burgenbaus bekannt, in der «ein formales Phänomen seine höchste Qualität bzw. eben eine ‹klassische› Ausgewogenheit» erreichte.[127] Sie zeichnet sich aus heutiger Sicht in quantitativer Hinsicht durch einen ausgesprochenen «Bauboom», vor allem von steinernen Bauten, aus. Doch auch die Formen scheinen sich zu festigen: Anhand der Gesamtanlage vieler Burgen, aber auch herausragender Baudetails lässt sich aufzeigen, dass die Burgen dieser Zeit keine zufälligen Zweckbauten sind, die in ihrer Gestalt nur äußeren Gegebenheiten folgen, sondern dass ihnen eine Gestaltungsabsicht von der Geländewahl über die

Grundform bis hin zu baulichen Einzelheiten zugrunde liegt. Die Vielfalt der Bauformen und Bautypen ist keineswegs geringer als in der vorausgegangenen Epoche. Die Anlage, bei der eine Ringmauer einen Komplex von unterschiedlichen Gebäuden umschließt, ist zwar der Regelfall in dieser Epoche, doch alle anderen Aspekte unterscheiden sich je nach den historischen oder geographischen Kontexten erheblich. An wesentlichen Veränderungen gegenüber der Salierzeit lässt sich im Laufe des 12. und des frühen 13. Jahrhunderts die konsequente «Versteinerung» der äußeren Befestigung und der inneren Hauptbauten feststellen. Ferner wird von dieser Zeit an auf den nicht dauerhaft bewohnten Bergfried bei kaum einer Burg mehr verzichtet. Die Funktionen, die in der Salierzeit der Wohnturm oder das Feste Haus in sich vereinigen konnten, wurden damit auf zwei Gebäude aufgeteilt, nämlich auf einen Wohnbau und einen separaten Turm.[128]

Die Gründe hierfür sind politischer, wirtschaftlicher und gesellschaftlicher Art und außerdem in Entwicklungen der Bau- wie der Wehrtechnik zu suchen. Politisch wird die Epoche stark durch die Stauferkönige dominiert, die jedoch keineswegs unangefochten herrschten, sondern sich gegen Gegner von innen wie von außen durchsetzen mussten. Fürstenrebellionen erlebte Friedrich I. Barbarossa (reg. 1152–1190) bis 1180 im Konflikt mit dem Welfenherzog Heinrich dem Löwen (reg. 1142–1180), der zugleich sein Vasall war. Friedrich II. (reg. 1212–1250) erfuhr Ähnliches in der Auseinandersetzung mit seinem Sohn Heinrich (VII.)[129] (reg. 1220–1242). Friedrich II. hielt sich zudem in seinen letzten Lebensjahren vor allem in Süditalien auf, was die Stellung der Landesfürsten diesseits der Alpen bereits vor dem Interregnum, also der Zeit ohne allgemein anerkannten König, deutlich stärkte. Jede Partei versuchte, eine möglichst große Zahl an Anhängern um sich zu scharen, was nicht zuletzt eine Ausweitung und Ausdifferenzierung des Lehnswesens zur Folge hatte. In diesem Umstand kann einer der Gründe für den starken Zuwachs an Burgen gesehen werden. Daneben profitierten Landwirtschaft und Handel von einem relativen wirtschaftlichen Aufschwung, was ebenfalls den Bau von Burgen begünstigte.[130] Als Bauherren traten in der staufischen Epoche neben König, Herzögen und Grafen zunehmend auch Vertreter des niederen Adels auf.[131]

Dass die Könige ungeachtet der Machtstreitigkeiten weiterhin bestrebt waren, ihre Position auszubauen und zu festigen, zeigt die Errichtung neuer Pfalzen in dieser Periode. Als erster staufischer Neubau entstand die Pfalz Rothenburg o. d. T. (Abb. 57)[132] wohl bereits um 1138/42 unter König Konrad III. (reg. 1138–1152). Von der einst sehr ausgedehnten Königspfalz, bei der es sich um eine lang gestreckte, schmale Anlage handelte, sind nur die Ringmauer, der Torbau und die Kapelle erhalten, der gesamte übrige Bereich ist heute als städtischer Park eingeebnet. Die Ringmauer zeichnet sich durch große, sehr grob geschlagene Buckelquader aus, die zu den ältesten datierbaren Quadern dieser Art gehören. Zum Befestigungssystem der Pfalz gehörte auch das Flankentor mit dem Torhaus im südlichen Ringmauerverlauf. Die Mauer springt auf der Höhe des Torhauses nach innen, so dass der Bereich vor dem Tor durch die Ringmauer gedeckt war. Die in ihrem Mauerwerk vollständig erhaltene Kapelle, die um 1170 über der Ringmauer errichtet wurde, nahm die Südostecke der Pfalz ein. Direkt vor ihr befand sich der Halsgraben, der die Anlage von der Stadt Rothenburg trennte, die ihrerseits erst nach der Errichtung der Pfalz einen städtischen Charakter annahm.

57 Rothenburg o. d. T., Kaiserpfalz, Kapelle mit Teilen der Buckelquader-Ringmauer, um 1140

Unter den Pfalzen, die Konrads Nachfolger Friedrich I. Barbarossa errichten ließ, gilt vor allem Gelnhausen östlich von Frankfurt (um 1170) als Inbegriff einer staufischen Pfalz. Eine aus Buckelquadern gemauerte Ringmauer umgibt die vergleichsweise kleine ovale Anlage, die sich als Wasserburg in einer Flussniederung befindet. Das Tor führt in eine zweischiffige gewölbte Torhalle, deren hofseitige Säule mit einem Adlerkapitell versehen ist. Ähnliche Adlerkapitelle finden sich auch an anderen Pfalzen und landesherrlichen Burgen der Stauferzeit. Da Adler als majestätische Vögel galten, lassen sich diese Kapitelle als Herrschaftszeichen interpretieren. Das Obergeschoss der Gelnhausener Torhalle wurde von einer Kapelle eingenommen, die vom benachbarten «Palas» aus zugänglich war. Direkt neben dem Torhaus steht ein quadratischer Bergfried; ein zweiter, im Grundriss runder, möglicherweise unvollendet gebliebener Bergfried befand sich auf der Rückseite des Hofes gegenüber dem freien Tal, also auf der möglichen Angriffsseite. Das repräsentative Hauptgebäude der Burg war der «Palas», der über einem Sockelgeschoss zwei Obergeschosse hatte. Im ersten Obergeschoss sind mehrere kleinere Innenräume zu rekonstruieren, ein großer Saal ist im obersten Geschoss zu erschließen.

Ebenfalls von Friedrich I. wurde die Pfalz in Kaiserswerth bei Düsseldorf (Ende 12. Jahrhundert) errichtet.[133] Ähnlich wie Gelnhausen besaß sie einen großen, dreigeschossigen «Palas», der die Wohnräume sowie die zur Bewirtschaftung erforderlichen Vorratsräume beherbergte. Der Zugang zu diesem Hauptbau erfolgte über den nördlich davor gelegenen sogenannten Klevischen (Tor-)Turm und eine Brücke, welche in einen Eingangsbereich führte, der zwischen Erdgeschoss und erstem Obergeschoss lag. Über eine breite Treppe gelangte man ins Erdgeschoss hinunter. Bemerkenswert ist, dass in diesem Funktionsgeschoss die Innentüren von beiden Seiten aus durch schwere Schubriegel abschließbar waren. Eine ebenfalls breite, geradläufige Treppe führte vom Eingangsbereich innerhalb der fast sechs Meter dicken Westmauer in das Hauptwohn- und das Saalgeschoss hinauf. Das Hauptgeschoss hatte drei Räume, an die sich im Süden eine zwei Stockwerke einnehmende gemauerte Filterzisterne anschloss. Von den drei Räumen erschloss der mittlere als Vorraum die beiden seitlichen. Der nördliche Raum besaß weitere Zugänge von außen und war mit einer Abortanlage verbunden; vermutlich war er ein Wohnraum (möglicherweise die Kammer) des Kaisers. Nur dieser Bauteil enthält auch eine schmale Wendeltreppe zur schnellen Verbindung der Geschosse. Trotz ihres großen Palastbaus war Kaiserswerth zugleich eine kompakte Wehranlage, die an der rheinabgewandten Seite durch den Bergfried gesichert war, welcher einst alle Gebäude überragte und eine enorme Grundfläche einnahm; 1702 wurde er nach einer Belagerung gesprengt.

Als dritte Pfalz Friedrichs I. entstand wohl im letzten Drittel des 12. Jahrhunderts die Pfalz Wimpfen am Neckar (Abb. 58), vom Kai-

58 Wimpfen, Kaiserpfalz, Roter Turm

ser selbst vor allem als Station auf der Durchreise genutzt. Sie unterscheidet sich von Gelnhausen und Kaiserswerth durch ihre besondere, mit einer Ringmauer umgürtete Größe. Drei Bergfriede – zwei davon sind erhalten – sicherten die Gesamtanlage und boten den notwendigen Überblick. Das großflächige Areal bot nicht nur Platz für «Palas» und Kapelle des Kaisers, sondern auch für Burgmannenhäuser, die sich in Gelnhausen in einer eigenen Vorburg befanden. Der östliche Bergfried besitzt im Eingangsgeschoss einen sehr repräsentativen Wohnraum, der sich durch einen großen, quadergemauerten Kamin, eine breite, möglicherweise zur Aufstellung einer Bettstatt gedachte Nische und einen Abort auszeichnet. Der bauliche Aufwand erscheint eigentlich zu groß für eine Turmwache, so dass mit einiger Berechtigung vermutet wurde, dass hier entweder der König selbst oder hochgestellte Personen seines Gefolges einen luxuriösen Rückzugsraum besaßen.

Weitgehend in die Zeit Friedrichs II. sowie das späte 13. Jahrhundert fällt der Ausbau der auf die Salierzeit zurückgehenden Nürnberger Pfalz (Abb. 59). Die Gesamtanlage wird durch das Nebeneinander von Kaiserburg und Burggrafenburg bestimmt, die unmittelbar vor der Kaiserburg lag und alle Zufahrtswege kontrollierte. Einen Burggrafen gab es spätestens seit 1138, die ersten Burggrafen kamen aus der Familie der Herren von Raabs (Niederösterreich); 1192 wurde das Amt den Grafen von (Hohen-)Zollern übertragen. Aus der frühen Zeit der Burggrafenburg stammt nur der äußere Bergfried, der sogenannte Fünfeckturm direkt neben dem stadtseitigen Haupttor der Burg (Mitte oder drittes Viertel des 12. Jahrhunderts). Er ist aus Buckelquadern gemauert, die hier wie in Rothenburg o. d. T. besonders früh vorkommen. Die soziale Differenzierung zeigt sich in Nürnberg besonders deutlich in der Kapelle der Kaiserburg, die aus dem Baukomplex des «Palas» in die Vorburg hineinragt. Sie wurde um 1210 als Doppelkapelle errichtet.[134] Vom unteren Saal des «Palas» aus ist das Hauptgeschoss der Kapelle zugänglich, während vom oberen Saal, hinter dem sich die königlichen Wohnräume befanden, eine schmale Tür auf die Empore führt. In das unterste Geschoss der Kapelle gelangt man nur von der Vorburg aus. Dem Personal der Letzteren stand somit die untere, dem Gefolge des Kaisers die obere Kapelle und dem Kaiser selbst die Empore zur Verfügung. Möglicherweise folgte auf der Empore auch der Burggraf dem Gottesdienst, wenn der Kaiser zugegen war. Er besaß jedoch auch eine eigene Kapelle in der Burggrafenburg.

59 Nürnberg, Kaiserpfalz, Blick auf Kapelle und Tor der Kaiserburg von der Vorburg aus

60 Wartburg, Ostseite des «Palas» und des im 19. Jahrhundert eingefügten Wohnbaus

Die landesherrlichen Burgen der Stauferzeit unterscheiden sich in ihren Grundzügen nicht wesentlich von den Königspfalzen. Ab etwa 1140 entstand die Burg Tirol, die den gleichnamigen Grafen gehörte. Sie kontrollierten als Landesherren sowie als Vögte des Bischofs von Trient die bedeutendsten Alpenübergänge. Die wichtigsten Gebäude der dem ovalen Bergrücken angepassten Anlage sind im Süden der dem Tal zugewandte «Palas» und an der nördlichen Schmal- und zugleich Angriffsseite der Bergfried. Anfangs umfasste der «Palas» nur ein Stockwerk mit einem großen Saal, der durch ein reich geschmücktes Figurenportal an der Hofseite zugänglich war. Über dem Saal befand sich ein Wehrgang mit Zinnenkranz. Erst 1221 erfolgte die Aufstockung des Saales wie auch der an ihn angeschlossenen Kapelle, die dadurch zu einer Doppelkapelle wurde.[135] In dieser Phase wurde auch ein Wohnbau im Norden an den alten «Palas» angefügt, wobei die ältere Ringmauer über dem Steilhang als Außenmauer genutzt wurde.

Auch die thüringische Wartburg (Abb. 60) gehört zur Gruppe der landesfürstlichen Burgen. Die lang gestreckte Anlage wird heute durch einen historistischen Bau in eine Vorburg und eine Hauptburg gegliedert. Ob es eine solche Trennung auch im Mittelalter gab, ist unklar. Wahrscheinlich nahm die ursprüngliche Burg nur das mittlere Drittel der heutigen ein. Als wichtigstes Gebäude der Hauptburg entstand um 1160 der «Palas», mit dem die ältere ovale Anlage erweitert wurde. Dafür musste er über die alte Ringmauer hinweg an einen steilen Hang gestellt werden. Der «Palas», der durch die historistische Restaurierung Hugo von Ritgens um 1850 verändert wurde, bestand zunächst aus dem Sockelgeschoss, einem Hocherdgeschoss und einem Obergeschoss mit einem kleinen Saal; die oberste Etage mit dem großen Saal wurde nach einer kurzen Bauunterbrechung vermutlich um 1170/80 aufgesetzt. Nur die Schließrichtung der Innentüren gibt Hinweise auf die Reihenfolge, in der die Räume zu betreten waren. Sicher ist, dass vom Portal im Kellergeschoss eine schmale Treppe zum Laufgang im Hocherdgeschoss hinaufführte. Von dort gelangte man in den mittleren Raum des Hocherdgeschosses, doch bleibt offen, ob es daneben noch einen bequemeren Eingang gegeben hat. Der nördliche, mit einem Eckkamin versehene Raum des Hocherdgeschosses besaß einen direkten Zugang vom Keller aus und verfügte über einen Abort – es könnte sich um eine Küche, aber vielleicht auch um einen Schlafraum, zum Beispiel eines wichtigen Hofbediensteten, gehandelt haben. Von hier aus kam man über eine Innentreppe in den Saal im Obergeschoss, wo man Speisen schnell hätte auftragen können.

Neben Aspekten der Wohnkultur verdeutlicht die Wartburg vor allem den ästhetischen Anspruch einer Burg in staufischer Zeit. Mehrere Räume besitzen Säulen mit sorgfältig ausgearbeiteten figürlichen Kapitellen, und der den großen Saal im obersten Geschoss begleitende Gang ist durch kleine Arkaden mit Säulchen und Kapitellen zum Saal hin geöffnet. Die Architektur ist nicht weniger reich als die eines romanischen Kreuzgangs in einem Kloster. Als Landgrafen von Thüringen besaßen die Ludowinger, denen die Burg gehörte, herzogsgleichen Rang, und die Architektur sollte dies sinnfällig machen.

Dass sie allerdings nicht an jeder Burg den gleichen architektonischen Aufwand betrieben, zeigt die landgräflich-thüringische Burg Weißensee (später Runneburg genannt).[136] Weitgehend erhalten ist der «Palas» aus dem letzten Drittel des 12. Jahrhunderts. Der mit einem quadratischen Bergfried verbundene Bau bestand ursprünglich aus einem Keller, einem Erd- und einem Obergeschoss, während ein zweites Obergeschoss in der ersten Hälfte des 13. Jahrhunderts lediglich auf der Osthälfte aufgesetzt wurde. Der große Saal im Obergeschoss war zunächst durch eine Freitreppe von außen zu erreichen. Diese wurde wohl im zweiten Viertel des 13. Jahrhunderts durch einen Treppenturm mit geraden Läufen ersetzt. Über den westlichen Erdgeschossraum war zugleich der Bergfried zugänglich, über dessen Mauertreppe man wiederum in den Saal im Obergeschoss des «Palas» gelangen konnte. Ein eigentlicher Wohnbau fehlt; möglicherweise verbirgt er sich in den Resten eines Gebäudes, das nördlich direkt im Anschluss an den Westteil des «Palas» und den Bergfried ergraben wurde und über eine Bodenheizung verfügte. Die Hoffassade des «Palas» muss demnach durch einen weiteren Bau (neben den drei noch erhaltenen Anbauten) verdeckt gewesen sein. Zum Hof hin konnte der «Palas» somit nie eine aufwendige Fassade ausbilden, wie man sie von der Wartburg oder aus Gelnhausen kennt.

Auch die kleineren Adels- und Ministerialenburgen der Stauferzeit zeichnen sich durch eine zunehmend repräsentative Steinarchitektur aus. Unweit von Gelnhausen befindet sich die Ministerialenburg Büdingen der Herren von Büdingen. Um 1130 gegründet, erfolgte der Ausbau im letzten Drittel des 12. Jahrhunderts. Aus den Steinmetzzeichen ergibt sich, dass teilweise dieselben Steinmetzen am Werk waren, die auch in der Pfalz Gelnhausen arbeiteten. Die Burg besitzt eine sorgfältig aus Buckelquadern gebaute Ringmauer, innerhalb derer «Palas», Kapelle und Tor samt kleinem Torwächterhaus mit repräsentativen romanischen Einzelformen erhalten sind. Ein älterer Bergfried befand sich, ähnlich wie in Gelnhausen, an der Ostseite der Burg, ein wohl um 1240 errichteter jüngerer direkt neben dem Tor an der Westseite – ob als Ersatz für den älteren oder als Ergänzung, ist unbekannt. Trotz zahlreicher Unterschiede zeigt sich, dass Büdingen eng an Gelnhausen orientiert ist. Diese Beziehungen bringen den Anspruch der Bauherren zum Ausdruck.

61 Münzenberg, Burg, Innenseite des Wohnbaus mit Spuren der Balkenlagen und des Kamins im Hocherdgeschoss, zweite Hälfte 12. Jahrhundert

In der Burg von Münzenberg in der Wetterau (Abb. 61), die der Ministerialenfamilie von Hagen gehörte, sind zwei Bergfriede erhalten, die aus dem späten 12. bzw. dem frühen 13. Jahrhundert stammen. Die Burg als solche wurde um 1170/80 errichtet. Eine Ringmauer aus Buckelquadern fasst sie auf der Süd- und Ostseite ein, während der nördliche und der westliche Abschnitt aus Basaltmauerwerk bestehen. Wohl um 1260/70 hat man einen Wohn- und Saalbau aus Basalt nachträglich in die Anlage eingefügt.[137] Östlich des im 14. Jahrhundert erneuerten Tores zur Kernburg mit einer darübergelegenen gotischen Kapelle gab es ein Kü-

62 Hocheppan, Gesamtanlage: Bergfried, rechts daneben ursprüngliche Ringmauer und jüngerer Wohnbau, links Torzwinger, davor Vorburg und Halsgraben

chengebäude und westlich einen dreigeschossigen Wohnbau; er wurde durch eine Quermauer in zwei Hälften geteilt. Dieses Wohnhaus («Palas») hatte über einem Keller in beiden Hälften einen kaminbeheizten Raum, wobei zumindest der westliche wohl auch über einen Abort verfügte, und im Geschoss darüber je einen kleinen Saal; der östliche wurde durch eine Arkadenreihe belichtet. Die vier Räume scheinen alle einzeln vom Hof aus durch Freitreppen erschlossen worden zu sein und keine inneren Verbindungen besessen zu haben. Dies spricht für eine wenig repräsentative, im Wesentlichen wohl private Nutzung des Wohnbaus.[138]

Die Salzburg bei Neustadt/Saale wurde nach ihrer Gründung in der Mitte des 12. Jahrhunderts in mehreren Bauabschnitten vor allem im letzten Jahrhundertviertel ausgebaut. Mehrere Lehnsleute bewohnten die Burg im Auftrag des Würzburger Bischofs gemeinschaftlich als Ganerben; ihre einzelnen Wohnsitze wurden im Laufe des 13. Jahrhunderts erneuert und durch Mauern gegeneinander abgegrenzt. Die Burg ist vor allem wegen ihrer Befestigungstechnik interessant.[139] Die äußere Ringmauer der großen, auf einem unregelmäßigen Fünfeck erbauten Anlage erhielt vier rechteckige Flankierungstürme, die außen und innen aus der Mauerflucht herausragen. Der Torturm wurde bergfriedartig überhöht und mit einer repräsentativen Einfahrt versehen, deren Zackenfries um den Torbogen für eine Datierung auf das Ende des 12. Jahrhunderts spricht. Die Flankierung wurde allerdings noch nicht konsequent ausgenutzt. Schießscharten waren noch unbekannt, und so konnte man Angreifer nur von der obersten Plattform der Türme aus abwehren.

Viele der bislang erwähnten Adelsburgen der Stauferzeit hatten zunächst sehr bescheidene Ausmaße. Dies gilt auch für die in den Jahren um 1200 entstandene Burg Hocheppan in Südtirol (Abb. 62). Die Burg der Grafen von Eppan besaß innerhalb der einem Felsverlauf folgenden Ringmauer nur zwei Gebäude und einen fünfeckigen Bergfried; Letzterer wurde erst in einer zweiten Bauphase zu Beginn des 13. Jahrhunderts hinzugefügt. Die Ringmauer umschloss allerdings auch die bereits aus dem 12. Jahrhundert stammende Kapelle, die nun als Burgkapelle diente. Ein zweiter Wohnbau (um 1250/70) fand im Graben der ursprünglichen Burg Platz, wurde also außen an die Ringmauer angefügt und benötigte dementsprechend einen sehr hohen Unterbau.

Ähnlich klein war die älteste Anlage der Burg Landsberg im Elsass, die um 1200 durch die gleichnamigen niederadeligen Herren errichtet wurde.[140] Hinter dem über Eck stehenden Bergfried umschließt eine rechtwinklig angelegte Buckelquadermauer einen engen Burghof, der weitgehend überbaut war. Erhalten haben sich die Giebelkonturen von zwei an den Bergfried anschließenden Bauten, darunter die Reste eines Wohnbaus. Außerdem gibt es noch Spuren von Bauten, die an die Eingangsfassade der Ringmauer anschlossen; hier, nahe der Burgpforte, befindet sich auch ein Kapellenerker. Nach kaum mehr als einer Generation wurde Landsberg um das Vierfache vergrößert: Die neue Ringmauer schloss die alte Burg im Westen, Süden und Osten weiträumig ein. Sie wurde weitgehend rechtwinklig angelegt und an der westlichen

63 Boymont, Blick vom hinteren auf den vorderen Bergfried und die Wohnbauten

Angriffsseite, der die Kernburg den Bergfried zugewandt hatte, von zwei Rundtürmen flankiert; dazwischen weist die Mauer Schießscharten in Schartennischen auf. Im Torhaus der erweiterten Burg fand auch ein Kapellenerker Platz; ein Kaplan versorgte die Kapelle spätestens ab 1234 und noch im 16. Jahrhundert und dokumentierte damit auch die überdurchschnittlichen finanziellen Möglichkeiten der Bauherren.

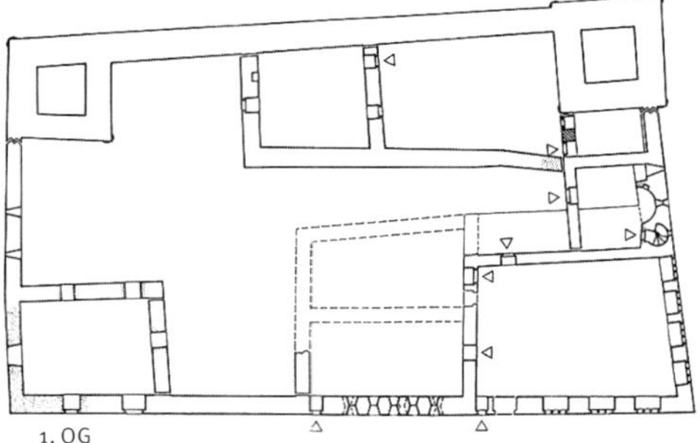

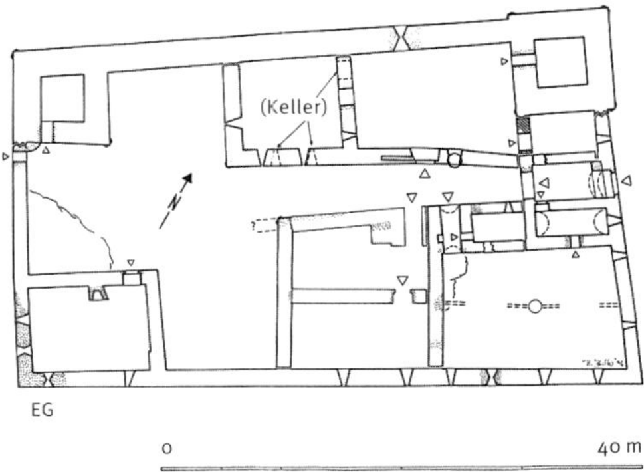

64 Boymont, Grundriss der Hauptgeschosse der Burg mit Eintragung der Baufugen (stumpf gegeneinander stoßende Mauern)

Mehrere Burgen aus der ersten Hälfte des 13. Jahrhunderts zeichnen sich durch eine besondere geometrische Regelmäßigkeit des Grundrisses aus. Vor allem auf ebenen Bauplätzen ließen sich Burgen ohne großen Aufwand regelmäßig anlegen; hierfür gibt es in der Stauferzeit unterschiedliche Beispiele, wie die Burgen Büdingen (polygonal), Babenhausen (quadratisch), Oschatz (quadratisch) und Egisheim (achteckig) zeigen. Doch auch in unwegsamerem Gelände finden sich regelmäßige Anlagen. Ein Beispiel ist die Burg Gutenfels oberhalb von Kaub am Rhein, die von den Herren von Falkenstein im zweiten Viertel des 13. Jahrhunderts errichtet wurde.[141] Dazu musste der Hang terrassiert werden, denn die Burg erhielt einen strikten rechtwinkligen Grundriss, und zum Berg hin wurde ihr ein massiver quadratischer Bergfried vorgestellt. Zwei seitliche Flügel dienten als Wohnbauten, dazwischen verblieb ein Hof, der durch den hohen Bergfried vor Blicken und vor Beschuss vom Hang her geschützt war. Unter den Wohnräumen im südlichen Flügel gab es wahrscheinlich zwei kaminbeheizte Kammern im ersten Geschoss sowie einen kaminbeheizten Saal im zweiten Obergeschoss. Eine weitere trotz Berglage fast regelmäßige Anlage ist Boymont in Südtirol (Abb. 63, 64). Die Burg entstand urkundlichen Quellen zufolge um 1235/40. Für die Gesamtanlage hat man eine Bergkuppe so terrassiert, dass die Burg auf nahezu rechtwinkligem Grundriss errichtet werden konnte; die regelmäßige Gesamterscheinung ist kilometerweit von der Eppaner Hochebene aus zu erkennen. Die Anlage bestand aus zwei Bergfrieden und mehreren Wohnbauten sowie einer Küche, die zu beiden Seiten eines längs durch die Burg führenden schmalen Hofgangs angeordnet waren.

Zu den regelmäßigen Bauten zählen auch Burgen, die neben der rechteckigen Grundform Türme an den Ecken besitzen und an römische Kastelle erinnern («Kastelltyp»).[142] Als eine solche (in diesem Fall quadratische) Burg mit einem zentralen Bergfried und runden flankierenden Ecktürmen, aus deren Schießscharten die Mauern zu verteidigen waren, lässt sich die Burg der Herren von Geroldseck in Lahr (Baden) rekonstruieren, die um 1215/20 entstand (Abb. 65).[143] Die Gesamtanlage mit den Ecktürmen stellt im römisch-deutschen Reich eine Innovation dar; allerdings hat sich von den Wohnbauten bis auf den Rest einer Außenmauer mit mehreren Zwillingsfenstern, dem Ansatz eines dreiteiligen Fensters und einem Aborterker nichts mehr erhalten. Einen viereckigen Grundriss mit massiven runden Ecktürmen erhielt um 1240 die Burg in

65 Lahr (Baden), isometrische Rekonstruktion des Zustandes um 1220

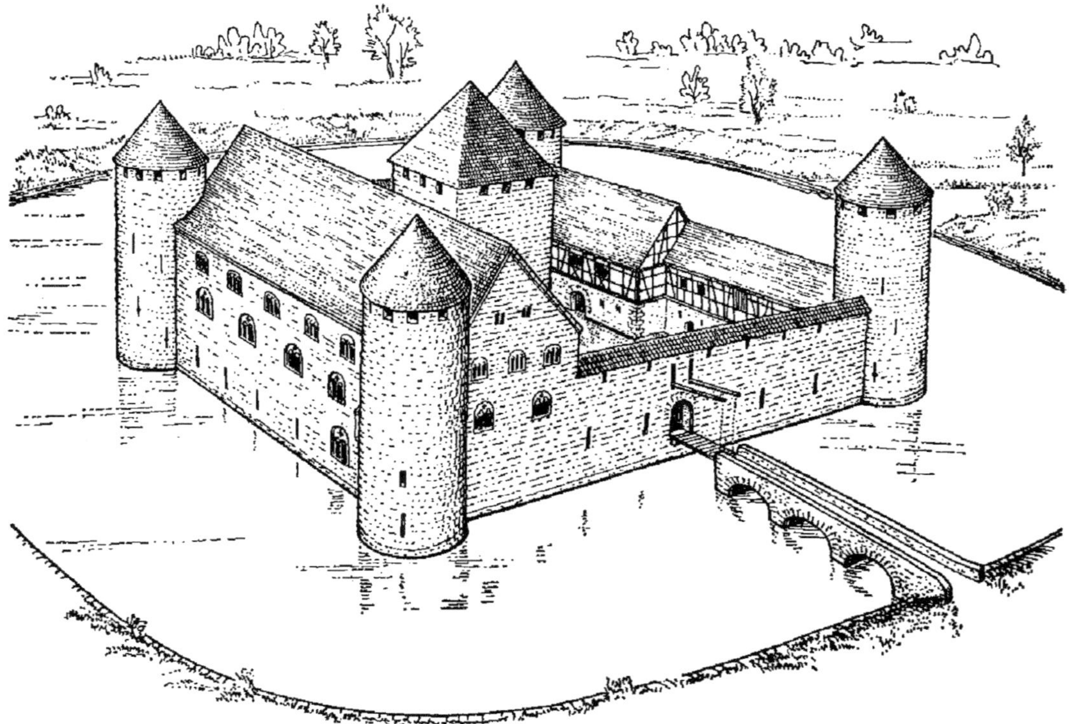

Neuleiningen in der Pfalz. Die Ringmauern weisen zahlreiche Schießscharten auf Höhe des heutigen Hofniveaus auf, jedoch keine Schartennischen; zudem fehlen die Scharten an der Angriffsseite, da dort ein Wohnbau stand (Abb. 30, 66). In Lahr gibt es dagegen Schießscharten mit Schartennischen.

Als Anregung für diese beiden durch runde Ecktürme gekennzeichneten Anlagen können nur königliche Burgen in Frankreich aus der Zeit um 1200 gedient haben. Jedoch wurden diese Vorbilder nicht immer konsequent übernommen, wie etwa das Fehlen der Schartennischen in Neuleiningen zeigt. Auch waren die französischen Burgen nur in der äußeren Erscheinung eines Vierflügelbaus mit Ecktürmen und Schießscharten prägend; alle weiteren Bauten und Details vom Tor bis hin zu den Wohnbauten wiesen keinen französischen Einfluss auf. Noch regelmäßigere Grundformen kennen wir nur von den staufischen «Kastellen» in Italien, wo im zweiten Viertel des 13. Jahrhunderts gleichfalls das Prinzip der flankierenden Ecktürme aufgegriffen wurde (Siracusa, Prato, in achteckiger Form: Castel del Monte). Diese Anlagen gehen auf Kaiser Friedrich II. zurück und haben Anregungen römischer Bauwerke aufgenommen.

Fasst man das bisher Gesagte zusammen, so ergibt sich ein wesentlich differenzierteres Bild vom Burgenbau der Stauferzeit, als es das Schlagwort vom «klassischen Burgenbau» zu suggerieren scheint. Zudem ist zu bedenken, dass unsere Vorstellungen von den Burgen dieser Zeit nicht auf der Gesamtheit der damaligen Burgen beruhen, sondern auf dem, was davon bis heute erhalten ist; insbesondere die Holzbauten fehlen dabei völlig. Der Begriff der «klassischen» Burg hat daher mehr mit dem unterschiedlichen Erhaltungszustand der verschiedenen Burgentypen als mit dem tatsächlichen Burgenbau in der Stauferzeit zu tun.

Pfalzen und landesfürstliche Burgen weisen in dieser Epoche grundsätzlich vergleichbare Grundformen und Einzelbauten auf und sind in ihrem repräsentativen Anspruch praktisch nicht zu unterscheiden. Damit setzt sich eine Tendenz fort, die sich bereits in salischer Zeit beobachten lässt, möglicherweise aber bereits bei den ältesten Pfalzen bestand. Auch hinsichtlich der Wehrhaftigkeit kann man zwischen Pfalzen, landesfürstlichen Burgen, Adels- und Ministerialenburgen kaum Unterschiede feststellen – überall bestimmen Ringmauern mit Wehrgängen, Tortürme und Bergfriede die äußere Erscheinung.

Bei der Grundform überwiegen Anlagen, deren Ringmauer weitgehend dem Geländeverlauf angepasst ist. Nur selten treten Gebäude über die Ringmauer hinaus, gelegentlich wird nur der Bergfried unmittelbar vor die Mauer gestellt statt hinter sie (z. B. Guttenberg am Neckar, Mitte 13. Jahrhundert). Meist steht der Bergfried mit geringem Abstand hinter der Ringmauer oder ist mit dieser verbunden (z. B. bei der Schildmauer von Liebenzell). Innerhalb der Ringmauer lässt sich nicht nur bei größeren Anlagen eine bauliche Trennung der Funktionen beobachten. Wohnbau bzw. Wohnbauten, Saalbau, Küchenbau und verschiedene Nebengebäude gruppieren sich hier häufig um einen zentralen Hof, der mit einer Zisterne versehen ist. Der Bergfried ist meist in der Nähe der Ringmauer, selten in zentraler Position zu finden (so z. B. in Steinsberg/Baden und in Breuberg/Odenwald, beide auf einem Berggipfel gelegen). Die übrigen Gebäude stehen zwar fast immer direkt an der Ringmauer, doch wurden sie nicht unter einer einheitlichen Dachlinie zusammengefasst. Diese Form des Gruppenbaus[144] ist charakteristisch für die hochmittelalterliche Burg und bleibt auch bis zum späten Mittelalter typisch. Ein die Innenbebauung vereinheitlichendes Konzept lässt sich lediglich bei den staufischen Burgen in Italien nachweisen (Siracusa, Castel del Monte).

Die baulichen Neuerungen der Stauferzeit waren keineswegs nur eine modische Entwicklung und dem Wunsch nach einer repräsentativen Gesamtanlage geschuldet; vielmehr zeigt ein Blick auf die Wehrelemente, dass man auf vielfältige Weise auf die Veränderungen in der Militärtechnik um 1200 reagierte. Aus Thüringen berichten Quellen über den Einsatz einer treffsicheren, neuartigen Belagerungsmaschine, der Blide. Da sie Steine über eine große Distanz einigermaßen zielgenau zu schleudern vermochte, konnte sie ein Brechen der Ringmauer beschleunigen, während bis dahin die erfolgreichste Methode das Unterminieren war. Ältere Katapulte schleuderten Steine in einem höheren Bogen und konnten damit zwar Dächer zerstören, Mauern aber nicht so empfindlich treffen wie die Bliden.

Zu den generellen Entwicklungen, die der Burg nicht nur ein repräsentativeres Erscheinungsbild, sondern auch eine größere Wehrhaftigkeit verliehen, gehört die «Versteinerung», auch wenn die Zahl der hölzernen Burgen (besonders der Motten) nicht unterschätzt werden sollte. Die Sicherung der Burgen durch *Ringmauern* anstelle der früheren Palisaden setzte sich im Laufe des 12. Jahrhunderts als Standard durch. Die Ringmauern sind immer mit einem Wehrgang und meist auch mit Zinnen versehen. Da die Gebäude innerhalb der Ringmauer ursprünglich nicht sehr hoch waren und bis ins frühe 13. Jahrhundert nur flache Dachneigungen aufwiesen, waren auch die Mauern oft noch sehr niedrig. Wurden Gebäude aufgestockt oder Dächer steiler konstruiert, erhöhte man die Ringmauer, um weiterhin allen Bauwerken Deckung zu bieten; nur der Bergfried und eventuelle Mauertürme überragten die Mauer. Bei manchen Mauern lassen sich ältere und jüngere Zinnen übereinander erkennen (z. B. bei der Ringmauer in Avio oder jener in Trient; Münzenberg nach der spätmittelalterlichen Aufstockung).

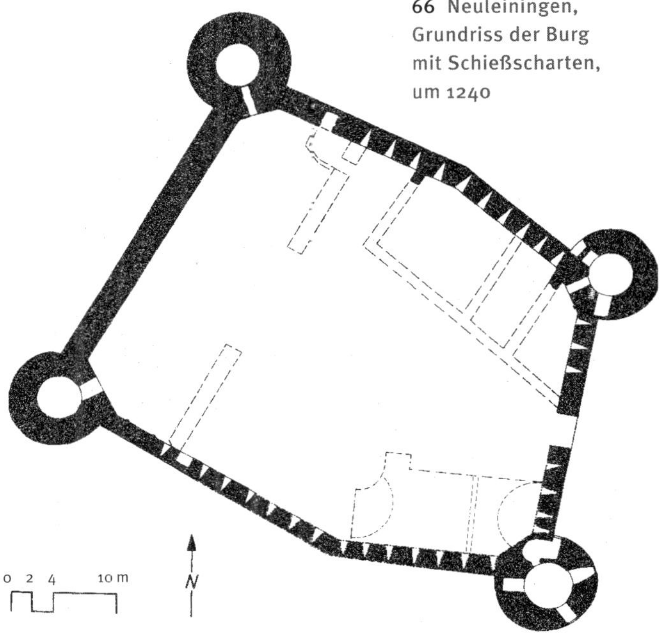

66 Neuleiningen, Grundriss der Burg mit Schießscharten, um 1240

Zu den Innovationen der Stauferzeit gehören auch die *Schießscharten*. Frühere Beispiele finden sich an den normannisch-englischen Burgen Gisors und Dover. Erst danach verbreiteten sich die Schießscharten von Westen her auch im mitteleuropäischen Wehrbau (Lahr 1220, Neuleiningen 1240, Abb. 66). Zu den frühen mitteleuropäischen Beispielen zählt außerhalb des Burgenbaus die Stadtmauer von Brüssel (erste Hälfte 13. Jahrhundert).[145]

Die große Mehrzahl der Burgen hatte bis ins beginnende 13. Jahrhundert hinein keine Türme, die vor die Flucht der Ringmauer vortraten. *Flankierende Türme* kommen in rechteckiger oder runder Gestalt ab 1180 bei den Burgen des französischen Königs Philippe II. Auguste vor und, wie bereits erwähnt, in den 1230er Jahren bei den «Kastellen» Friedrichs II. in Italien. Eine Ausnahme im mitteleuropäischen Raum bildet die Salzburg bei Neustadt/Saale, deren Türme im letzten Viertel des 12. Jahrhunderts entstanden. Quadratische Eck- und Flankentürme finden sich seit der Mitte des 13. Jahrhunderts an österreichischen Burgen (Wien, Wiener Neustadt). Bei den meisten mitteleuropäischen Burgen sind flankierende Türme jedoch spätere Hinzufügungen aus dem 14., häufig sogar erst aus dem 15. oder 16. Jahrhundert.

Eine stauferzeitliche Neuerung in der Wehrarchitektur war das Aufkommen des *Bergfrieds*, der im 12. Jahrhundert zu einem nahezu unverzichtbaren Bestandteil jeder mitteleuropäischen Burg wurde. Gemäß seiner Funktion als Turm, der den Überblick insbesondere auf Angriffsseiten zu gewährleisten hatte, errichtete man ihn zumeist dort, wo ein etwaiger Angriff erwartet wurde: bei Spornlagen gegen den Hang hin, bei Burgen im Tal entweder nahe dem Tor oder an der nicht durch Vorburgen geschützten Feldseite und bei Gipfelburgen ohne besondere Angriffsseite zentral im Hof. Die Bergfriede der staufischen Burgen waren gegenüber dem heutigen Baubestand allerdings häufig niedriger, da sie nur die Ringmauer und die Dachfirste der übrigen Gebäude zu überragen hatten; ihre heutige Höhe erreichten viele erst durch spätere Aufstockungen, die nötig wurden, wenn die Wohnbauten eine Vergrößerung erfuhren. Ab dem frühen 13. Jahrhundert treffen wir zunehmend auf Bergfriede, die nicht mehr mit der Front zur Angriffsseite ausgerichtet sind, sondern mit einer Spitze (Schaunberg/Oberösterreich, 13. Jahrhundert) oder Rundung. Dies könnte sich daraus erklären, dass Blidenkugeln auf diese Weise leichter am Bergfried abprallten, doch ist ein ursächlicher Zusammenhang nicht bewiesen, und die Erklärung einer möglicherweise nur modisch beeinflussten Anordnung der Türme durch eine konkrete Nutzfunktion entspricht vielleicht zu sehr einer modernen Denkweise.

Die Bergfriede der Stauferzeit haben überwiegend einen rechteckigen Grundriss (z. B. Nürnberg, um 1150/70; Freudenberg/Main, um 1200; Stadtprozelten, erstes Viertel 13. Jahrhundert; Backsteinturm in Wittstock, im Kern Mitte 13. Jahrhundert; Schloss Bruck in Lienz, erste Hälfte 13. Jahrhundert). Parallel dazu treten zunehmend auch Türme mit rundem Grundriss auf (z. B. Neuenburg bei Freyburg/Unstrut, zweite Hälfte 12. Jahrhundert), bereits einige salierzeitliche Türme (z. B. Groitzsch) sind rund. Dass die runde Form zumindest in einigen Gegenden als eine Besonderheit gesehen wurde, zeigen die Beispiele von zwei Namensgebungen: In Südtirol erhielt eine Burg offenbar nach dem runden Bergfried in der ersten Hälfte des 13. Jahrhunderts den Namen Rotund; in Nürnberg wurde sogar noch der nachstaufische Bergfried der Kaiserburg (um 1275) «Sinwellturm» genannt (sin(t) = groß, well = rund), also als großer runder Turm bezeichnet. Bergfriede kommen in der Stauferzeit ferner in Halbkreisform vor (Hornberg/Neckar, 13. Jahrhundert), sie können aber auch dreieckig (Rauheneck bei Baden/Österreich), fünfeckig (Beilstein; Birkenfels/Elsass) oder polygonal (Rieneck, drittes Drittel 12. Jahrhundert) und achteckig (Steinsberg, um 1200) sein.[146]

Die Standorte von Bergfrieden variieren zwischen Plätzen unmittelbar vor der Ringmauer, hinter der Ringmauer oder sogar auf bzw. über der Ringmauer (Hocheppan/Südtirol), mitunter auch auf einer Schildmauer. Der Standort wurde grundsätzlich so gewählt, dass man den bestmöglichen Überblick erhielt, doch können vereinzelt auch örtliche Bedingungen eine Rolle gespielt haben, die sich heute nicht mehr nachvollziehen lassen. Auch hinsichtlich der Größe und des räumlichen Umfangs ist die Variationsbreite enorm. Sie reicht von schmalen, kleinen Türmen bis hin zu solchen, die so groß sind, dass sie auch die Funktion eines Wohnturms gehabt haben könnten. Quellen über eine unterschiedliche Nutzung solcher Türme fehlen leider; nur aus der Höhe der Türme lässt sich ihre Funktion als Ort zur Kontrolle des Burgenumfeldes erschließen.

Eine Reaktion auf bessere Angriffswaffen war auch die Errichtung von Schild- und Mantelmauern,[147] eine Neuentwicklung ab der Zeit um 1200. Aus staufischer Zeit stammen die Burgen von Berneck (Abb. 67) und Liebenzell im Schwarzwald; die Schildmauer von Hirschhorn am Neckar gehört hingegen bereits den Jahren um 1300 an. Schildmauerburgen zeichnen sich, wie schon erläutert, durch eine besonders große, kräftige Mauer an der

67 Berneck, Ansicht der Burg mit der Schildmauer und dem nachträglichen Zwinger (im Vordergrund)

Bergseite als besonders gefährdeter Hauptangriffsseite aus, die dem Beschuss mit Blidenkugeln und den im 12. Jahrhundert verbesserten Sturmwaffen standhalten sollte.

Zu den besonderen architektonischen Merkmalen von Burgen und Befestigungen der Stauferzeit gehören ferner Buckelquader. Sie geben dem Mauerwerk Tiefe und steigern die wehrhafte Erscheinung eines Bauwerks. Eine Spezialität findet sich im Gebiet der heutigen Schweiz, wo man im gesamten 13. Jahrhundert Bauten mit auffällig groben und großen Quadern errichtete, sogenannten Megalithquadern (z. B. Arbon, Habsburg).[148] Der gestalterische Effekt ist ähnlich wie bei den Buckelquadern: Das Mauerwerk wirkt abweisend und demonstriert Stärke.

Die ältesten Buckelquader, von römischen Vorläufern jenseits der Alpen abgesehen, lassen sich in die Zeit um 1150 datieren; wahrscheinlich finden sich die frühesten an der Ringmauer und der Kapelle der Pfalz Rothenburg o. d. T. (um 1140)[149] sowie am Fünfeckturm in Nürnberg (um 1150/70). Allerdings kommen Buckelquader auch noch lange nach der Stauferzeit vor und sind zudem auch in dieser Epoche kein unverzichtbares Bauelement. Selbst die staufischen Königspfalzen wurden keineswegs grundsätzlich mit Buckelquadermauern versehen, wie die Pfalz Kaiserswerth zeigt. Das Mauerwerk der meisten Burgen bestand aus dem jeweils örtlich verfügbaren Material. Nur Sandstein und Kalkstein aber lassen sich leicht zu Buckelquadern verarbeiten, und wo diese nicht ohne Weiteres verfügbar waren, verzichtete man meist auf Buckelquadermauern und -fassaden. Eine Alternativlösung findet sich an der Ringmauer in Münzenberg in Hessen (zweite Hälfte 12. Jahrhundert), wo die Vorderseite aus Buckelquadern gemauert wurde, um der Burg ein repräsentatives Erscheinungsbild zu verleihen, während die kaum einzusehende stadtseitige Rückfront aus dem örtlichen Basaltmauerwerk besteht.

Hinweise auf eine Datierung, die sich die Forschung zunächst erhofft hatte, lassen sich aus der Form der Buckelquader nicht ableiten. Die Dicke des Buckels und die Breite des Randschlags wechseln, ohne dass sich eine klare Entwicklungslinie daraus ergäbe. Lediglich sehr große, grobe und tiefe Buckelquader bei gleichzeitig sauberem Randschlag (z. B. Rothenburg o. d. T.) lassen sich eher früh datieren. Zusätzliche Hinweise geben Steinmetzzeichen, wenn sie sich wie beispielsweise in Büdingen und Gelnhausen entsprechen, so dass dieselben Steinmetze an beiden Bauten gearbeitet haben müssen. Schließlich können Zangenlöcher die Entstehungszeit einschränken, da sich die Hebetechnik mit der Steinzange erst in der ersten Hälfte des 13. Jahrhunderts verbreitete.

Die vielfältigen Neuerungen in der Wehrtechnik, die Differenzierung der Wohnstruktur und die Verbesserung der Wohnqualität, innovative Bautechniken, vor allem aber die zunehmende Ablösung der in der Salierzeit vorherrschenden Holz-Erde-Burgen durch ebenso wehrhafte wie repräsentative Steinburgen machen die Stauferzeit zu einer der wichtigsten Epochen in der Entwicklung des Burgenbaus. Ob man sie nun «klassisch» nennen mag oder nicht – die Burgen der Stauferzeit haben unsere Vorstellung von der Burg bis heute maßgeblich geprägt und stellten die Grundlage für die Entwicklung des Burgenbaus im Spätmittelalter dar.

Burgenbau im Spätmittelalter

Das Spätmittelalter, d. h. die Zeit vom Ende der staufischen Königsherrschaft (1250) bis zum Beginn der Neuzeit (um 1500), galt im Burgenbau lange eher als eine Epoche der Beharrung, in der man an den in der Stauferzeit entstandenen Bautypen festhielt. Erst im 15. Jahrhundert sei es durch die Anpassung der Burgen an die Erfordernisse der Feuerwaffen zu baulichen Innovationen gekommen, die jedoch gleichzeitig den Anfang vom «Ende der Burg» bezeichneten.[150] Langfristig, so meinte man, seien Burgen für die Abwehr von Kanonen nicht geeignet gewesen; zudem wünschte man bequemere Wohnverhältnisse. Inzwischen hat sich herausgestellt, dass ein solches pauschalisierendes Bild für das Spätmittelalter nicht zutrifft.

Politisch ist die Zeit nach dem Tod Friedrichs II. durch das sogenannte Interregnum[151] gekennzeichnet, während dessen sich mehrere Bewerber den Anspruch auf den Königsthron streitig machten und verschiedene von einer Minderheit der Fürsten gewählte Könige letztlich ohne Durchsetzungskraft blieben. Erst die Wahl Rudolfs von Habsburg beendete 1273 diese Situation. Einschließlich der Jahre vor 1250, in denen sich Friedrich II. weitgehend in Süditalien aufhielt, hatte der Adel also mehr als eine Generation Zeit, seine Macht zu stärken, was sich nicht zuletzt in der Errichtung vieler neuer Burgen vor allem durch den niederen Adel äußerte.

Mehr noch als in staufischer Zeit konnten sich die Könige des Spätmittelalters fast nur auf ihre Hausmacht berufen. Vor allem das Geschlecht der Habsburger in Süddeutschland und das der Luxemburger in Böhmen hatten ihren Besitz ausweiten und festigen können, was ihren Einfluss im Reich vergrößerte. Rudolf I. (reg. 1273–1291) sowie Karl IV. (reg. 1346–1378) erwiesen sich als vergleichsweise mächtige Herren auf dem römisch-deutschen Königsthron. Die Burgen und Pfalzen des Reichs waren jedoch in der Mitte und im dritten Viertel des 13. Jahrhunderts zunehmend verlehnt oder verpfändet worden.

Viele Lehensnehmer hatten inzwischen ihre Lehen nicht mehr von einem einzigen, sondern von unterschiedlichen, teils sogar konkurrierenden Herren inne. Das Lehnswesen hatte somit fast nur noch eine wirtschaftliche Bedeutung und implizierte kaum mehr die persönliche Gefolgschaft. Damit konnten Burgen auch vom niederen Adel zur Sicherung des eigenen Besitzes genutzt werden, war doch die Lehensverpflichtung häufig mit Geldzahlungen abzugelten und eben nicht mehr mit der Heeresfolge. Teil der immer komplizierter werdenden Besitz- und Herrschaftsverhältnisse war das Phänomen der Ganerbenburgen, die sich unter anderem infolge von Erbteilungen im Gemeinschaftsbesitz mehrerer adliger Lehensnehmer befanden.

In baulicher Hinsicht hatte vor allem das Aufkommen der Feuerwaffen deutlichen Einfluss auf den Burgenbau. Erste Feuerwaffen gab es wahrscheinlich schon seit dem frühen 14. Jahrhundert, auch wenn die ältesten erhaltenen Kanonen nicht sicher zu datieren sind und ihre Wirkung anfänglich eher in der furchterregend lauten Explosion lag und kaum in ihrer Treffsicherheit oder ihrer zerstörerischen Kraft. Zu den frühesten Belegen für den Einsatz von Feuerwaffen zählt die Eroberung der Burg Tannenberg in Südhessen (1399); der dort bei Ausgrabungen 1849 gefundene Metalllauf ist die älteste derzeit sicher datierbare Feuerwaffe in Europa (heute im Germanischen Nationalmuseum, Nürnberg).

Inwieweit größere kriegerische Auseinandersetzungen des Spätmittelalters unmittelbare Auswirkungen auf den Burgenbau hatten, ist umstritten. Behauptet wurde dies vor allem für die Hussitenkriege des 15. Jahrhunderts. Nach der unrechtmäßigen Verurteilung und Hinrichtung des Anführers der böhmischen Hussiten, Jan Hus, auf dem Konstanzer Reichstag 1415 unternahmen seine Anhänger zwischen 1420 und 1434 vor allem schnelle Feldzüge in die angrenzenden Regionen, wobei sie verstärkt Kampfwagen einsetzten. Lange Belagerungen nahmen sie nicht vor, und der Angriff auf Burgen spielte nur bei zwei Hussitenfeldzügen nach Sachsen und Schlesien (1428–1430) eine gewisse Rolle. Dass deshalb zahlreiche Burgen gegen die Hussitengefahr massiv befestigt wurden, lässt sich nur in Einzelfällen (Coburg, Lichtenstein) belegen.

Einen Einfluss auf den Burgenbau hatte auch der Bergbau. Das Recht zur Ausbeutung von Bodenschätzen wurde im Mittelalter in einem Bergregal festgelegt, erstmals 1158 unter Friedrich I. Ähnlich den Genehmigungen zum Burgenbau ging das Bergregal häufig, teils durch Belehnung, teils durch Aneignung, an die Landesherren über. Technische Verbesserungen im Bergbau bewirkten, dass tiefere Schächte abgeteuft und mehr Material gewonnen werden konnte, was die Einnahmen erheblich steigerte. Diese sicherten den Landesherren das Kapital, das im 15. Jahrhundert einerseits für den Ausbau größerer Befestigungsanlagen, andererseits für den Erwerb von Feuerwaffen und die Aufstellung von Söldnertruppen eingesetzt wurde. Zugleich erleichterte es den Zugang zu einer Technik, die das Graben von Tiefbrunnen ermöglichte; diese ersetzten im 15. und 16. Jahrhundert in immer mehr Burgen die bis dahin vorherrschenden Zisternen oder ergänzten sie um eine weitere Möglichkeit der Wassergewinnung.

Bauformen gotischer Burgen

Hinsichtlich der Zahl der neu gegründeten Burgen ist zu Beginn des Spätmittelalters zunächst kein wesentlicher Unterschied zum «Burgenboom» der Stauferzeit festzustellen. Manche Burg, die man lange in die Stauferzeit datiert hat, entstand tatsächlich erst in jener Zeit (z. B. Ronneburg und Dilsberg). Erst im Laufe des 14. Jahrhunderts ebbte die Gründungswelle von Burgen deutlich ab, obwohl einzelne Herrscher wie Karl IV. (gleich seinem Großonkel Bischof Balduin von Trier) zahlreiche Burgen gründeten. Sehr viel häufiger kam es dagegen zu Ausbauten und Erweiterungen bestehender Anlagen. Die meisten der in dieser Zeit errichteten Neubauten ersetzten Vorgängerbauten des 12. oder 13. Jahrhunderts oder ergänzten bestehende Anlagen.

Viele Neugründungen hatten, wie schon in staufischer Zeit, anfänglich nur eine bescheidene Größe. Ein typisches Beispiel ist die kleine, ursprünglich fünfeckige Erstanlage der Burg Rheinfels oberhalb von St. Goar. Sie wurde ab 1245 von den Grafen von Katzenelnbogen mit dem Ziel errichtet, nach ihrer Fertigstellung den Rheinzoll bei St. Goar zu erhöhen. Der Rheinische Städtebund belagerte daraufhin die Burg, konnte sie jedoch nicht einnehmen, obwohl sie innerhalb der Ringmauer nur für einen Wohnbau und einen runden Bergfried Platz hatte. Diese Kernburg nimmt in der Fläche kaum ein Zehntel der bis zum 17. Jahrhundert ständig erweiterten und zuletzt festungsartig ausgebauten Gesamtanlage ein.

Eine in ihrer Bauform typische spätmittelalterliche Neugründung ist die vom Erzstift Mainz errichtete Ronneburg bei Frankfurt, deren Kernbau aus dem frühen 14. Jahrhundert stammt (Abb. 68).[152] Die Ringmauer umschloss einen engen Hof, der auf der einen Seite durch einen dreigeschossigen Wohn- und Saalbau und auf der anderen, nahe dem Tor, durch einen runden Bergfried begrenzt war. Der Grundriss ist viereckig, allerdings springt die südliche Längsseite wegen eines Flankentores auf dessen Breite nach außen. Auch die Ursprungsanlage der Ronneburg wurde sukzessive erweitert, wobei sich einige auch für andere Burgen charakteristische Merkmale beobachten lassen. Burgen wurden in dieser Zeit fast immer dadurch vergrößert, dass man neue Gebäude außen an die Ringmauer setzte. Das Kellergeschoss dieser Gebäude liegt damit meist erkennbar tiefer als das Hofniveau, bildet auf der Außenseite aber ein Erdgeschoss. Nach Fertigstellung des Neubaus diente die bisherige Ringmauer als Hoffassade und wurde mit Fenstern und Türen durchbrochen, falls man sie nicht aus dünnerem Mauerwerk komplett neu aufführte. Die Außenseite der neuen Gebäude wurde meist in den Verlauf einer nach außen geschobenen neuen Ringmauer einbezogen, was der Burg einen größeren Umfang gab. Diese Form der Erweiterung, für die es Vorläufer schon im Hochmittelalter gab (z. B. auf der Wartburg), wurde im Spätmittelalter sowie im 16. Jahrhundert zur Regel (Meißen, Ronneburg, Heldburg, Eltz, Hochosterwitz). Erkennen lassen sich derartige Erweiterungen häufig in den Kellern der neuen Flügel, die unter der Hofmauer nicht selten die alte Felskante bewahrt haben.

Viele Anlagen wurden nach ihrer Gründung jedoch nicht mehr wesentlich erweitert. Hierzu gehört die Burg Ortenberg im Elsass

(Abb. 4), die der spätere König Rudolf von Habsburg (1218–1291) noch zu seiner Zeit als Graf von Habsburg um 1260 zur Sicherung seines durch Heirat erworbenen Besitzes errichten ließ; damit konnte er die habsburgischen Einflussbereiche in dieser Region vergrößern. Die auf einem Sporn gelegene Burg wird vom Berg weit überragt, und diese Angriffsseite ist durch eine hohe Mantelmauer mit zahlreichen Schießscharten und zusätzlich durch einen fünfeckigen Bergfried gesichert, der mit einer Spitze zum Hang steht. Der südliche Teil der Burg enthält einen Wohnbau mit einer Küche im Erdgeschoss; im Obergeschoss befinden sich ein Saal sowie ein Raum mit und ein weiterer ohne Abort – Letztere dürften

68 Ronneburg, Wohnbau, Fassade zum Burghof, Anfang 14. Jahrhundert, Kapellenerker um 1370 ergänzt

als Stube und Kammer gedient haben, möglicherweise für Rudolf von Habsburg selbst und keineswegs nur für seine Dienstleute.[153]

Das Spätmittelalter ist vor allem eine Zeit der Adelsburgen, doch kam es auch zu einigen teilweise spektakulären Neu- und Ausbauten von Königsburgen. Die bedeutende Rolle, die Königspfalzen als regelmäßiger Schauplatz von Hoftagen und Aufenthaltsort der Könige bei offiziellen Anlässen bis zur Mitte des 13. Jahrhunderts in der europäischen Geschichte und der Entwicklung der Architektur spielten, endete spätestens mit dem Beginn des Interregnums 1250. Danach dienten Pfalzen vielfach nur noch als Kapitalanlage. Viele von ihnen wurden verpfändet, oder sie konnten von den bisherigen Burggrafen genutzt werden, die bereits als königliche Verwalter in den Pfalzen saßen. Einige Pfalzen gelangten im 14. Jahrhundert sogar an wohlhabende Bürger; die Pfalz in Frankfurt etwa wurde 1333 an einen Schöffen verkauft. Andere wurden ähnlich einer Ganerbenburg von den in oder bei der Burg sitzenden Burgmannen übernommen, wie etwa Friedberg in der Wetterau.[154] Neue Königspfalzen entstanden keine mehr. Das Interregnum scheint somit zur Folge gehabt zu haben, dass die auf deutschem Boden stehenden Königspfalzen ihre Bedeutung weitgehend verloren.

Doch nicht alle Pfalzen waren gleichermaßen von dieser Entwicklung erfasst. Dem ersten König nach dem Interregnum, Rudolf von Habsburg, ist bereits kurz nach seinem Regierungsantritt eine wichtige Baumaßnahme an der Kaiserpfalz in Nürnberg zuzuschreiben (Abb. 69). Seine beiden Nachfolger setzten den Ausbau fort und ließen die Kaiserpfalz auf ihre heutige Gestalt erweitern. Zuerst entstand um 1275 ein neuer Bergfried an der Mauer zwischen Burggrafenburg und Kaiserburg, der schon erwähnte «Sinwellturm». Unter Rudolfs Nachfolgern Adolf von Nassau (reg. 1292–1298) und Albrecht von Habsburg (reg. 1298–1308) stockte man dann ab 1296 den Turm über dem Chor der Doppelkapelle («Heidenturm») auf und schuf einen der frühesten Backsteinbauten in Franken. Anschließend wurde der Saalbau erneuert (1299).

Die deutschen Könige nutzten die Nürnberger Pfalz in den folgenden Jahrhunderten jedoch nur noch selten, etwa während ihrer Aufenthalte anlässlich von Reichstagen. Die Geschichte der Kaiserburg ist im 14. und beginnenden 15. Jahrhundert vor allem durch den Streit zwischen den Hohenzollern als Burggrafen und der Reichsstadt Nürnberg geprägt. Es ging um die lukrative Aufgabe, die Burg zu verwalten – und

69 Nürnberg, Sinwellturm,
Bergfried der Vorburg, um 1275

damit auch die Stadt zu kontrollieren. 1422 übertrug der Kaiser diese Aufgabe der Stadt. Die Hohenzollern waren zuvor mit dem Kurfürstentum Brandenburg abgefunden worden, wo sie bekanntlich in der Folge eine mächtige Herrschaft entwickelten.

Mit der Burghut übernahm die Stadt Nürnberg auch die Aufsicht über die Baulichkeiten. In diesem Zusammenhang erstellte der Stadtbaumeister Endres Tucher in der zweiten Hälfte des 15. Jahrhunderts einen Bericht über die Raumaufteilung und die Nutzung der einzelnen Räume in der Kernburg.[155] Der untere Saal der Kaiserburg war damals für das Hofgericht reserviert, neben dem Durchgang zur Kapelle war eine Schlafkammer für den Torwächter in den Saal eingebaut oder angeschlossen; unter der Treppe befand sich eine Abstellkammer für den Burggrafen, dessen eigenes Gemach ebenfalls vom Saal aus zugänglich

70 Karlstein, Gesamtansicht der Kaiserburg

war. Diese Einbauten unterstreichen, dass der Saal als Mehrzweckraum diente.[156] Der obere Saal wurde offenbar vor allem als Speisesaal genutzt. Tucher spricht von einer abschließbaren «prück», vermutlich ein abgeteiltes, leicht erhöhtes Raumkompartiment. Hier befanden sich Kredenz und Esstisch für den Kaiser, im übrigen Raum waren die Esstische für das Gefolge aufgestellt. An den Saal stößt eine Stube an, die für Beratungen genutzt wurde, wenn der Kaiser anwesend war. Es folgen die grüne (Schlaf-)Kammer des Kaisers sowie eine weitere Kammer. Zwei kleine Nebenkammern schlossen sich an, wo heute ein Gang liegt, und wurden ergänzt durch eine zugehörige Stube im ausgebauten Dachgeschoss.[157] Für die Kaiserin waren separate Räume im «Nebenhaus oder Frauenzimmer» vorgesehen, das heute als Kemenate bezeichnet wird.

Der wichtigste königliche Burgenneubau des Spätmittelalters diente einer ganz anderen Funktion. Es ist die Burg Karlstein, die König Karl IV. ab 1348 zur Aufnahme der Reichskleinodien erbauen ließ (Abb. 70). Darüber hinaus brachte Karl hier eine bedeutende Reliquiensammlung sowie in seiner Funktion als König von Böhmen die böhmischen Kroninsignien unter. Es handelt sich demnach nicht um eine Reichsburg, sondern um eine Burg der böhmischen Krone, die vielleicht anfänglich auch als Jagdschloss geplant war. Mit der Unterbringung der Reichskleinodien wurde Karlstein jedoch zum baulichen Inbegriff für die römisch-deutsche Königswürde und ab 1350 auch für die Kaiserwürde des böhmischen Königs. Die Lage knapp dreißig Kilometer südwestlich von Prag erleichterte die Sicherung der in der Burg aufbewahrten Kleinodien.

Die Anlage erstreckt sich auf einem L-förmigen Berggrat und besteht aus zwei unterschiedlich großen Wohntürmen, einem großen Palast und, etwas abgesetzt davon, den Gebäuden des Burggrafen, die allerdings im 19. Jahrhundert erneuert wurden. Der zur Aufnahme der Reichskleinodien bestimmte Wohnturm steht an der höchsten Stelle der Burg und beherrscht die Gesamtanlage optisch schon von Weitem. Er wurde durch eine eigene Mauer von der übrigen Burg abgegrenzt und war dadurch auch selbständig zu verteidigen. Mit seinem gegen den Hang besonders dicken Mauerwerk deckt er aber auch die gesamte Königsburg. Von den sechs Geschossen sind die unteren drei gewölbt, die oberen drei balkengedeckt. Das oberste der gewölbten Geschosse ist das aufwendigste, es beherbergt die Kreuzkapelle, deren Architekturglieder vergoldet sind: Hier waren die Reichskleinodien untergebracht. Der gesamte Raum ist mit den Büsten von Heiligen, böhmischen Adeligen und Bischöfen ausgemalt und im Sockelbereich mit polierten Steinen verkleidet; den Übergang bildet ein dichter Fries von Kerzenhaltern, der eine außerordentlich festliche Beleuchtung ermöglichte.

1357 gründete Karl IV. ein geistliches Stift (Burgkapitel) und ließ dafür die Marienkirche im zweiten Wohnturm einrichten. Dieser kleinere «Marienturm» diente vornehmlich sakralen Zwecken; möglicherweise enthielt er auch die private Schatzkammer Karls. Über zwei Geschossen mit Wohnräumen liegt das Hauptgeschoss mit der Marienkirche sowie der fast völlig in der Mauer untergebrachten Seitenkapelle, die äußerst reich geschmückt ist und heute als Katharinenkapelle bezeichnet wird. Der eigentliche repräsentative Wohnbau war der große Palast, der an der tiefsten und damit auch am bequemsten zugänglichen Stelle der Gesamtanlage entstand. Er ist mit einem Saal, Appartements und einer zweiten Kapelle, wohl für die täglichen Andachten, ausgestattet. In seiner äußeren Erscheinung ist er nicht ganz unähnlich der herzoglichen Burg Tirol oberhalb von Meran. Befand sich der König in Karlstein, residierte er sozusagen unter Krone, Reichsapfel und Zepter, die im großen Turm oberhalb des Palastes ruhten.

Karl IV. ließ noch eine Reihe weiterer Burgen errichten, neben Bauten in Böhmen, die programmatisch seinen Namen tragen (z. B. Karlskrone), auch einen außerhalb der böhmischen Stammlande: Burg Lauf entstand ab 1353 vor den Toren Nürnbergs, nachdem Karl das Amt Lauf für die böhmische Krone erworben hatte; auch hier handelt es sich also nicht um eine Reichsburg. Die kompakte Anlage auf einer Insel der Pegnitz verfügt über einen Bergfried an der Südspitze, einen Wohn- und Saalbau und ein Torhaus; ein oder zwei kleinere Wohnbauten sind zwischen Saalbau und Bergfried zu erschließen. Die Ringmauer dient zugleich als Außenmauer der Gebäude. Sie besteht aus Buckelquadern, die hier ebenso wie in Nürnberg selbst im 14. Jahrhundert noch üblich waren. Im Wohn- und Saalbau stoßen an einen großen gewölbten Saal im ersten Obergeschoss zwei ebenfalls gewölbte Räume an, der erste mit einer Ofennische, die allerdings nicht sicher datierbar ist, der zweite mit einem Kamin. Dieser hintere Raum, der sich ausschließlich vom ersten Raum her betreten lässt und über einen Abort verfügt, ist durch 112 Wappen des böhmischen Königreichs geschmückt, die als Tiefreliefs

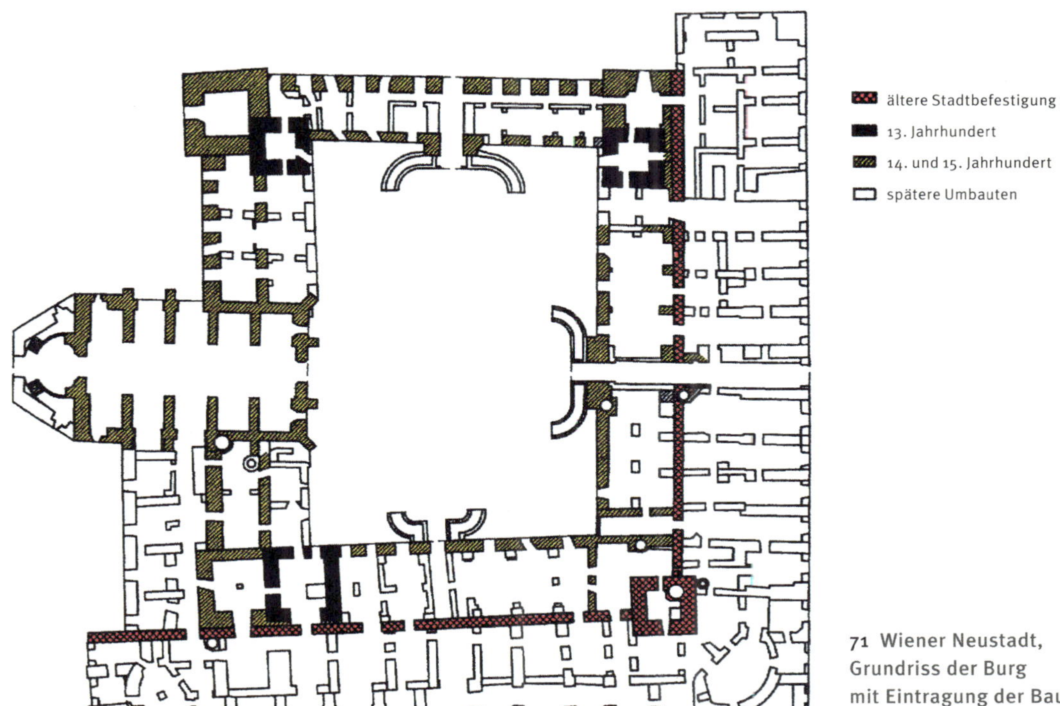

71 Wiener Neustadt, Grundriss der Burg mit Eintragung der Bauphasen

in die Sandsteinmauer einmeißelt sind.[158] Es handelt sich um ein frühes Appartement. Die Ausstattung lässt vermuten, dass Karl die Kammer sicher nicht nur zum Schlafen, sondern auch als Repräsentations- und Empfangsraum für hohe Gäste genutzt hat.

Die böhmischen Könige waren schon im 13. Jahrhundert als Bauherren ebenso repräsentativer wie architektonisch innovativer Burganlagen hervorgetreten. Hierzu zählt der Kernbau der Hofburg in Wien, der in der zweiten Hälfte des 13. Jahrhunderts vermutlich im Auftrag Ottokars II. von Böhmen (reg. um 1253–1278) entstand, der seit 1251 auch Herzog von Österreich war. In Wien ließ er eine annähernd quadratische Anlage errichten, deren Ecken durch quadratische Türme betont sind; diese treten teilweise nach außen leicht vor, jedoch ohne dass damit eine wirkliche Flankierung erreicht wird. Die kastellartige Bauform ist daher eher dekorativ oder repräsentativ als militärisch-funktional zu verstehen. Der einst feldseitige Turm nahe dem Burgtor ist als Hauptturm der Anlage breiter und war vermutlich auch höher als die anderen Türme. Die

Burg war von Gräben eingefasst, die schon im 14. Jahrhundert genutzt wurden, um neue Bauten außen an die alte Ringmauer anzuschließen; die Dimensionen der ursprünglichen Burg sind daher nur noch im Grundriss und durch die Kellerräume zu erschließen.

Der Typ der «Kastellburg», zu dem auch die Wiener Hofburg gehört, scheint sich ab der zweiten Hälfte des 13. Jahrhunderts stärker verbreitet zu haben. Vor allem in Österreich und Böhmen (z. B. Kadaň/Kaaden[159]) lassen sich zahlreiche Beispiele dieser Bauform finden, die im Osten Österreichs während des gesamten 14. Jahrhunderts aktuell blieb (Ebenfurth, Eisenstadt, Wolkersdorf).[160] Möglicherweise älter als die Wiener Hofburg ist die Burg in Wiener Neustadt (Abb. 71), die von den Babenbergern, dem aus Bamberg stammenden österreichischen Herzogsgeschlecht, errichtet wurde. Sie entstand in einer Ecke der bereits vollendeten Stadtmauer. Im 14. Jahrhundert wurde die Anlage unter dem habsburgischen Herzog Leopold durch größere Türme und neue Flügel auf der Außenseite der älteren Umfassungsmauer vergrößert; die neuen Türme zeichnen sich durch Buckelquader an den Kanten aus, die also weit über die Epoche der Staufer hinaus verwendet wurden.

Der kastellartige Eindruck, der durch die stark überhöhten Türme betont wird, unterscheidet die österreichischen und böhmischen Bauten von den regelmäßigen Anlagen im Westen des römisch-deutschen Reichs aus der Stauferzeit, aber auch von den älteren Bauten in Frankreich. Ein der Wiener Hofburg vergleichbarer quadratischer Bau mit quadratischen Ecktürmen ist die Burg Friedrichs II. in Prato (um 1240), allerdings unterscheiden sich die Bauten im Aufriss sehr – die Türme in Prato reichen nicht über die Höhe der Ringmauer hinaus, flankieren diese jedoch. Es ist daher unwahrscheinlich, dass Prato als direktes Vorbild für Wien gedient hat. Letztlich ist die Herkunft der österreichischen Kastellburgen bislang ungeklärt.

Die Mehrzahl der kastellartigen Burgen, die in Böhmen in der zweiten Hälfte des 13. und der ersten Hälfte des 14. Jahrhunderts errichtet wurden, besitzt anders als die Wiener Hofburg runde flankierende Ecktürme. Ein Beispiel ist die Burg Konopiště/Konopischt (erstes Viertel 14. Jahrhundert), die aus rechtwinklig um zwei Innenhöfe angelegten Gebäudekomplexen besteht. An den äußeren Ecken sowie mittig an den Schmalseiten befinden sich Rundtürme, die beiden mittleren sind als Haupttürme besonders groß dimensioniert, der östliche überragt als

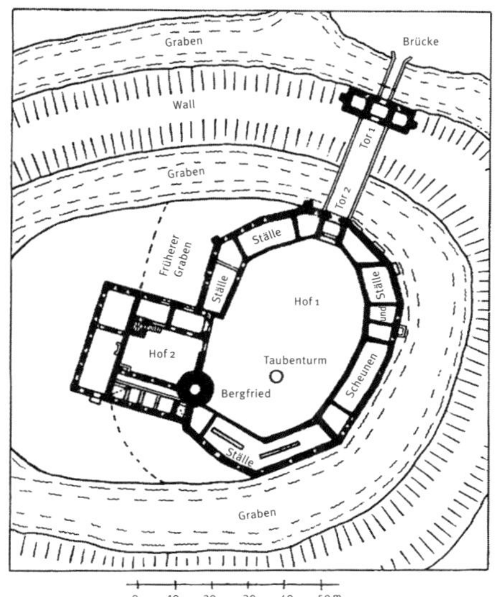

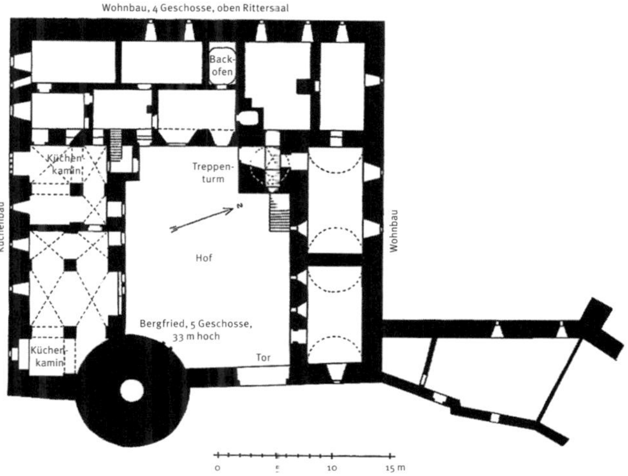

72 Westerburg (links) und Zilly (rechts), Grundrisse der regelmäßigen Burganlagen

Bergfried die Gesamtanlage. Burgen mit flankierenden Rundtürmen finden sich vor den böhmischen Beispielen, wie wir sahen, vor allem in Frankreich. Doch ähnlich wie bei den österreichischen Burgen ist auch hier kein konkretes Vorbild auszumachen.[161] Regelmäßige Anlagen mit runden Ecktürmen am Kernbau trifft man während des 13. und 14. Jahrhunderts auch bei hochadeligen Burgen im westlichen Mitteleuropa an (Morges/Schweiz, 1283–1287; Muiderslot/Niederlande, drittes Drittel des 14. Jahrhunderts). Ein Beispiel mit einem runden und drei eckigen Türmen ist Lechenich im Erftkreis (nach der Mitte des 14. Jahrhunderts). Hier begünstigte sicher das weitgehend ebene Gelände die Wahl der Grundrissform. Sie lässt sich auch wehrtechnisch begründen, da dank der Türme alle vier Flanken gleichermaßen verteidigt werden konnten.

Regelmäßigen Grundrissen begegnen wir im Laufe des 14. Jahrhunderts auch bei kleinen Burgen; allerdings fehlen bei vielen dieser Beispiele die flankierenden Türme, weswegen es sich bei ihnen nicht um «Kastellburgen» handelt. Nahezu quadratische Anlagen finden sich bei der Westerburg (Sachsen-Anhalt, um 1300) und in Zilly (Sachsen-Anhalt, vor 1334). Westerburg (Abb. 72 links) besitzt auf drei Seiten eine geschlossene Hofbebauung, die vierte Seite bildet den Eingang. Diese Seite besteht nur aus einer Mauer, in der ein Bergfried halb in die Vor- und halb in die Kernburg hineinragt. Die vorgelagerte ovale Vorburg wird an den Seiten, an denen sie nicht an die Kernburg stößt, von einem Graben umschlossen. Ihre Bausubstanz gehört erst dem 15. Jahrhundert an; schon aus dem Lageplan gewinnt man aber den Eindruck, dass die Kernburg eine Erweiterung der Vorburg darstellt und nicht umgekehrt, da der umlaufende Graben deutlich auf die Anlage der Vorburg, nicht die der Kernburg bezogen ist. Zilly entstand auf quadratischem Grundriss vor 1334 (Abb. 72 rechts). Die Hofbebauung wurde um 1360/63 und größerenteils sogar erst 1511 ergänzt; die Regelmäßigkeit beschränkte sich ursprünglich also auf den kompakten Grundriss und prägte zunächst noch nicht die Erscheinung der Hofgebäude.

73 Zilly, Kernburg und Anschluss der Vorburg (links), im Hintergrund der Bergfried an der Ecke der Kernburg

Beispiele regelmäßiger Anlagen gibt es im 14. Jahrhundert auch in Hessen. Die landgräfliche Burg Hessenstein aus dem ersten Drittel des 14. Jahrhunderts hat einen rechtwinkligen Grundriss mit zwei parallelen Flügeln; eine Schmalseite bildet den Eingang, die gegenüberliegende Seite ist gleichfalls mit einem Gebäude versehen. Ähnliche Anlagen weisen die Burgen Tannenberg bei Nentershausen (vor 1348) und die landgräfliche Burg Ludwigstein bei Witzenhausen (Anfang 15. Jahrhundert) auf.[162] Bei den hessischen Beispielen handelt es sich in keinem Fall um landgräfliche Hauptsitze, sondern um Burgen, die kleine Herrschaften zu kontrollieren hatten, was ein Grund für eine beschränkte und gut überschaubare Anlage gewesen sein dürfte. Spezifische historische Gründe für die Regelmäßigkeit lassen sich aber nur vermuten. Rein aus konstruktiven Gründen waren annähernd rechtwinklige Bauten einfacher zu errichten als unregelmäßige, da das Dachwerk einheitlich gebaut werden konnte. Doch bei wohlhabenderen Bauherren dürfte dieser Aspekt kaum eine Rolle gespielt haben, zumal eine rechtwinklige Anlage ohne Ecktürme die Übersichtlichkeit an den Ecken einschränkte. Wenigstens bei größeren Burgen wurde eine regelmäßige und speziell eine rechtwinklige Anordnung daher vorrangig aus modischen und repräsentativen Gründen bevorzugt.

Zu den besonders regelmäßigen Anlagen des Spätmittelalters gehören die Burgen des Deutschen Ordens. Hier ist die auf dem Quadrat beruhende Anlageform allerdings durch das Vorbild von Klöstern geprägt, dem die Ordensburgen in ihrer grundsätzlichen Anordnung um einen zentralen Kreuzgang folgten. Die Bauten des Deutschen Ordens übertreffen hinsichtlich des architektonischen Aufwands die Mehrheit der spätmittelalterlichen Burgen in Mitteleuropa – vergleichbar sind allein Marburg und Karlstein. Im späten 12. Jahrhundert als Hospitaliter-Gemeinschaft vor Akkon gegründet, konnte der Orden ab 1220 Besitzungen in Mitteleuropa erwerben, insbesondere 1231 das Hospital der hl. Elisabeth in Marburg. 1225 riefen polnische Fürsten, besonders die Herzöge von Masowien und von Schlesien, den Deutschen Orden gegen die baltischen Prußen zu Hilfe. Da es sich um ein nicht-christliches Volk handelte, sicherte Kaiser Friedrich II. dem Orden im Falle eines Sieges die Oberherrschaft über das eroberte Gebiet zu. So gelang dem Orden der Aufbau eines eigenen Staates, der von Thorn bis zur Memel reichte. Das weite Gebiet sicherte er durch Burgen, die mehrheit-

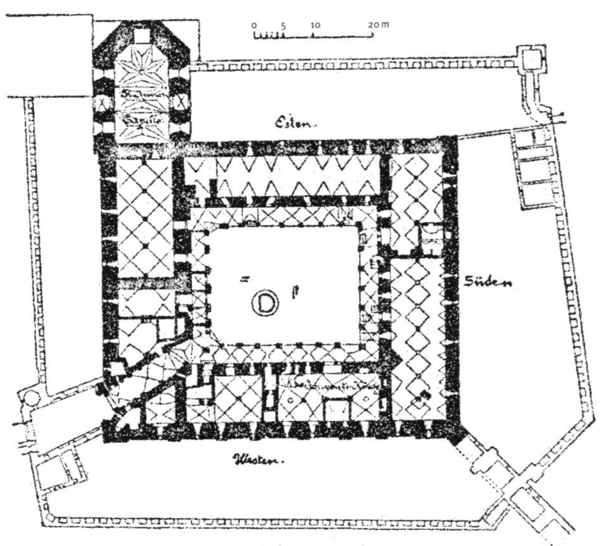

74 Marienburg, Grundriss des Hochschlosses

lich einem charakteristischen regelmäßigen Grundplan folgen. Nach der Niederlage 1410 bei Tannenberg (Ostpreußen) musste der Orden allerdings die Oberhoheit des polnischen Königs anerkennen.

Beispielhaft für seine Burgen ist die Marienburg[163] in Westpreußen (Abb. 74, 75), der bedeutendste Burgenbau des Deutschen Ordens. Im letzten Drittel des 13. Jahrhunderts begonnen, zog sich die Errichtung des sogenannten Hochschlosses, d. h. der Kernburg, bis um 1340 hin. Im Bereich der Vorburg wurde bereits im ersten Drittel des 14. Jahrhunderts eine neue Residenz erbaut, was die Anlage einer neuen Vorburg während des 14. Jahrhunderts zur Folge hatte. Die rechtwinklige Anlage des Hochschlosses folgt den erwähnten klösterlichen Prinzipien. Vier Flügel umgeben einen Hof, zu dem hin ihnen ein Kreuzgang vorgelagert ist. Der Nordflügel enthielt ursprünglich die Kapelle, einen schmalen Vorraum und westlich davon den Kapitelsaal; in einer zweiten Bauphase wurde die Kapelle um den Vorraum sowie um einen neuen Chor im Osten erweitert. Dies ist deshalb von Bedeutung, weil andere Ordensburgen (Mewe, Rheden) über einen Mitteleingang verfügen, der in der Marienburg zumindest geplant und begonnen war (Pfeilerfundamente im Burggraben), vielleicht sogar für einige Zeit bestand. Der heutige Eingang (Anfang 14. Jahrhundert) ist an die Seite verrückt worden und führt schräg in die Burg hinein. Der Ostflügel des Hochschlosses dürfte das Dormitorium beherbergt haben, der Südflügel den Remter (Speisesaal), der Westflügel unter anderem die Küche. Dieser Grundriss entspricht ganz der Klosterarchitektur des 12. bis 14. Jahrhunderts.

Die Vorburg war ursprünglich dreiflügelig und gleichfalls rechtwinklig angelegt, wobei sie zum Hochschloss offen war. Ihr zur Residenz ausgebauter westlicher Flügel wurde ab etwa 1380 zum Hochmeisterpalast erweitert, der einer der anspruchsvollsten gotischen Palastbauten in Mitteleuropa ist.[164] Er besteht im Hauptgeschoss zunächst aus einem Vorraum, der durch eine geradläufige Treppe vom Untergeschoss zugänglich ist. Von hier aus gelangt man in zwei kleinere Säle oder über einen Flur in die beiden großen quadratischen Säle, den Sommer- und den Winterremter – dem Namen nach eigentlich Speisesäle, doch dürften es die Hauptsäle der Residenz gewesen sein. Nach außen hin entfaltet der Palast seine Wirkung durch die Strebepfeilergliederung seiner Fassaden und die zu Türmchen erweiterten Eckrisalite. Aus der rechtwinkligen Burganlage ist er größerenteils gegen die Nogat vorgeschoben, den Mündungsarm der Weichsel, an dem die Marienburg liegt; damit durchbricht der Palast jede Regelmäßigkeit. Durch seine großen Fenster auch an der Außenseite dominiert der Residenzcharakter gegenüber dem Aspekt der Wehrhaftigkeit. Dies steht im Einklang mit der Funktion der Marienburg als Herrschaftszentrum des Deutschordensstaates.

75 Marienburg von Westen, links das Mittelschloss, rechts das Hochschloss

Der Wehrfunktion dienten in den Burgen des Deutschen Ordens insbesondere die turmbewehrten Zwinger- und Ringmauern, aber auch Wehrgänge in den Kernanlagen selbst. Viele der Burgen haben einen Bergfried und weitere Ecktürme; in der Marienburg übernahm der Kirchturm eine solche Funktion. Die repräsentative Bedeutung der Türme war bei diesen Burgen also eher peripher. Symbolische Bedeutung besaß in der Marienburg vor allem die mehrere Meter hohe Marienstatue, die (bis 1945) die gesamte Nische des Ostfensters in der Konventskirche ausgefüllt hat.

76 Kaub, Pfalzgrafenstein im Rhein sowie Burg Gutenfels oberhalb der Stadt

Auch wenn regelmäßige Anlagen ab der zweiten Hälfte des 13. Jahrhunderts vermehrt auftreten, so wäre es verfehlt, in ihnen eine Norm oder gar einen Idealtypus zu sehen, dem möglichst viele Burgenbesitzer nachzustreben versuchten. Den natürlichen Gegebenheiten angepasste Burgen sind im Spätmittelalter weiterhin in der Überzahl. Eine bemerkenswerte Grundrisslösung zeigt die mitten im Rhein stehende Burg Pfalzgrafenstein (Abb. 76). Sie wurde von König Ludwig dem Bayern (reg. 1314–1347) zur Sicherung eines Rheinzolls errichtet. Ludwig hatte den Zoll an dieser äußerst lukrativen Stelle – der Rhein gehörte zu den Hauptverkehrs- und -handelswegen in Deutschland – in seiner Funktion als pfälzischer Kurfürst 1325 eingeführt. Er sah sich allerdings ähnlichen Angriffen durch andere Rheinanlieger – Fürsten wie Städte – ausgesetzt wie die Grafen von Katzenelnbogen nach Errichtung der Burg Rheinfels und der Erhöhung des Zolls um 1255. Die Burg Pfalzgrafenstein besteht aus einem 1327 errichteten Hauptturm, der um 1339 durch eine Ringmauer mit schmaler Bebauung eingefasst wurde. Deren Grundriss zeichnet sich durch eine charakteristische Schiffsform aus, die vor allem einen Schutz gegen Hochwasser darstellte. Die eigentliche Zollstelle befand sich nicht in der Burg, sondern am Rheinufer in Kaub und wurde zusätzlich durch die Burg Gutenfels oberhalb des Ortes geschützt.

Einen besonders unregelmäßigen Grundplan weisen zwei Ganerbenburgen auf: Eltz und Montfort. Ganerbenburgen finden sich im späten Mittelalter wesentlich häufiger als im Hochmittelalter. Das bekannteste Beispiel ist die um 1200 gegründete Burg Eltz (Abb. 2) in ihrem spätmittelalterlichen Ausbauungszustand.[165] Auf der niedrigen Erhebung in einer Schleife des Eltzbaches gruppieren sich um einen länglichen Innenhof drei Wohngebäude, das sogenannte Kempenicher Haus im Südwesten, das Rodendorfer Haus im Südosten und das Rübenacher Haus im Norden. Jedes dieser mehrfach erweiterten «Häuser» ist ein Wohnturm bzw. ein turmartiges Festes Haus. Neben spätromanischen Bauteilen (Klein-Rodendorfer Haus) stammen die meisten Bauten aus dem 15. (Rübenacher Haus) oder dem frühen 16. Jahrhundert (Rodendorfer Haus). Innerhalb der Gesamtanlage stellten die verschiedenen Häuser autarke Einheiten dar, die jeweils von einer Familie als gleichberechtigten Miteigentümern (Ganerben) bewohnt und bewirtschaftet wurden. Die Aufteilung der Burg unter die Ganerben, die gemeinsamen

Nutzungsbereiche sowie die Rechte und Pflichten gegeneinander wurden vertraglich festgelegt. Gemeinsam genutzt wurden dabei allein die Kapelle und die Wehranlagen.

Den (anachronistischen) Eindruck einer Art Reihenhaussiedlung vermittelt auch die Burg Montfort in Rheinland-Pfalz. Die Burg der Grafen von Veldenz stammt im Kern aus dem 13. Jahrhundert. Die Burghut hatten bereits im 13. Jahrhundert mehrere Adelsfamilien inne. Bis zum späten 15. Jahrhundert entstanden wenigstens sieben Häuser für einzelne Familien.[166] Die lang gestreckte Anlage besitzt neben dem Tor einen Bergfried, die Ringmauer springt hier ein Stück weit vor, um das Tor zu flankieren. Ein besonders gut erhaltener Wohnturm («L», 1481/82) besitzt einen ebenerdigen Zugang und verfügt im Erdgeschoss über einen großen Kamin (Herdstelle) und einen Abort, im ersten Obergeschoss über einen kleineren Kamin und vermutlich eine Ofenstelle, im zweiten Obergeschoss über einen großen Kamin sowie einen Abort und im dritten Obergeschoss nur über einen Abort. Daraus ließe sich eine Raumaufteilung mit Küche, Stube, Kammer (kleinem Saal), Kammer (Schlafkammer) und Wehrplattform ablesen.

Wie nicht nur die Burgen Eltz und Montfort zeigen, wurden Wohntürme und Feste Häuser, die in der Stauferzeit immer seltener geworden waren, nun zumindest in einigen Regionen wieder aktuell; das bedeutendste Beispiel dafür ist Karlstein. Die Wohntürme der Burg Eltz bilden eine so dichte Baugruppe, dass sie als Einzelgebäude nicht mehr in Erscheinung treten. Anders sieht dies bei dem besonders repräsentativen Wohnturm der Burg Olbrück aus, dessen Erbauer unbekannt ist; Lehnsherr der Burg war der Erzbischof von Köln. Der fünfgeschossige schmale Turm wird durch eine Wendeltreppe in einer Ecke erschlossen, die wie alle anderen Ecken gerundet ist, was für eine Datierung ins 14. Jahrhundert spricht. Der Zugang erfolgt im zweiten Obergeschoss über eine schmale Zugbrücke. Die Etagen hatten unterschiedliche Funktionen. Das Untergeschoss diente vermutlich als Lager, auf dieser Höhe erreichte man über die Wendeltreppe auch einen Abort. Das Eingangsgeschoss hatte einen Kamin. Im überhöhten dritten Obergeschoss befand sich ein kleiner, überdachter hölzerner Erker, zu dem zwei Zugänge führten, dessen Funktion jedoch unklar ist. Möglicherweise wollte man von dort den Turmeingang im Geschoss darunter überwachen.

Besonders auffällig ist der mit Sockel und Wehrplattform neun-

77 Lechenich, regelmäßige Burganlage mit Eckturm sowie links einem Wohnturm

geschossige Doppelturm der Kasselburg (Rheinland-Pfalz), der unter Verwendung eines älteren Doppelturmtores in der zweiten Hälfte des 14. oder im frühen 15. Jahrhundert errichtet wurde.[167] Das Tor im Sockelgeschoss führt aus der äußeren in die innere Vorburg, während der Zugang von dort zur Kernburg durch einen quadratischen Bergfried der Zeit um 1200 gedeckt wird. Der riesige Turmblock besitzt zur Frontseite hin seitliche Erweiterungen des Mauerwerks in Form zweier Rundtürme, von denen der eine in den Untergeschossen massiv ist und der andere eine Treppe enthält. Jede Etage besteht aus einem Raum, der zumeist durch einen Kamin zu beheizen war; ein Raum diente möglicherweise als Küche. Vermutlich handelt es sich um den Wohnturm eines mit der Burgverwaltung beauftragten Ministerialen; Bauherren waren wahrscheinlich die Herren von Blankenheim.

Die aus Backstein errichtete ehemalige erzbischöfliche Landesburg Lechenich am Niederrhein (Abb. 77) ist eine trapezförmige Anlage mit zwei über Eck gestellten Ecktürmen an der Seite zur Vorburg sowie einem schlanken Rundturm und einem quadratischen Wohnturm an der Außenseite. Der im ersten Viertel des 14. Jahrhunderts erbaute Wohnturm, der die Anlage beherrscht, bildete zugleich einen Flankenschutz für die gesamte Burg und eine Sicherung des Tores, übernahm also auch die Funktionen eines Bergfrieds. Er stand ursprünglich frei und war sowohl von der übrigen Kernburg wie von der Vorburg durch Wassergräben getrennt. Üblich waren Backsteinbauten und -türme in Norddeutschland, wobei trotz des Baumaterials die gleichen Elemente vom Hocheinstieg über kaum bewohnbare Räume bis hin zu Aufstockungen und Zinnenkränzen festzustellen sind.

Feste Häuser kommen im 14. und 15. Jahrhundert vor allem im nördlichen Deutschland vor, angefangen mit Grebenstein (Nordhessen) über Lichtenau, Beverungen und die Oldenburg nahe dem Kloster Marienmünster (Ostwestfalen) bis zur Marienburg bei Hildesheim. Das Feste Haus ist in dieser Zeit entweder ein einzeln stehendes Bauwerk, das einst wahrscheinlich mit einer Mauer oder wenigstens einem Graben eingefasst war, oder aber es ist Teil einer größeren Anlage. Letzteres trifft etwa für die Marienburg zu, wo ein Bergfried und zwei niedrigere Flügel zu der quadratischen Burganlage gehörten.

Christofer Herrmann hat am Beispiel der mittelrheinischen Burgen und Wohntürme darauf hingewiesen, dass die Wohntürme meist von bischöflichen Bauherren errichtet wurden.[168] Dennoch bleibt unklar, weshalb ausgerechnet die Bischöfe im 14. Jahrhundert erneut Wohntürme bauten; möglicherweise wirkte ein frühes Beispiel wie der Wohnturm von Eltville «stilbildend». Funktionale Vorteile sind dagegen nicht ersichtlich.

Reaktionen auf die neuen Feuerwaffen

Wie bereits angedeutet, spielte bei einer Reihe baulicher Entwicklungen von spätmittelalterlichen Burgen das Aufkommen von Feuerwaffen eine wichtige Rolle. Die Erfindung des Schießpulvers scheint bereits um 1300 nach Europa gelangt zu sein. Um 1330 wurden auf die Burg Eltz Pfeile mit einem kleinen Geschütz geschossen.[169] Vor allem im 15. Jahrhundert wird deutlich, dass die Bauherren bemüht waren, ihre Burgen den neuen Waffen anzupassen. Diese Sicherung erfolgte durch Türme mit besonders kräftigem Mauerwerk, das Geschosskugeln aus leichten Feuerwaffen länger standhalten konnte und das in tiefen Schießschartennischen Platz für Hakenbüchsen-Schützen oder sogar für kleine Geschütze bot.

Mit Rondellen versehene («rondellierte») Wehranlagen entstanden anstelle des Zwingers, vor dem Zwinger oder als Teil des Zwingers schon in der ersten Hälfte des 15. Jahrhunderts. Die wohl vollständigste Anlage dieser Art erhielt die wettinische Veste Coburg um 1426. Insgesamt war die Veste durch einen Mauerring mit neun Türmen eingefasst, von denen vier erhalten sind. Sie besitzen frühe Schießscharten für Feuerwaffen in einer ganz ungewöhnlichen Form: Rundbogige Öffnungen, die außen mit Holzklappen zu schließen waren, bildeten die Schussfenster für kleine Geschütze. Vermutlich noch im 15. Jahrhundert hat man sie zu schmalen Schießscharten umgebaut. Offensichtlich gab es zu dieser Zeit noch keine erprobten Vorbilder für Schießscharten, und so experimentierte man mit den Formen.

Auf ähnliche Weise wie Coburg wurde auch Burg Eisenhardt in Belzig im 15. Jahrhundert mit einem aus Backstein gemauerten unregelmäßigen Befestigungsring gesichert, der an jeder Ecke einen Rundturm aufweist. Die Türme sind sehr unterschiedlich, sowohl was ihre Dimensionen als auch was die Art der Schießscharten angeht; die meisten sind aber feuerwaffentauglich. Besitzer von Burg Eisenhardt waren im 15. Jahrhundert die Wettiner, die nach dem Aussterben der Askanier 1423 mit dem Herzogtum Sachsen-Wittenberg belehnt wurden, zu dem auch Belzig gehörte. Sie scheinen bald darauf mit dem Ausbau der Burg begonnen zu haben; ein Inventar von 1436 führt für Belzig ähnlich wie für Coburg eine nicht unerhebliche Zahl von Kanonen auf.

Der Bau runder Eck- und Flankentürme führte zu einer neuen Phase regelmäßiger, meist vier- oder fünfeckiger Anlagen mit rondellierten Türmen. Ein besonders frühes Beispiel dieses Bautyps lässt sich in Ungarn nachweisen: Zwischen 1416 und 1423 ließ Filippo Scolari, ein aus Florenz stammender Heerführer des römisch-deutschen und ungarischen Königs Sigismund von Luxemburg, in Ozora[170] eine quadratische turmlose Burg als eigenen Wohnsitz errichten, die von einem fast quadratischen Zwinger mit vier runden Türmen an den Ecken umgeben war. Die Anlageform des Kernbaus ist italienisch, jedoch weniger mit den frühen für Kanonen eingerichteten Festungsschlössern zu vergleichen als vielmehr mit den viereckigen und vierflügeligen Bauten Nord- und Mittelitaliens, die nach außen keine Türme aufweisen, etwa Belgioioso (um 1360 begonnen) oder Proh (mit einem Eckturm). Dieser Typ war bei Adelssitzen sehr verbreitet. Neuartig ist demgegenüber in Ozora der quadratische Zwinger mit seinen runden Ecktürmen.

Einer der ältesten geometrisch angelegten Zwinger in Mitteleuropa findet sich in der Burg Schwihau der Herren Schwihau von Riesenburg, südlich von Pilsen. Die aus zwei Flügeln bestehende kompakte Kernburg des 14. Jahrhunderts erhielt um die Mitte des 15. Jahrhunderts einen Zwinger mit Rundtürmen an den vier Ecken und in einer weiteren Bauphase um 1490 einen zweiten, äußeren Zwinger mit zusätzlichen Rondellen. Eine dendrochronologische Untersuchung macht eine Entstehung des inneren Zwingers bereits um 1455/60 wahrscheinlich. Die Planung des äußeren Zwingers geht vermutlich auf den königlichen Baumeister Benedikt Ried zurück.

Burg Pürnstein in Oberösterreich (Abb. 78, 79) wurde in der Mitte des 15. Jahrhunderts als kleine und kompakte Anlage nach einem einheitlichen Bauplan errichtet. Zu dieser Zeit hatte die oberösterreichische Familie von Starhemberg die Burg vom Bischof von Passau zu Lehen. Die Kernburg ist auf der Seite zum Steilhang rechtwinklig angelegt, auf der Seite zum flachen Vorgelände dagegen mit zwei abgeschrägten Flanken versehen, so dass sie insgesamt einen sechseckigen Grundriss aufweist. Bei den Bauten an den Schmalseiten handelt es sich um die Wohnflügel. Die mittlere Zone um den Innenhof teilen sich Küche und Kapelle auf der Seite mit den gebrochenen Flanken sowie eine hohe Abschlussmauer an der Talseite.[171] Der genaue Entstehungszeitpunkt des Zwingers ist zwar nicht gesichert, aber die Einheitlichkeit der Anlage spricht dafür, dass er kaum wesentlich später errichtet worden sein dürfte als die Kernburg. Die Zwingerrondelle waren für kleine Geschütze nutzbar, von hier aus konnte man die Kurtinen sowie das Vorgelände bis zu einer Konterescarpe (der äußeren Begrenzungsmauer des Grabens) bestreichen. Durch einen Zwingerturm führt der Torweg von der ebenerdigen Seite her in die Burg hinein, durch ein weiteres Tor am Steilhang konnte man die Anlage von rückwärts betreten. Der Zwinger hatte nicht nur der Verteidigung, sondern auch der Entwässerung und Entsorgung zu dienen, weswegen alle Aborte in ihn hineinführen.

78 Pürnstein, Burg, Torbau zum Zwinger, dahinter die kompakte Kernburg

Erst bei Schloss Friedewald in Nordhessen und der Moritzburg in Halle a. d. Saale findet sich im letzten Drittel des 15. Jahrhunderts auch im mittleren Deutschland eine weitgehend regelmäßige, gegen Feuerwaffen gerüstete Anlage. Das um 1479/80 begonnene und 1489 vollendete Schloss Friedewald der Landgrafen von Hessen ist viereckig und besteht aus zwei geräumigen Wohnflügeln sowie zwei schmaleren Wirtschaftsflügeln. Die Ecken sind durch unterschiedlich dicke Batterietürme flankiert. Ganz ähnlich ist die Moritzburg angelegt, für die Friedewald vielleicht als Anregung diente. Sie war die Residenz des Erzbischofs von Magdeburg, und so wurden die Wohnflügel hier wesentlich aufwendiger gestaltet. Dennoch hat sich für Friedewald die Bezeichnung «Schloss» (eigentlich müsste man von einer Schlossfestung sprechen) und für Halle der Name «Moritzburg» durchgesetzt. Friedewald diente neben militärischen Aufgaben auch als Jagdschloss. Im zweiten Viertel des 16. Jahrhunderts wurde dann die aus einem Wohnturm (13./14. Jahrhundert) bestehende Burg Altendorf (Essen) um eine trapezförmige Vorburg ergänzt, die vier für Hakenbüchsen eingerichtete runde Ecktürme aufweist. Bauherr war der in den Türkenkriegen erfolgreiche Christopher von Vietinghoff-Schell (1501–1564). Das bauliche Modell verbreitete sich also auch im westlichen Deutschland.

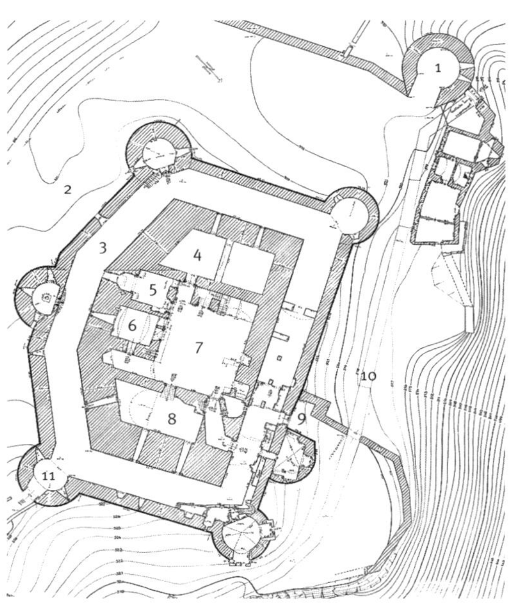

79 Pürnstein, Grundriss der Burganlage

1 Kanonenturm
2 Burggraben
3 Zwinger
4 Lagerraum
5 Kapelle
6 Küche
7 Hof
8 Keller
9 Haupttor
10 Fahrweg
11 Eingang

Zeitgleich mit Friedewald ließen die Landgrafen von Hessen die Burg Rüsselsheim nahe Frankfurt neu errichten, die nach dem Aussterben der Grafen von Katzenelnbogen 1479 an sie gefallen war. Der Neubau, der von einem mit Rondellen für Feuerwaffen versehenen Zwinger umgeben ist, verfügt auf quadratischer Grundfläche über zwei große Wohnbauten, einen mit Wohnräumen für den Landgrafen und einen zweiten zur Unterbringung von Söldnern. Aufgrund der Kombination von einem Gebäude für eine militärische Mannschaft und einem fürstlichen Wohnbau ist Rüsselsheim als frühe «Schlossfestung» ein klarer Vorläufer späterer rein militärisch genutzter Festungen.

1477–1492 entstand im nahe gelegenen Herzberg ein neues Schloss für den hessischen Vasallen Hans von Dörnberg (Abb. 80). Es handelt sich um eine trapezförmige Anlage mit vier Ecktürmen. Ein fünfter Turm steht in der Mitte der Eingangsseite, jedoch nicht flankierend vor der Ringmauer, sondern – diese gewissermaßen deckend – hinter ihr im Inneren der Anlage; 1536 wurde er nochmals aufgestockt. Mit diesem Turm folgte der Bauherr der Tradition mittelalterlicher Bergfriede, die häufig auf der Innenseite der Mauer nahe dem Tor errichtet wurden. Die Herzberger Ecktürme haben Untergeschosse aus Quadern, die für Geschütze eingerichtet sind, sowie Obergeschosse aus Fachwerk: Entweder fühlte man sich sicher genug, oder man sah im Fachwerk keine besondere Gefährdung. In Herzberg lässt sich das Bemühen konstatieren, aktuelle Wehrtechnik mit einem traditionellen Bautyp zu verbinden.

80 Herzberg, Kernburg mit quadergemauerten Ecktürmen und Anschluss der Vorburg

Die mittelalterliche Burg Breuberg im Odenwald wurde kurz nach 1497 bis 1515 unter Graf Michel II. von Wertheim zu einer rondellierten Festung ausgebaut (Abb. 81, 82). Ein einzelner Batterieturm steht im östlichen Burggraben, während die westliche Burgseite durch eine Ringmauer mit niedrigen Batterietürmen gesichert ist. Alle Türme haben Maulscharten für kleine Geschütze. Das 1528 errichtete Zeughaus ist mit dem Baumeisternamen «Hans Stainmiller» versehen, der wahrscheinlich für die Gesamtanlage verantwortlich war. Es handelt sich um eine der frühesten gesicherten Baumeister-Inschriften im Burgenbau in Deutschland.

Bereits in den ersten zwei Jahrzehnten des 16. Jahrhunderts wurde die mittelalterliche Burg Kufstein nach der Eroberung durch die Truppen König Maximilians (1504) festungsartig ausgebaut. Der zentrale Hauptturm, der vielleicht die Stelle eines früheren Bergfrieds einnimmt, ist ein Batterieturm, der mit seinen Kanonen die gesamte Inntalenge und damit einen wichtigen Zugang zum Brenner und Verbindungsweg nach Italien sperren konnte. Trotz des Festungscharakters war in Kufstein ein fürstlicher Wohnbau nach wie vor Bestandteil der Gesamtanlage. Die weiträumigen Bastionen wurden erst im Zuge der Erweiterungen des 17. Jahrhunderts und des Wiederaufbaus nach 1703 errichtet.

Häufig wurden nicht vollständige Zwingeranlagen, sondern nur Abschnittsbefestigungen gebaut, um die Burg gegen eine besonders gefährdete Seite zu sichern. Ein Beispiel ist die niederösterreichische landesfürstliche Burg Kollmitz. Sie besitzt eine dem Geländeverlauf angepasste Vorburg (um/nach 1450/60) mit einem großen Rondell auf dem höchsten Punkt sowie flankierenden Halbrundtürmen im Verlauf der Mauer, von denen einer als Torturm diente. Mit rund 350 Meter Abstand wurde der Burg in der Mitte des 15. Jahrhunderts eine etwa 110 Meter lange Sperrmauer vorgelagert, die «Böhmische Mauer», die den gesamten Hügelrücken, an dessen Hang die Burg liegt, abschneidet. Bis auf einen turmartigen Torbau, der ehemals eine Zugbrücke besaß, hat sie aber keine vorspringenden Türme, sondern nur einen Wehrgang mit Zinnen und Schießscharten.

Um 1470/80 erhielt das Heidelberger Schloss (Abb. 83), das die Hauptresidenz der Pfalzgrafen aus der Familie der Wittelsbacher war und im Kern auf die erste Hälfte des 13. Jahrhunderts zurückgeht, an der

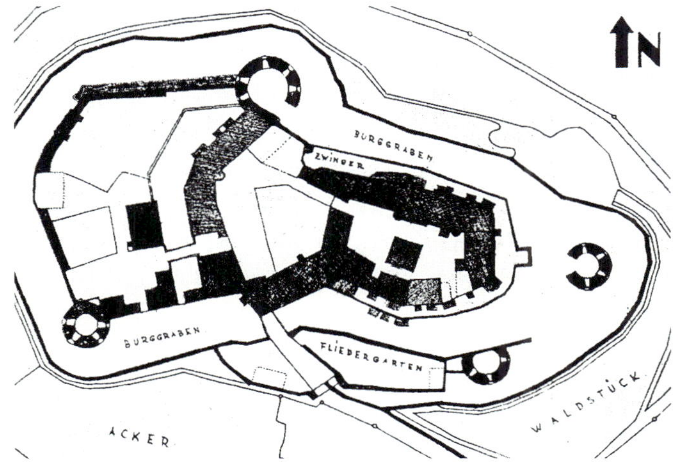

81 Breuberg, Lageplan der Burg

82 Breuberg, Turm für Hakenbüchsen vor der Kernburg zur Sicherung des Burggrabens

Ostseite drei flankierende Rondelle zur Aufnahme von Geschützen. Sie waren gegen die Angriffsseite gerichtet. Die Lage am Hang gleich über der Stadt hatte den Verteidigungswert der Burg angesichts schwerer Feuerwaffen zunichtegemacht, denn von etwas erhöhter Position hätte ein Angreifer die Burg leicht beschießen können. Dem wollte man mit den Rondellen begegnen. Aufgrund der beengten Platzverhältnisse und des gleichzeitigen Wunsches nach einer großzügigen Residenz musste man jedoch einen Kompromiss finden. Hierzu wurde die bestehende Burganlage in den ehemaligen Graben hinein vergrößert und mit einer neuen Ringmauer versehen, aus welcher die Rondelle in den Graben vorragen, um auf diese Weise sowohl die Flanken als auch das Vorfeld zu sichern. Ein zusätzliches Rondell wurde an der Nordwestseite errichtet («Dicker Turm»), die übrige Westseite war als Plattform für Kanonen eingerichtet, so dass auch der weitere Hang und sogar der Neckar beschossen werden konnten. Die neuen Türme gehörten nicht zu einer äußeren, weit vorgelagerten Befestigung, sondern standen, vor allem an der Ostseite, dicht vor den Wohnbauten, die man nur an der südlichen Hangseite durch eine dicke Schildmauer zusätzlich schützte. Mehr als anderthalb Jahrhunderte reichten diese Türme aus, um die erforderliche Sicherheit für die Burg zu garantieren. Erst 1689/93 waren sie im Pfälzischen Erbfolgekrieg den angreifenden französischen Truppen nicht mehr gewachsen; soweit nicht im Kampf beschädigt, wurden sie nach der Eroberung durch die Franzosen gesprengt.

Neben Platzmangel wie in Heidelberg waren oft Kostengründe ausschlaggebend, wenn häufig nicht die gesamte Burganlage für die Abwehr von bzw. mit Feuerwaffen erneuert, sondern nur einzelne Teile der Befestigung neu errichtet wurden. Dies gilt in den Jahren um 1500 auch für den Bau von Batterietürmen. Die frühen Batterietürme unterschieden sich zunächst kaum in ihrer Höhe, sondern nur in der Stärke des Mauerwerks von mittelalterlichen Türmen. Man platzierte sie so, dass sie möglichst zwei Flanken einer Burg sichern konnten und damit einen Angriff sehr erschwert hätten. Erhalten sind solche Batterietürme beispielsweise in Hessen (Marburg, 1478; Neustadt bei Marburg, um 1480; Lichtenberg i. O., 1503; Friedberg, um 1500). In die gleiche Zeit gehört der «Wasserturm» der Burg Falkenstein (Oberösterreich), der außerhalb des Burggeländes oberhalb einer alten Durchgangsstraße steht. Der inschriftlich auf das Jahr 1489 datierte fünfgeschossige Turm hatte zusätzlich zur Burg noch eine Wasserquelle zu schützen, über der man ihn errichtete.[172] In den Obergeschossen finden sich Schießscharten für Hakenbüchsen; Wendeltreppen verbinden alle Geschosse bis zum Sockel.

83 Heidelberg, Kanonenturm; den Blick ins Innere ermöglichte eine Sprengung im späten 17. Jahrhundert

Als Reaktion auf die Ausbreitung von Feuerwaffen lassen sich im 15. Jahrhundert vor allem bauliche Experimente sowie Einzelmaßnahmen beobachten. Diverse Formen von Schießscharten, die Errichtung einzelner Türme für Feuerwaffen und der Bau dickerer Mauern waren die Folge – die weitere Entwicklung der Feuerwaffen sah im 15. Jahrhundert offenkundig niemand voraus, und tatsächlich scheinen diese heute ganz unzureichend wirkenden Maßnahmen auch für die nächsten Jahrzehnte ausgereicht zu haben. Die Batterietürme wiesen anfänglich oft mehr Schießplätze für Hakenbüchsen als für Kanonen auf, und nur langsam wurden mehrere feuerwaffentaugliche Türme als Teil von Zwingermauern oder Ringmauern errichtet. Weit vorgelagerte äußere Befestigungen entstanden in dieser Zeit noch nicht.

Entwicklungen bei Toren und Bergfrieden

Der Sicherung des Tores wird im späten Mittelalter deutlich mehr Aufmerksamkeit geschenkt als im Hochmittelalter. Hatte lange Zeit ein einfaches Tor mit Schubriegel ausgereicht, so werden in den Jahrzehnten um 1300 Fallgatter eingeführt, die es in Nordfrankreich und Südengland (z. B. in Dover) schon im späten 12. Jahrhundert gab. Ob der Grund dafür nur ein höheres Sicherheitsbedürfnis oder auch die Entwicklung der Angriffswaffen war, ist nicht gesichert, doch spricht die Zunahme an Sicherungen insgesamt (höhere Ringmauern und eine konsequentere Anlage von Gräben) für die Hypothese, dass es um diese Zeit verbesserte Angriffswaffen gab. Die Einführung der Fallgatter hatte zur Folge, dass die Tore turmartig überhöht werden mussten, um die Gatter zum Öffnen hochziehen zu können (Hornberg/Neckar, um 1500). Gelegentlich hat man allerdings ein Fallgatter nur an einer erhöhten Tormauer untergebracht (Pfalzgrafenstein bei Kaub und Nürnberg, äußeres Tor der Burggrafenburg, 14. Jahrhundert; Harburg, 15. Jahrhundert). Tortürme gab es zwar schon zu romanischer Zeit (z. B. in der Salzburg in Unterfranken, Wildenberg i. O.), doch hat das Aufkommen der Fallgatter die weitere Entwicklung der Tortürme sicher befördert.

Etwa zeitgleich mit dem Fallgatter verbreitete sich auch die Zugbrücke als weitere Form der Torsicherung. Im normannisch-englischen Bereich kennen wir Zugbrücken ebenfalls schon seit dem späten 12. Jahrhundert (z. B. aus Dover, um 1190). Die erste nachweisbare Zugbrücke in Mitteleuropa hat sich in Burg Stargard erhalten (um 1270). Im 14. Jahrhundert breitete sich dieser Typ über den gesamten deutschen Sprachraum aus, so dass es ab dem 15. Jahrhundert kaum eine Burg mehr ohne Zugbrücke gab, und im Festungsbau blieb sie bis zum 18. Jahrhundert die übliche Torsicherung.

Beispielhaft für die Unterschiedlichkeit der Tore, aber auch für den Aufwand, der bei ihnen betrieben werden konnte, ist die Burg Stadtprozelten bei Miltenberg/Main. Die beiden äußeren Tore hatten Zugbrücken und waren in schmale Pforten für Fußgänger und breite Tore für den Fahrverkehr getrennt (zweite Hälfte 15. Jahrhundert). Man erreicht über sie den Zwinger und steht anschließend vor einem kleinen separaten Torzwinger (Abb. 84), der durch ein einfaches spitzbogiges Tor mit spätgotischem Gewände (um 1500) erschlossen ist. Erst das vierte Tor ist das spätromanische rundbogige Tor im Verlauf der ältesten Ringmauer. Dieses wurde nachträglich in einen größeren Torbau einbezogen, an dessen Rückseite ein weiteres spitzbogiges Tor zum Burghof führt. Auf kurzem Wege waren somit vier Tore zu durchschreiten. Dass die Burg weder in den Bauernkriegen um 1525 noch im Dreißigjährigen Krieg zerstört wurde, hing aber sicher noch von anderen Faktoren ab.

Zu den ungewöhnlichen Toranlagen gehört auch ein fünfeckiger Torturm an der Frontseite der Kernburg von Eisenbach (Oberhessen, 15. Jahrhundert), errichtet durch die Riedesel zu Eisenbach, die seit 1437 das Erbmarschallamt der Landgrafen zu Hessen innehatten. Über den Graben führte eine Zugbrücke hinweg. Nach wenigen Jahrzehnten wurde das Tor im Torturm aufgegeben und daneben ein neues Tor gebaut, ebenfalls mit einer Zugbrücke, das nun direkt in den Innenhof führte.

Die Innenseite der Ringmauern wurde im Spätmittelalter häufig mit großen Blendarkaden konstruiert. Diese Maßnahme, die sich auch bei Stadtmauern findet, diente zur Einsparung von Baumaterial, ohne dass man dadurch bei dünneren Mauern auf die Substruktionen für einen Wehrgang (Burg Bruneck/Südtirol, Stadtmauer in Nürnberg, Burg Freudenberg/Main, 14. Jahrhundert) hätte verzichten müssen. Die größere Ausdehnung von Stadt- und Burganlagen machte deutlich längere Stadt- und Ringmauern erforderlich. Auch die Schießscharten innerhalb der Zinnen sowie in flankierenden Türmen waren ein neues Element. Generell kamen Schießscharten erst im zweiten Viertel des 13. Jahrhunderts auf. Mehrheitlich erfolgte die Verteidigung aber weiterhin von der Mauerkrone, und es gibt nur wenige Ringmauern, in die man in den unteren Bereichen Mauergänge (Wehrgänge in der Mauerstärke) mit Schießscharten eingebaut hat. Zu diesen Ausnahmen gehört die Bertholdsburg in Schleusingen, die im zweiten Viertel des 15. Jahrhunderts ein Festes Haus als Erweiterung der älteren Anlage erhielt. Es wurde nach außen mit zwei Rundtürmen versehen, die im Untergeschoss durch einen Wehrgang mit Schießscharten für Feuerwaffen verbunden sind.

Ein ähnliches Beispiel entstand um 1525/30 in Schloss Vorderfrankenberg in Unterfranken.

Eine weitere spätmittelalterliche Neuerung lag in der zunehmenden Errichtung von Schalentürmen. Hierbei handelt es sich meist um Türme im Verlauf von Ring- oder Zwingermauern, die zum Zwingerhof bzw. zum Burghof hin offen sind (z. B. Rudelsburg, Ronneburg, beide 15. Jahrhundert). Es gibt jedoch auch Tortürme in Schalenform (Rheinfels, um 1303). Der Hauptgrund für diese Bauform dürfte die Reduzierung der Baukosten durch die Einsparung von Material und Arbeitskraft gewesen sein. Dass sich ein Angreifer kaum erfolgreich in einem solchen Turm festsetzen konnte, war eher ein Nebenaspekt. Wurde ein Schalenturm nachträglich mit einer neuen oder einer zusätzlichen

84 Stadtprozelten, Burg, Zwingertor mit ehemaligen Zugbrücken und Tor der Vorburg

Funktion ausgestattet – beispielsweise durch die Einrichtung einer Schmiedewerkstatt wie in Rheinfels –, mauerte man ihn allseitig zu oder stattete ihn mit einem Holzeinbau aus, der wie eine Bohlenstube wirkte (Hornberg/Neckar, Torturm, 15. Jahrhundert).

Der Bergfried blieb auch im Spätmittelalter der Hauptturm der Burg. Wo ältere Burgen ausgebaut wurden und die vorhandenen Wohnbauten neue Stockwerke und häufig steilere Dächer erhielten, reagierte man mit der Aufstockung des Bergfrieds, der stets alle übrigen Gebäude der Burg zu überragen hatte. Wenn der Bergfried einen besonders großen Durchmesser besaß, ließ sich auch ein schmalerer Turmaufsatz schaffen. Selten ist dies bei quadratischen Bergfrieden zu beobachten (Freudenberg/Main, Kronberg/i. T., Abb. 85), häufiger bei runden. Dadurch entstand eine charakteristische «Butterfassform», die vor allem an Burgen in Hessen und am Mittelrhein im 14. und 15. Jahrhundert oft zu sehen ist (Friedberg, Idstein, Büdingen). Eine Besonderheit stellt der quadratische Bergfried der Marksburg am Mittelrhein (12. Jahrhundert) dar, der im 14. Jahrhundert ein zusätzliches quadratisches Geschoss und eine runde Aufstockung erhielt. Auf diese Weise konnte man die Vorteile eines niedrigen Wehrgeschosses bewahren und trotzdem durch den schlanken Turmaufsatz für einen weiten Überblick sorgen.

85 Kronberg i. T., Bergfried, 13. Jahrhundert, mit schmalerem Aufsatz («Butterfassform»), 14. Jahrhundert; im Vordergrund Mittelburg aus dem 14. Jahrhundert, umgebaut um 1600

Die Entwicklung der Wehrbauten im Spätmittelalter hatte somit nicht nur zahlreiche Verbesserungen der Verteidigungsfähigkeit zur Folge, sondern ist letztlich auch für das heutige Bild der Burg in höherem Maße bestimmend als deren hochmittelalterliche Gestalt. Hohe Türme, Ringmauern mit vorgelagerten Zwingern, Tore mit Fallgattern und Zugbrücken gehören erst zum Burgenbau des 13. bis 15. Jahrhunderts.

Wohnen in der spätmittelalterlichen Burg

Zur Wohnnutzung der Burgen im Spätmittelalter lassen sich deutlich mehr Aussagen machen als im hohen Mittelalter. Denn die Zahl erhaltener Bauten ist wesentlich größer, und zudem sind viel mehr archivalische Quellen (z. B. Inventare) sowie bildliche Darstellungen und nicht zuletzt auch umfangreiche archäologische Funde überliefert, die Aufschluss über das Leben in der Burg geben. Allerdings dürfte nicht alles, was im Spätmittelalter neu zu sein scheint, dies tatsächlich auch gewesen sein; die Ausdifferenzierung der Raumstruktur etwa wurde schon vorher entwickelt.[173] Für die Untersuchung der Wohnnutzung und Wohnkultur muss man das Erschließungskonzept der jeweiligen Burg in den Blick nehmen. Dazu gehören die Zugänge zur Burg, angefangen bei den Wegen, die zu ihr hinführten, vor allem aber die Sicht- und Wegeverbindungen zwischen dem Tor und den wichtigsten Wohnbauten. Zur Erschließung der einzelnen Bauten ist nach den Treppen zu fragen und schließlich nach den Verbindungen der Räume untereinander. Hierfür sind die Schließrichtung der Türen sowie die Anlage von Fluren oder Gängen zu beachten. Auf diese Weise lassen sich auch «öffentlichere» von «privateren» Räumen unterscheiden.

Allgemeingültige Regeln für eine Verbindung zwischen dem Haupttor und dem Wohn- oder Saalbau, in dem Gäste empfangen wurden, gibt es weder im Hoch- noch im Spätmittelalter. Statt in Sichtverbindung mit dem Haupttor zu stehen, wie es für Renaissanceschlösser üblich wurde, konnte ein Wohnbau sogar hinter anderen Bauten versteckt sein, so etwa in mehreren hessischen Burgen (Otzberg, Breuberg, Babenhausen) hinter einem massiven älteren Bergfried. In der landesherrlichen Burg Marburg gelangte der mittelalterliche Besucher hingegen hinter dem Haupttor in direkter Linie zum Treppenvorbau des Saalbaus. Nach Abbruch dieses Vorbaus im 15. oder 16. Jahrhundert lässt sich allerdings kein Hauptzugang mehr erkennen, denn alle Eingänge sind schlicht und schmal. Wie beim Saalbau in Marburg (Abb. 86) befand sich das Portal zu den Wohnbauten wenigstens im 13. und 14., manchmal sogar noch im 15. Jahrhundert oft im Obergeschoss und war durch eine Freitreppe zu erreichen. Steinerne Freitreppen führen zu den

Wohnbereichen der Burgen in Hall (Tirol, 15. Jahrhundert) und Runkelstein (um 1400), eine hölzerne in die Wohngeschosse von Burg Reifenstein bei Sterzing (15. Jahrhundert). In Runkelstein gab es zur Verbindung der Geschosse untereinander Eingänge, die in den Ecken der Räume im ersten Obergeschoss lagen. Ein etwaiges Empfangszeremoniell hoher Gäste hat zumindest baulich in dieser Epoche keine Spuren hinterlassen. Eine architektonische Hierarchisierung der Bauten und ihrer Eingänge ist im Spätmittelalter noch nicht ersichtlich.

Wichtiges Mittel der inneren Erschließung waren Treppen, zumal die Zahl mehrgeschossiger Bauten und höherer Türme gegenüber dem Hochmittelalter deutlich zunahm. Anfänglich überwogen noch geradläufige Treppen und kurze, steile Stiegen. Die platzsparende Wendeltreppe, durch die man mehrere Flügel bzw. Räume erschließen konnte, verbreitete sich jedoch im Spätmittelalter schnell. Nach einzelnen Vorläufern wie dem Wendeltreppenturm in Babenhausen (vor 1200) wurden um 1270 die beiden Festen Häuser von Hohengeroldseck sowie um 1288 Schlosskapelle und Wohnflügel in Marburg durch frühe repräsentative Wendeltreppen erschlossen; die Marburger Treppe prägt durch ihre gotischen Maßwerkfenster die gesamte Hoffassade. Weitaus häufiger wurden Wendeltreppen ab der Mitte des 14. Jahrhunderts gebaut.[174] Treppen in vor die Fassade gestellten Treppentürmen gibt es aber weitgehend erst ab dem späten 15. und insbesondere im 16. und frühen 17. Jahrhundert. Zum Ende des Spätmittelalters wurde mit dem zum Hof hin offenen, mit zahlreichen Reliefs geschmückten Treppenturm des Meißner Schlosses (1471–1485) erstmals ein Akzent gesetzt, der die gesamte Hoffassade beherrscht. Eine spielerische Lösung ist die Doppelwendeltreppe im herzoglichen Landhaus von Graz, die bei schlichtem Äußeren ganz auf die Überraschung der Innenarchitektur angelegt ist (um 1500).

Der selbständige Saalbau war in Mitteleuropa die Ausnahme, da Säle meist in mehrgeschossigen Wohnbauten Platz fanden. Am bekanntesten ist der Saalbau der Burg Marburg (um 1295). Wenig älter ist der um 1285/95 entstandene Saalbau der Burg in Den Haag.[175] Begonnen wurde der Sitz vielleicht schon unter dem deutschen Gegenkönig Graf Wilhelm II. von Holland (1228–1256), die Errichtung des Saalbaus erfolgte unter Graf Floris V. von Holland (1254–1296). Das Gebäude verfügt oberhalb eines Gewölbekellers über einen großen Saal, der an der Schmalseite ein Hauptportal aufweist und sich schon dadurch von der

86 Marburg, Schloss, Großer Saal im Saalbau, um 1295

übrigen spätmittelalterlichen Burgenarchitektur klar unterscheidet. Die Giebelfront ist durch zwei Türme flankiert, die runde Wendeltreppen enthalten. In einem rückwärtigen Querbau befinden sich zwei kleinere Säle. Der große, von Herzog Philipp dem Guten errichtete Saalbau im Palais Coudenberg in Brüssel scheint in der Mitte des 15. Jahrhunderts diesem Vorbild zu folgen. Saalbauten mit Ecktürmchen oder -risaliten dürften auf burgundische bzw. französische Vorbilder zurückzuführen sein; diesem Typ folgt etwa auch der reich durchfensterte zweigeschossige Saalbau der königlichen Burg in Montargis (14. Jahrhundert). Der unter den Habsburgern entstandene Saalbau der Lenzburg (Schweiz) aus der Mitte des 14. Jahrhunderts verfügt über einen niedrigeren Saal mit einer (rekonstruierten) breiten Front aus spitzbogigen Fenstern zum Tal sowie einen größeren Saal darüber. Hier wurde auf Ecktürmchen verzichtet. Eigenständige Saalbauten blieben dem führenden Adel vorbehalten und spielten bei der Mehrheit der Burgen keine Rolle.

Die Burgkapellen des späten Mittelalters unterscheiden sich

hinsichtlich ihrer Form und ihrer architektonischen Einbindung nicht von denen des Hochmittelalters. Gotische Burgkapellen wurden fast grundsätzlich als Anbau eines Wohnflügels (Marburg, Bösig/Bezděz, Ziesar) errichtet, eigenständige Kapellengebäude gibt es dagegen selten. Lediglich Doppelkapellen wie in Nürnberg und Eger wurden nicht mehr gebaut, was wohl mit der weitgehenden Einstellung des Baus von Pfalzen zusammenhängt. Prinzipiell gibt es aber in dieser Zeit – wenn auch selten – übereinanderliegende Kapellen, die durch eine kleine Öffnung miteinander verbunden sind (z. B. in Ingolstadt), durch welche man allerdings dem Gottesdienst im anderen Geschoss nur akustisch folgen konnte. Die meisten Kapellen zeichnen sich durch eine eher schlichte, häufig einschiffige Architektur aus, die mit ihren Rippengewölben, Maßwerkfenstern und Portalen dem vorherrschenden Stil der Gotik entsprach. Die Gewölbe benötigten Strebepfeiler am Außenbau; in Marburg sind diese nach innen gezogen und bewirken tiefe Nischen.

Die gotische Kapelle der gräflich-isenburgischen Burg in Büdingen (1495–1497) zeigt, welche Bedeutung Burgkapellen im Spätmittelalter hatten und welchen Aufwand man zuweilen zu treiben bereit war. Zur Einrichtung der Kapelle baute man die beiden Geschosse oberhalb der romanischen Kapelle aus, die seither nur noch als untergeordnetes Sockelgeschoss diente. Der ehemalige Wehrgang wurde als Empore in die Kapelle einbezogen. Die Ausmalung gotischer Burgkapellen ist häufig zumindest partiell erhalten; schon romanische Kapellen hatte man mit neuen Wandgemälden ausgestattet (Schloss Tirol). Oft bilden die Wandgemälde der Kapelle die einzige erhaltene bzw. nachweisbare malerische Ausgestaltung einer Burg, so etwa in Marburg, wo der Große Saal nur weiß getüncht war.

Von der Wohnstruktur mitteleuropäischer Burgen besitzen wir erst für die Jahrzehnte um 1500 ein genaueres Bild. Die Grundstruktur der Wohn- und Arbeitsräume bildet das bereits erwähnte Appartement, das vor allem für die Zeit zwischen etwa 1450 und 1650 belegt ist.[176] Die Appartements liegen meist in den Obergeschossen. Ein Vorraum kann das Appartement erschließen, ist aber nicht unabdingbar. Für die Zeit um 1500 kennen wir die Funktionen des Appartements nicht nur durch bauliche Befunde, sondern auch durch eine zunehmende Zahl von Inventaren, die Aufschluss über die mobile Ausstattung geben (aus dem 15. Jahrhundert z. B. Meißen, Trient, Runkelstein, aus dem 16. Jahrhundert z. B. Güstrow, Schmalkalden). Auch zur Küche gehörte oft eine Stube, ebenso wie zum Saal. Stube und Kammer lagen immer bei-, aber nicht unbedingt nebeneinander. Sie konnten auch in zwei Etagen übereinander angeordnet und dann durch Treppen direkt miteinander verbunden sein (Meißen, Boymont).

Mehrere Burgen, die Kaiser Karl IV. als böhmischer König errichten ließ, erlauben genauere Bestimmungen der einzelnen Räume. Burg Lauf weist im ersten Obergeschoss hinter einem Gang eine Stube und eine Kammer (Abb. 87) auf, Letztere mit einem Kamin und einem Abort. Die Burg Karlskrone ist ein längsgestreckter Bau, der von einem eckigen und einem halbrunden, turmartigen Bauteil eingefasst wird. In beiden Obergeschossen befand sich eine gewölbte Bohlenstube, im obersten Geschoss enthielt der Nachbarraum im Turm eine Kammer mit Abort. Das Appartement dürfte also in der Mitte des 14. Jahrhunderts in königlichen Burgen bereits verbreitet, womöglich sogar schon Standard gewesen sein. In der königlichen Burg Bösig/Bezděz (Böhmen) sind sowohl im Wohnbau des Königs als auch in dem des Burg-

87 Lauf a. d. Pegnitz, Kammer des Königs mit böhmischen Wappenreliefs, um 1355

grafen Raumgruppen aus einer Stube, einer kaminbeheizten Kammer und einem kleinen Saal erhalten.[177] Hier wurde also das aus Stube und Kammer bestehende Appartement um einen dritten Raum erweitert und eine besonders anspruchsvolle Wohnsituation geschaffen, die Ausweis des hohen Standes ihrer Bewohner war. Vermutlich diente der kleine Saal Zwecken, die sonst von der Kammer mit übernommen wurden, also insbesondere dem Empfang von Gästen.

In der Forchheimer Burg des Bamberger Bischofs Lambrecht entstand um 1391 ein großer Wohnbau, der infolge von Umbauten heute in den Hauptgeschossen jeweils zwei Säle enthält. Ursprünglich betrat man vom Hof aus eine große balkengedeckte und mit einem Kamin ausgestattete Halle im Erdgeschoss. Von dieser gelangte man in einen zweiten Raum, der kurz nach der Errichtung nachträglich (um 1398) mit einer Mittelstütze und einem Kreuzrippengewölbe ausgestattet wurde und sich durch eine Fußbodenheizung erwärmen ließ.[178] Vermutlich handelt es sich um eine Hofstube, einen zu dieser Zeit noch neuen Raumtyp, wobei eine Küche im angrenzenden Torflügel erst für 1561 nachgewiesen werden kann. Alternativ wäre angesichts der um 1400 entstandenen Wandmalerei eines thronenden Königs David zwischen einem Löwen und einem Kriegselefanten auch an einen Audienzsaal zu denken.

Im ersten Obergeschoss wiederholt sich der Grundriss mit zwei durch eine Mauer getrennten Raumbereichen. Im größeren Raumteil lässt sich für den ursprünglichen Zustand eine Bohlenstube als kleinerer Einbau rekonstruieren. Der verbleibende L-förmige Teil des größeren Raumes hatte einen Kamin sowie Zugang zu einem Abort und dürfte daher als Kammer gedient haben. Der andere Raumteil, über der vermuteten Hofstube des Erdgeschosses, war vermutlich ebenfalls aufgeteilt. Er erhielt nach wenigen Jahren ein Gewölbe und wurde aufwendig figürlich ausgemalt, der nördliche Teil mit biblischen Motiven, der südliche mit weltlichen. Möglicherweise handelt es sich hier also um die Burgkapelle und einen profan genutzten kleinen Saal. Das erste Obergeschoss war demnach die repräsentative Wohnetage des Bischofs mit einer Appartementstruktur.

Die vorgestellten Beispiele zeigen, dass in den Burgen des Spätmittelalters weit deutlicher als in den früh- und hochmittelalterlichen Burgen ein differenzierter Grundriss zur Regel wurde. Dieser umfasste neben Küche und Saal immer auch beheizbare Wohnräume wie Stuben und Kammern, die als Appartement häufig eine zusammengehörige Raumgruppe bildeten. Allerdings war das Appartement nicht das einzige Grundrisssystem für Wohnräume; vielmehr gab es unterschiedliche Varianten, wie die böhmischen Beispiele belegen. Die Kammern hatten nicht immer einen direkten Zugang zu einem Abort, denn die Abortanlagen waren in der Regel den Gegebenheiten des Standorts angepasst, um eine möglichst problemlose Entsorgung zu garantieren (Spesburg/Elsass, um 1260).

Zu den besonderen Merkmalen spätmittelalterlicher Wohnkultur gehört die repräsentative Ausstattung zahlreicher Räume durch Wandmalereien. Vermutlich waren bereits im Hochmittelalter in vielen Burgen – zumindest in hochadeligen Bauten – die Wände des Saals, aber auch anderer Wohnräume farbig bemalt. Figürliche Wandmalereien in Burgen sind in Mitteleuropa jedoch erst seit dem frühen 13. Jahrhundert überliefert, und ihre Zahl nimmt im Verlauf des Spätmittelalters erheblich zu. Zu den frühesten Beispielen zählt der sogenannte Iwein-Saal in der Südtiroler Burg Rodenegg (erstes Viertel 13. Jahrhundert). Es handelt sich um einen kaminbeheizten Erdgeschossraum, eine Kammer oder ein kleiner Saal, der mit Bildern aus der erst um 1200 niedergeschriebenen Iwein-Sage ausgemalt ist. Wiedergegeben sind die wichtigsten Episoden aus dem ersten Abschnitt der Geschichte des Helden Iwein bis zur Begegnung von Iwein und Lunete vor deren Hochzeit (ein abschließendes Bild ist verloren gegangen). Die Bildfolge umspannt die gesamten Wände des Raumes. Ebenfalls der Iwein-Sage gewidmet sind die Wandmalereien im «Hessenhof» in Schmalkalden (Thüringen), einem Adelshof der Zeit um 1200, in dessen (ehemaligem) Erdgeschoss die Malereien angebracht wurden. Die Beliebtheit von Ritterepen als Thema für Wandmalereien belegt auch der Saal im Wohnturm von Boberröhrsdorf/Siedlęcin (Schlesien), einem Sitz der Herzöge von Jauer. Die in der ersten Hälfte oder Mitte des 14. Jahrhunderts entstandenen Gemälde zeigen eine Bilderfolge aus der Artus-Sage, außerdem eine Darstellung des hl. Christophorus und weiterer Heiliger, nach 1368 ergänzt um das Wappen der Herren von Redern, die damals den Turm erwerben konnten.

Die umfangreichste profane Freskenausstattung des Spätmittelalters hat sich in Burg Runkelstein bei Bozen erhalten. Sie wurde um 1390/1400 von den Brüdern Vintler, einer Bozener Kaufmannsfamilie, die die Burg 1385 erworben hatte, in Auftrag gegeben. Die Wandgemäl-

88 Runkelstein, Sommerhaus, Wandgemälde mit der Garel-Sage, im Hintergrund eine regelmäßige Burg mit runden Ecktürmen

de, die ursprünglich in allen drei Wohnbauten der Burg anzutreffen waren, zeigen eine Folge von Burgen aus der Umgebung, Turnierszenen, Tanz und Spiel einer Hofgesellschaft, Jagdszenen, höfische Paare, einen Tier- und einen Wappenfries und verschiedene Einzelfiguren in Fensternischen. Das von den Vintlern errichtete «Sommerhaus» mit einem durch Arkaden zum Hof hin geöffneten Saal im Erdgeschoss sowie einem Appartement im Obergeschoss war mit Szenen aus den Geschichten von Tristan und Garel sowie von Wigaleus ausgestattet (Abb. 88); die Hoffassade ist mit der im Spätmittelalter sehr beliebten Reihe der «Neun Helden» sowie mit vorbildlichen Herrscherfiguren, berühmten Persönlichkeiten und Allegorien bemalt. Die in einigen Räumen nur noch in Resten erhaltene Bemalung lässt vermuten, dass ursprünglich nahezu alle Räume – Stuben, Kammern, Säle, Vorräume und Gänge – mit Wandbildern versehen waren, die von den Hausherren den anwesenden Gästen präsentiert und erklärt wurden. Die andauernde Wertschätzung besonders für die Wandmalereien mit Rittergeschichten zeigt 1508, rund ein Jahrhundert nach deren Entstehung, eine Anordnung Kaiser Maximilians I. (seit 1490 als Tiroler Landesherr Besitzer der Burg), die «guten, alten hystorien» restaurieren zu lassen. Möglicherweise versuchten die Vintler, die gute Kontakte zum österreichischen Herzoghof hatten und sich um eine Aufnahme in den Adelsstand bewarben, mit dem Kauf der Burg und deren Ausstattung ihrem Streben nach gesellschaftlichem Aufstieg Ausdruck zu verleihen.

Einen fürstlichen Auftraggeber hatte dagegen die gleichzeitige Ausstattung des Adlerturms der Trienter Bischofsburg (Castello del Buonconsiglio, um 1400). Es handelt sich um einen Torturm der Stadtmauer, dessen drei Obergeschosse mit vergleichsweise kleinen Räumen der Burg zugeschlagen wurden und nur von dort aus über den Wehrgang erreichbar waren. Die Räume wurden jedoch nicht wehrhaft, sondern als Wohn- und Schlafräume eingerichtet, möglicherweise für Gäste des Fürstbischofs; mit Sicherheit aber wurden sie den fürstlichen Gästen vorgeführt. Der Raum im mittleren Geschoss, der erste, den man betritt, wurde an allen vier Wänden mit einer Folge von zwölf Monatsbildern ausgestattet. Diese zeigen die für den jeweiligen Monat typischen Tätigkeiten, vor allem landwirtschaftliche Verrichtungen wie Eggen, Säen, Ernten und Weinlesen, aber auch Freizeitbeschäftigungen des Adels wie die Jagd, Minnespiele oder eine Schneeballschlacht. Berühmt sind die Fresken aber vor allem durch ihre realistische Wiedergabe von Landschaften und Architekturen. In einem der Bildfelder sind Burg und Stadt Trient, in einem anderen die Burg Stenico (Trentino) zu sehen, die gleichfalls dem Bischof von Trient gehörte. Die Fresken des Adlerturms belegen nicht zuletzt, dass die Burg selbst um 1400 zum Bildgegenstand in der Wandmalerei geworden ist. Ein noch früheres Beispiel dafür ist in einem Fresko aus der Mitte des 14. Jahrhunderts in der Burg Avio (Trentino) überliefert, das im Rahmen eines größeren historischen oder mythologischen Schlachtenbildes die Burganlage von Avio wiedererkennbar darstellt. Ab dem 15. Jahrhundert dann nehmen die Beispiele zu. So zeigt etwa ein um 1520 geschaffenes Wandgemälde in der Kapelle der Burg von Schwihau den hl. Georg vor der Silhouette der Burg.

Alle genannten Zyklen nehmen mit ihren figürlichen Bildern jeweils die obere Hälfte der Räume ein und bilden einen mehr oder weniger hohen fortlaufenden Fries, teilweise ergänzt durch ein weiteres, in der Regel schmaleres Bildband. Der Bereich darunter ist zumeist mit einem illusionistischen Wandbehang bemalt, soweit er nicht vertäfelt war. Dies verdeutlicht, dass auch die figürlichen Fresken von den mittelalterlichen Zeitgenossen eher als eine Art permanenter Ersatz für die äußerst kostbaren Bildteppiche angesehen wurden, die sich im entsprechenden Umfang wohl nur Mitglieder des Hochadels leisten konnten. Die Wandmalereien ergeben in den einzelnen Burgen kein inhaltliches Gesamtprogramm, das über den einzelnen Raum hinausreicht. Sie sind vor allem ein Ausweis der Dekorationsfreude und des modischen Geschmacks der Auftraggeber, die über die Wahl der Bildthemen auch ihre tatsächliche oder angestrebte Zugehörigkeit zum höfischen Milieu demonstrierten.

Zu den verbreiteten weltlichen Themen der Malerei, aber auch der Skulptur gehörte in dieser Zeit die dynastische Selbstdarstellung in Form von Wappen, Wappenfolgen und Genealogien. Wappendarstellungen auf Schilden sind ab der Zeit um 1200 nachzuweisen. Zu den frühesten Belegen gehört eine um 1196 illuminierte Handschrift des «Liber ad honorem Augusti» des Petrus von Ebulo (einer gereimten Chronik zu den Taten Kaiser Heinrichs VI., 1165–1197). Sie enthält mehrere Darstellungen von Rittern mit Wappenschilden.[179] In Burgen gibt es Wandmalereien mit Wappendarstellungen erst ab dem späten 13. Jahrhundert. Die älteste bekannte gemalte Wappenfolge stammt aus der «Gozzoburg» in Krems, also einem feudalen Stadtsitz. Ein weiteres frühes Beispiel sind die tapetenartig auf eine Wand gemalten Wappenbilder der Familie von Isenburg aus der Zeit nach 1332 in einem kleinen Saal ihres Stammschlosses Büdingen. Die älteste Folge von Reliefs ist der Wappenfries in der Kammer Karls IV. im Wenzelsschloss in Lauf (ab 1353). Einzelne Wappen an Fassaden, über Portalen, an Fenstern und Kaminen werden erst ab dem späten 14. Jahrhundert häufiger, sie sind letztlich ein Phänomen des späten Mittelalters und der Renaissance. Ein prominenter Fall ist die Hoffassade der Burg in Wiener Neustadt; sie wurde um 1453 mit 107 Wappen der Habsburger in feinen Reliefs, die um die zentrale Statue Kaiser Friedrichs III. gruppiert sind, ausgestattet. Ab der Mitte des 15. Jahrhunderts werden Wappen als Dekoration und Besitzerzeichen Bestandteil der Ausstattung von nahezu jeder Burg im deutschen Sprachraum. Die heutige Forschung kann sie zudem als Datierungsindiz nutzen, da die Wappen häufig einer konkreten Person zuzuordnen sind, was insbesondere für Allianzwappen (Wappenbilder von Ehepaaren) gilt.

Eine besondere Form, die Geschichte einer Familie zu repräsentieren, ist der Stammbaum. Die Habsburger haben besonders unter Kaiser Maximilian I. (1459–1519, Kaiser ab 1508) den eigenen Stammbaum mehrfach künstlerisch darstellen lassen, zunächst in illuminierten Handschriften, schließlich im bronzenen Grabdenkmal für Maximilian in der Innsbrucker Hofkirche (konzipiert ab etwa 1510, Bau der Kirche aber erst 1553–1563). Ihre Vasallen auf Burg Tratzberg ließen den Saal der Burg mit einem figurenreichen Stammbaum der Habsburger ausmalen (um 1505). Die Besitzerfamilie Tänzel entstammte ursprünglich dem Bürgertum. Durch den Bergbau reich geworden, beriefen sie sich mit dem Habsburger-Stammbaum unmittelbar auf den sie fördernden Landesherrn und demonstrierten ihren Einfluss.

Malereien waren aber nur eine Möglichkeit, die Burg wohnlicher und repräsentativer zu gestalten. Wo sie fehlen, muss man nicht unbedingt von Zerstörung ausgehen. Die meisten Säle, Stuben und Kammern waren vermutlich nie ausgemalt, sondern nur getüncht. Stuben waren jedoch ab dem 14./15. Jahrhundert häufig vollständig aus Holzwänden konstruiert oder mit Täfelungen ausgekleidet. Besonders die Säle dürften oft mit Wandteppichen geschmückt gewesen sein. Diese wurden zwar als wertvolles Mobiliar von ihren Besitzern, sofern sie mehrere Burgen besaßen, von einem Ort zum nächsten mitgenommen. Doch hat man sich die Ausstattung der benutzten Räume wesentlich reicher vorzustellen, als das reine Mauerwerk heute vermuten lässt.

Zwei Funktionsbereiche waren für das Wohnen in der Burg unverzichtbar, nämlich die Küche und die Wasserversorgung. Beispielhaft seien hier die spätmittelalterlichen Küchen in Guttenberg, Reifenstein (Südtirol) und Rappottenstein (Niederösterreich, Abb. 89) betrachtet. Zunächst stellt man fest, dass sich die Küchen angesichts ihrer offenen Herdstellen nicht wesentlich von hochmittelalterlichen Beispielen unterscheiden. Der Rauch des Herdfeuers wurde offen über einen Schornstein abgeleitet, doch ließ sich nicht verhindern, dass er sich im Küchenraum und eventuell auch in angrenzenden Räumen verteilte. Für die gleichzeitige Zubereitung mehrerer Speisen, wie sie der Speiseplan einer fürstlichen Familie erforderte, war eine große Herdfläche nötig. Für die Mehrzahl der Burgen reichte jedoch eine Küche aus, die sich in der Grö-

89 Rappottenstein (Niederösterreich), Burg, Küche

ße kaum von anderen Räumen unterschied. Herde waren im Spätmittelalter im Unterschied zu früheren Jahrhunderten immer aufgemauert. Vollständig erhalten ist die spätmittelalterliche Küche der Burg Reifenstein. Der Herd wird durch ein Fenster beleuchtet, der Rauch wurde durch einen Rauchfang auf einem hölzernen Tragbalken teilweise abgeleitet, doch hat sich viel Rauch auch an den Wänden und Gewölben niedergeschlagen. Neben dem Herdplatz gibt es eine Ausgussöffnung für Brauchwasser, das Frischwasser konnte aus der Hofzisterne gewonnen werden. Regale und Haken dienten der Unterbringung der Gerätschaften, Schränke gab es nicht.

Im 16. Jahrhundert verbreitete sich die Tendenz zur stärkeren Aufteilung des Küchenraums in verschiedene Funktionsbereiche. Gut ablesbar ist diese Entwicklung in Guttenberg, das neben einer älteren Küche aus der Mitte des 15. Jahrhunderts im selben Gebäude eine jüngere Küche aus dem 16. Jahrhundert besitzt. Die ältere Küche weist unter einem großen Tonnengewölbe keine Einbauten auf, die Hinweise auf eine etwaige Raumgliederung geben. Hingegen wird in der Küche des 16. Jahrhunderts die Herdstelle durch einen quadergemauerten Bogen abgegrenzt. Dieser diente zugleich als Auflager des Rauchabzugs, der den gesamten Herdbereich überdeckte und den Rauch nun effizienter abführte. Andernorts finden sich abgeteilte Herdstellen schon im 15. Jahrhundert (z. B. Füssen, 1494). Auch für die Lage des Backofens lassen sich unterschiedliche Lösungen finden – er konnte sich entweder räumlich abgetrennt in der Küche oder in einem eigenen Raum (z. B. Obermontani/Südtirol) befinden. In Guttenberg ist der Backofen in der jüngeren Küche mit untergebracht, in der älteren ist kein Backofen nachweisbar.

Küchen konnten in einen Wohnbau integriert oder in einem eigenen Gebäude untergebracht sein. Die Gründe dafür sind von Burg zu Burg sehr unterschiedlich. Ein eigener Küchenbau bot den Vorteil, dass man die Herdstelle mit einer großen Kaminhaube überdecken konnte, ohne damit die oberen Stockwerke zu beeinträchtigen. Darüber hinaus konnte in ihm gekocht werden, ohne dass Rauch oder Essensdünste in die Wohnräume drangen. Inwieweit auch Überlegungen zum Brandschutz eine Rolle gespielt haben, ist schwer zu entscheiden; offene Feuerstellen gab es ja nahezu in jedem Wohnhaus. Die Größe einer Burganlage war für die Einrichtung eines eigenen Küchenbaus nicht unbedingt entscheidend; so haben auch mittelgroße Burgen wie Aggstein (Niederösterreich), Cadolzburg (Franken) und Burgk (Thüringen) einen eigenen Küchenbau.

Küchen befanden sich nahezu immer im Erdgeschoss, da von hier aus der Zugang zu Wasserstellen am leichtesten zu gewährleisten war. In Reifenstein geht man vom Burgeingang einige Stufen hinauf bis zur Küche, was jedoch der Lage auf einem steilen Felsen geschuldet ist. Die tiefste Stelle des dortigen Burghofs nimmt eine Zisterne ein, und die Lage der Küche ist ein Kompromiss zwischen der Nähe zur Wasserstelle und zu den Wohnräumen; einen Speiseraum direkt neben der Küche besitzt Reifenstein nicht. Eine schnelle Verbindung zwischen der Küche und dem Raum zum Speisen wurde zumindest ab dem 15. Jahrhundert als ideal angesehen, wenn man entsprechenden baulichen Spuren folgt; vermutlich gab es jedoch einen beheizbaren Raum im Erdgeschoss in Küchennähe vor allem in den Höfen, d. h. den Burgen und späteren Residenzen des Hochadels, schon früher. So befanden sich in Marburg der kleine Saal im Saalbau und die Küche nebeneinander.[180] Aus Hofordnungen ab dem späten 15. Jahrhundert weiß man, dass bis in diese Zeit hinein in der Regel der gesamte Hof zum Essen versammelt war; der fürstliche Tisch war häufig etwas erhöht. Die Separierung der Herrschaft beim Essen erfolgte am burgundischen Hof im 15. Jahrhundert, an den meisten mitteleuropäischen Höfen jedoch kaum vor dem späteren 16. Jahrhundert. Daher lässt sich spätestens seit dem 15. Jahrhundert, vereinzelt auch schon früher, eine räumliche Verbindung zwischen der Küche und einem alltäglichen Speiseraum aller Burgbewohner nachweisen, der als «Hofstube» oder «Dürnitz» bezeichnet wird und immer beheizbar war. Oft lagen die Räume sogar nebeneinander, was den Weg vom Herd zur Speisetafel entsprechend verkürzte. Es gab eine klare Tischordnung, und manche Hofordnungen benennen sogar den Umfang der an bestimmten Tagen jeweils zu reichenden Speisen. Zumindest an den Tischen des adligen Personals saß man nur an einer Längsseite und gegebenenfalls an den beiden Schmalseiten – von der anderen Längsseite wurde bedient. Die Tafeln waren aus Brettern und Gestellen einfach herzustellen und schnell wieder abzubauen; zum Essen legte man Tischtücher auf.

Während die Küchen in kleineren Adelsburgen wie Guttenberg oder Reifenstein durchschnittlich wohl kaum mehr als zehn oder zwanzig Personen zu versorgen hatten, musste in Fürstenburgen für sehr viel mehr Menschen gekocht werden. War der Fürst zugegen, konnte die Zahl der zu Versorgenden durchaus hundert überschreiten, bezieht man die Familie, den Hofstaat, das Verwaltungspersonal, mögliche Gäste sowie die Knechte und Mägde mit ein. Im letzten Drittel des 16. Jahrhunderts wuchs das Personal durch die Intensivierung der Verwaltung zum Beispiel am landgräflichen Hof in Hessen-Kassel von rund 180 Personen (um 1510) auf mehr als 250 an, so dass ein gemeinschaftliches Essen an einem solchen Hof nun kaum noch möglich gewesen sein dürfte. Im 15. und 16. Jahrhundert waren einige Küchen mit Klappläden zum Burghof, häufig in segmentbogiger Form, ausgestattet. Diese waren offenbar zum Abstellen von Speisen für das Burgpersonal gedacht, das wie etwa die Torwache nicht zum gemeinsamen Essen in die Hofstube kommen konnte (Guttenberg, Rappottenstein, Pürnstein/Oberösterreich, Bruneck/Südtirol, im 16. Jahrhundert Stadthagen).

Eng mit dem Thema Küche ist die Frage der Wasserversorgung und der Entsorgung verbunden. Die Entsorgung erfolgte durch die Aborte (Abb. 90), meist Erker oder Schächte, sowie durch Wasserauslässe bei den Küchen. Fäkaliengruben wie in norddeutschen Städten des Mittelalters waren in Burgen hingegen kaum üblich. Tiefe Burgbrunnen kamen mit wenigen Ausnahmen erst im späten Mittelalter auf und dann nur bei Höhenburgen. Nahezu alle bekannten Burgbrunnen im römisch-deutschen Reich von mehr als dreißig Metern Tiefe wurden erst im 15., 16. oder frühen 17. Jahrhundert gegraben (Heldburg, um 1560, 114 m; Homberg/Efze, 1605–1613, 150 m), mit den oben erwähnten hochmittelalterlichen Ausnahmen, dem Kyffhäuser und dem Trifels. Die Technik zum Graben tiefer Brunnen war angesichts einer nur geringen Zahl von bergmännisch erfahrenen Spezialisten so teuer, dass sie kaum jemand finanzieren konnte.[181] So entstanden selbst vom 14. bis zum 18. Jahrhundert immer noch zahlreiche Zisternen, obwohl die Anzahl der Tiefbrunnen allmählich zunahm. Wie lange Zisternen üblich blieben,

90 Pürnstein (Oberösterreich), Burg, Abort

mag das Beispiel der Burg (Vorder-)Frankenberg bei Uffenheim zeigen. Der Neubau von 1525/30 erhielt im Kellergeschoss eines Längsflügels eine große gewölbte Zisterne, zu der man über den gesamten Hof gemauerte Wasserleitungen führte, um möglichst kein Wasser zu verlieren. Die Erneuerung der Zisterne in Heldburg erfolgte 1712, der mit einer Bauinschrift versehene Neubau in Tarasp im Jahre 1732.

Der Wasserbedarf wird allgemein mit täglich fünf Litern pro Person und rund dreißig Litern für Pferde und Rinder angegeben.[182] Da bis ins 15. Jahrhundert fast ausschließlich Zisternenwasser zur Verfügung stand, war die Qualität entsprechend schlecht. Sicher wurde Wasser dennoch ungefiltert und nicht abgekocht getrunken, doch es ließ sich auch zu leichtem Bier verarbeiten, das eines der Hauptgetränke im Mittelalter darstellte. Rechnungsquellen sprechen von einem Tagesbedarf von rund zwei Litern pro Person, die selbst Kindern zustanden. Der Rest des Wassers diente zum Kochen, zum Putzen und Geschirrreinigen und zur täglichen Hygiene; für das Baden muss wohl weiterer Wasserbedarf veranschlagt werden.

Zusammenfassung

Der Burgenbau erlebte im Spätmittelalter entgegen der vielfach verbreiteten Forschungsmeinung keinesfalls eine Phase der Beharrung, sondern vielmehr der intensiven Weiterentwicklung. Eine strikte Zäsur zwischen Stauferzeit und Spätmittelalter ist nicht in allen Bereichen des Burgenbaus festzustellen. Einige Bauten und Bauteile wurden seit der Stauferzeit in Grundform und Funktion unverändert weiter errichtet, was seitens der Forschung immer wieder zu Fehldatierungen geführt hat: Dies gilt etwa für den Sinwellturm in Nürnberg, den man in das 12. Jahrhundert datierte statt in die Jahre um 1275; die Entstehung der Ronneburg wurde im frühen 13. statt im frühen 14. Jahrhundert vermutet; und den Bergfried der Burg Rötteln versetzte man ins 11. statt ins 13. Jahrhundert. Zu den grundlegenden Entwicklungen des Spätmittelalters gehört das tendenzielle «Höhenwachstum» der Burgen. Dächer wurden steiler konstruiert, zusätzliche Geschosse gebaut, wodurch die Wohnbauten grundsätzlich höher wurden. Schützende Ringmauern sowie Haupttürme folgen diesem Trend. Die spätmittelalterliche Burg ist durchschnittlich wohl um ein Stockwerk höher als die hochmittelalterliche. Die Wohnbauten erhielten differenziertere Grundrisse. Angefangen im zweiten Viertel des 13. Jahrhunderts, lassen sich zunehmend Appartements nachweisen, die für die Struktur der Wohnräume kennzeichnend wurden. Wahrscheinlich gehörte das Appartement ab dem 14. Jahrhundert zu jeder Burg.

Eine ganze Reihe von bau- wie wehrtechnischen Elementen kommt im Laufe des Spätmittelalters erstmals vor, von gotischen Stilelementen an Gewölben, Portalen und Fenstern ganz abgesehen. Die bedeutendsten Neuerungen des Spätmittelalters sind die Hinzufügung des Zwingers als äußerer Befestigungsring und die Ausstattung der Zwingermauer, oft auch der Ringmauer, mit flankierenden Türmen. Letztere bewirkten eine zunehmende Regelmäßigkeit der Burganlagen. Man versuchte, flankierende Türme so an den Ecken aufzustellen, dass man mit möglichst geringem Aufwand einen möglichst hohen Schutz gewährleisten konnte. Viele Burgen wurden nach außen vergrößert; Ring- und Zwingermauern erhielten eine größere Länge als die Ringmauern des Hochmittelalters. Daher suchte man nach Möglichkeiten, Baumaterial zu sparen und die Baugeschwindigkeit zu erhöhen. Bruchsteinmauern einerseits und Mauern mit Sparbögen andererseits waren die Folge. Eine weitere wehrtechnische Innovation sind Schießscharten, für die es zwar erste Beispiele schon im zweiten Viertel des 13. Jahrhunderts gibt, die sich jedoch erst ab etwa 1250 verbreiteten. Die Burgtore wurden zunehmend durch Fallgatter gesichert und erstmals auch durch Zugbrücken, die im Spätmittelalter und in der Frühen Neuzeit zum Standard wurden. Die Reaktion auf die Entwicklung der Feuerwaffen erfolgte vor allem durch die Errichtung von einzelnen Batterietürmen oder Zwingern mit mehreren Türmen. Sie bildeten erste festungsartige Ausbauten der Burg, deren Hauptaufgabe aber weiterhin darin bestand, einen dauerhaften Wohnplatz für den Burgherrn bereitzustellen.

6. DIE BURG IN DER NEUZEIT

Allgemeine Entwicklung

Nach der klassischen Epocheneinteilung der Geschichtswissenschaft gilt die Zeit um 1500 als Wende vom Mittelalter zur Neuzeit. Auch die Burgenforschung sah diese Zeit lange als Umbruchszeit an. Mit dem Ende des Mittelalters, so sagte man, sei auch das Ende der Burg als eines verteidigungsfähigen Wohnsitzes der Herrschaft gekommen.[183] Durch die gewandelten Ansprüche an Wohnkomfort und Repräsentation und durch die zunehmende Verbreitung schwerer Feuerwaffen sei die Burg als Wohn- und Wehrbau endgültig unmodern geworden. Entsprechend hätten viele Adlige ihre im Bauernkrieg 1525 zerstörten Burgen nicht mehr wiederaufgebaut, sondern lieber ganz aufgegeben und an einem bequemeren Standort ein Renaissanceschloss als Wohnstätte errichtet. Zur Verteidigung seien dagegen die rein militärischen Festungen gebaut worden. Die Burg als wehrhafter Wohnbau vor allem des Adels wurde demnach durch zwei neue Bautypen ersetzt: das Schloss und die Festung. Unterstützt wurde eine derart kategorische Epochentrennung – die den historischen Tatsachen nicht gerecht wird – durch die universitäre Aufspaltung in Lehrstühle für das Mittelalter und solche für die Neuzeit, wobei Burgenforscher institutionell öfter im Mittelalter verankert sind und nur selten den Schritt über die vermeintlich fixe Epochengrenze hinaus wagen. Dadurch wurde die nachmittelalterliche Geschichte der Burgen bisher kaum thematisiert und die vielfältigen Formen der Kontinuität und des Übergangs nur selten untersucht.[184] Zu den Ausnahmen gehören die Arbeit von Ulrich Schütte zur Wehrhaftigkeit von Renaissanceschlössern[185] und die Publikationen zur Doppel-Ausstellung «Die Burg» (2010), in denen zahlreiche Beispiele für die Weiternutzung von Burgen – sowohl für Wohn- wie für Verteidigungszwecke – bis in die Jahrzehnte um 1700 und darüber hinaus vereint sind.[186]

Die rechtliche Situation der Burg blieb in der Frühen Neuzeit grundsätzlich unverändert. Zur Burg gehörte weiterhin eine Grundherrschaft, also der Besitz kleinerer oder größerer Ländereien sowie weiterer Rechte (z. B. Zölle, Bergwerke, Gerichte). Diese Rechte galten weiterhin auch dann noch, wenn die Burg zur Ruine verfallen war. Die Burg Münzenberg in der Wetterau verfiel bereits um 1600, doch konnten die «Anteilseigner» (Stolberg-Gedern und Kurmainz, später auch Hanau) die Einkünfte aus der Herrschaft, die rund hundert Orte umfasste, nutzen, ohne die Burg selbst zu unterhalten. Die Übertragung des Besitzes erfolgte auch weiterhin über den Weg der Belehnung. Das Lehnswesen erlosch in Mitteleuropa erst mit der Auflösung des Heiligen Römischen Reiches Deutscher Nation 1806; im österreichischen Kaiserreich (ab 1804) wurden Lehnsurkunden sogar noch bis 1918 ausgestellt (Burg Lichtenwert in Tirol, 1862).[187]

91 Tratzberg, Ansicht der Burg vom Inntal aus

Ein bereits im Spätmittelalter, vor allem aber in der Frühen Neuzeit zu beobachtendes Phänomen sind Bürger als Burgenbesitzer. Im Spätmittelalter hatten einzelne kapitalkräftige Kaufleute und Unternehmer Burgen erworben. Zu ihnen gehörten die auch als Bergwerksunternehmer tätigen Tänzel (Burg Tratzberg/Tirol, Abb. 91) und Fieger (Burg Friedberg/Tirol), die Kaufmanns- und Patrizierfamilie Fugger aus Augsburg (Burg Kirchheim/Schwaben), die Handwerkerfamilie Fütterer (Neunhof bei Nürnberg) und die erwähnten Bozener Kaufleute Vintler, die auch als Finanzberater des österreichischen Herzogs tätig waren. Als Mittelpunkt einer Herrschaft, selbst einer kleinen, war eine Burg nicht nur eine wertvolle Immobilie, sondern ermöglichte ihren Besitzern oft auch die Erhebung vom Bürger- in den niederen Adelsstand. Ein prominentes Beispiel ist der Barockmaler Peter Paul Rubens, der als Bürger von Antwerpen 1635 den Burgsitz «Het Steen» südlich von Mechelen und damit auch das Recht erwarb, sich nun offiziell «Herr van Steen» zu nennen.

Die Burg zur Zeit der Renaissance

Der Beginn der Neuzeit ist kunsthistorisch als Epoche der Renaissance bekannt. Sie beginnt in Italien bereits im frühen 15., nördlich der Alpen aber weitgehend erst in der Mitte oder gegen Ende des 15. Jahrhunderts. Der neue Stil dieser Epoche ist durch das Wiederaufleben antiker Formen bestimmt. In der Architektur griff man römisch-antike Säulenordnungen, antike Strukturen sowie antike bzw. antikisierende Ornamentik wieder auf und begann, die klassischen Proportionen, d. h. die Maßverhältnisse der einzelnen Architekturglieder untereinander, wieder zu beachten. Beides hatte man in der Epoche der Gotik nur sehr bedingt getan. Als typisches Merkmal der Renaissance gelten etwa die Hofarkaden, die sich nördlich der Alpen erstmals auf Schloss Tratzberg (um 1502, noch spitzbogig), wenig später im Fuggerhaus in Schwaz und – in klassischen Renaissanceproportionen – in den Fuggerhäusern in Augsburg nachweisen lassen.

Den Übergang vom Mittelalter zur Neuzeit können in baulicher Hinsicht zwei Burgen markieren, die trotz rein gotischer Formen von der Forschung nicht zu Unrecht auch als früheste «neuzeitliche» Burgen bezeichnet werden: das Neue Schloss in Ingolstadt und die Albrechtsburg in Meißen (Abb. 92). Letztere wurde 1471–1485 als gemeinsame Residenz für Kurfürst Ernst und Herzog Albrecht von Sachsen errichtet, nach der Teilung des Landes 1485 aber von Herzog Albrecht allein vollendet und genutzt. Die Fassaden weisen an allen Seiten große Fenster in klaren Achsen auf, die zusätzlich durch kleine Zwerchgiebel betont werden. Wehraspekte sind nahezu vollständig ausgeblendet. Zwar gibt es in den beiden Kellergeschossen einzelne Öffnungen, die schlitzartig schmal sind, und in den Baurechnungen wird ausdrücklich von Schießfenstern gesprochen; die meisten dieser Öffnungen sind jedoch so angeordnet, dass ein Angreifer nur dann hätte abgewehrt werden können, wenn er wirklich unmittelbar vor der Öffnung gestanden hätte.[188] Lediglich die schmale Scharte neben der «Ausfallpforte» im oberen Kellergeschoss erlaubte es, mit einem Bogen oder einer Armbrust ins Tal zu schießen. Dann allerdings hätte ein Angreifer versuchen müssen, statt durch die Tür durch ebendiesen Schlitz in die Burg einzudringen, da der Schlitz die Tür überhaupt nicht sicherte und nicht einmal auf das Vorfeld der Tür hin ausgerichtet ist. Selbst die spärlichen Reste von Wehrhaftigkeit dürften also eher als dekorativ zu verstehen sein. Die Albrechtsburg konnte zwar verschlossen, aber kaum aktiv verteidigt werden.

Kennzeichnend für die Raumstruktur dieser Burg ist die konsequente Aufteilung in Appartements aus Stube und Kammer.[189] In den Wohngeschossen sind nahezu alle Innenräume vom Saal bis zu den Nebengemächern aufwendig gewölbt. Im ersten Obergeschoss befinden sich der Festsaal und – eine Besonderheit von Meißen – die etwa gleich große Hofstube, an die sich noch eine Tafelstube anschloss. Üblicherweise lag die Hofstube neben der Küche, doch eine Küche gab es im gesamten Bauwerk nicht – sie muss zunächst in einem Nebengebäude untergebracht gewesen sein. Die ursprünglichen Nebengebäude sind allerdings durch die industrielle Nutzung des Schlosses ab dem 18. Jahrhundert (Porzellanmanufaktur) nicht mehr erhalten. Die Wohnnutzung reichte bis in das untere Dachgeschoss, das dementsprechend ausgebaut war.

Ähnlich dem Meißner Schloss ist auch das sogenannte Neue Schloss in Ingolstadt ein Bauwerk, das trotz spätgotischer Detailformen (Säulen, Gewölbe, Portale) bereits einem neuzeitlichen Bautyp zu entsprechen scheint. Es wurde ab etwa 1420 für die Herzöge von Bayern-

Ingolstadt errichtet. Zumindest der Rohbau muss um 1420 unter Ludwig VII. (reg. 1413–1443) entstanden sein, der weitere Ausbau erfolgte nach einer längeren Unterbrechung ab etwa 1480 unter Herzog Georg dem Reichen (reg. 1479–1503). Die Gesamtanlage ist durch geschlossene Mauerzüge mit Türmen gekennzeichnet, die fast alle mit Gebäuden verbunden sind. Neuartig ist insbesondere der repräsentative Hauptbau. Dieser hat auf der Stadtseite eine gerade Front, die nicht durch einen Treppenturm unterbrochen wird. Der Aufgang ist in das Innere des Gebäudes verlegt und war ursprünglich wohl eine steile, einläufige Treppe, die im 17. Jahrhundert durch eine bequemere zweiläufige ersetzt wurde. Links des Treppenhauses gibt es in allen Geschossen große Säle: Die Hofstube im Erdgeschoss war durch eine Zugbrücke mit dem benachbarten Gebäude verbunden, das die Küche enthielt. Heute erscheint es ganz ungewöhnlich, dass zwei funktional eng zusammengehörende Räume auf zwei Gebäude verteilt und nur über eine schmale Zugbrücke verbunden waren. Im Obergeschoss befindet sich der große Festsaal. Rechts der Treppe liegen die sehr großzügigen Appartements für den Burgherrn und seine Gemahlin, wobei die herzoglichen Appartements auch als Beratungszimmer dienten.

Beide Gebäudehälften waren außer durch den Treppenbereich noch durch die doppelgeschossige Kapelle verbunden, die an der Außenfassade nur als bescheidener Kapellenerker erscheint. Ihre beiden Geschosse sind durch eine kleine Bodenöff-

92 Meißen, Schloss, Hof mit Treppenturm vor dem Wohnbau, 1471–1485

nung miteinander verbunden, so dass man einer Messe im jeweils anderen Geschoss akustisch hätte folgen können. Der Herzog besaß zudem eine eigene Loge, von der aus er dem Gottesdienst beiwohnen konnte. Die Mauern der Kapelle tragen Wandmalereien, im Untergeschoss Christus als Weltenrichter, Christophorus und verschiedenen Heilige, im Obergeschoss die Heiligen Sebastian und Margaretha sowie die Leidenswerkzeuge Christi. Die hohen Ecktürme des Schlosses auf der Feldseite suggerieren zwar Verteidigungsbereitschaft, waren jedoch weitgehend in die Wohnnutzung einbezogen; nur im Untergeschoss finden sich Maulscharten für Hakenbüchsen. Die Gesamtanlage wird von einer

93 Heldburg, Luftaufnahme von Süden, im Vordergrund der «Französische Bau», links der «Kommandantenbau», rechts der «Heidenbau»

Ringmauer und einem breiten Graben umzogen, die gleichfalls eine Verteidigung ermöglichten.

Die Beispiele von Ingolstadt und Meißen zeigen, wie schwierig es ist, auf der Grundlage der bislang gängigen Definitionen von Burg und Schloss eine klare architektonische Gattungs- und Epochenzuordnung der einzelnen Bauwerke vorzunehmen. Noch schwieriger ist eine solche Aussage bei der Mehrheit der Bauten, die anders als Ingolstadt und Meißen keine weitgehenden Neubauten waren, sondern mittelalterliche Anlagen, die in der Renaissance mehr oder weniger modernisiert weitergenutzt wurden. Dabei lässt sich feststellen, dass – entgegen der Meinung der älteren Burgenforschung – die Bauernkriege keineswegs das Ende der Burg eingeleitet haben. Vielmehr begannen die meisten Burgherren nach den Zerstörungen durch die Bauernhaufen (besonders betroffen war die Region zwischen Main und Neckar) bald mit dem Wiederaufbau ihrer Anlagen. Wie das Beispiel der Burg Hornberg an der Jagst zeigt, wurde der Charakter der mittelalterlichen Burganlagen beim Wiederaufbau ab 1525 weitgehend beibehalten und den Anlagen keineswegs festungsähnliche Züge verliehen. Eine Ausnahme ist der Hohenstaufen, der nach der Zerstörung aufgegeben wurde und dessen Baumaterial teilweise zum Bau des Schlosses in Göppingen genutzt worden sein soll.

Auch andernorts gab es für den Umgang mit mittelalterlichen Bauten neben der völligen Aufgabe mehrere Alternativen. Die Bandbreite reicht von der kontinuierlichen Weiternutzung bei geringer baulicher Veränderung über Umbauten und Modernisierungen oder umfassende bis komplette Neubauten am alten Standort bis hin zur vereinzelten Verlagerung des Standortes, insbesondere im Sinne einer «Rückwanderung» der Burg von der Anhöhe ins Tal. Ob eine Burg aufgegeben oder weitergenutzt wurde, hing dabei nur in geringem Maße von einer etwaigen Beschädigung oder Zerstörung ab.

Der Umgang mit Burgen dürfte vor allem von örtlichen Bedingungen, der Zugänglichkeit der Anlage und ihrer künftigen Funktion beeinflusst worden sein. Am Mittelrhein bildet Burg Rheinstein ein frühes Beispiel für eine aufgegebene Burg. Sie wird bereits 1524 als verfallen geschildert, also noch vor den Bauernkriegen. Die Weidelsburg bei Wolfhagen in Nordhessen, gegründet als gemeinsame Burg der Landgrafen von Hessen und der Grafen von Waldeck gegen das Erzbistum Mainz, verlor durch ausgleichende Verhandlungen mit Mainz schnell ihre Funktion. Nach dem Tod eines Vasallen wurde sie in der zweiten Hälfte des 16. Jahrhunderts aufgegeben und verfiel zur Ruine. Die Mehrheit der Burgen wurde jedoch bei geringen baulichen Veränderungen weitergenutzt. Manche Burg blieb wehrtechnisch sogar in dem Zustand, den sie bis um 1500 erreicht hatte, und wurde nicht mit zusätzlichen, modernen militärischen Befestigungen versehen. Als Beispiele hierfür kann man etwa die Burg Rabenstein (Brandenburg), Wittstock (Brandenburg) und Linn bei Krefeld nennen.

Für Umbauten und Modernisierungen am alten Standort ist die Veste Heldburg in Thüringen ein gutes Beispiel (Abb. 93). Sie entstand im späten 12. Jahrhundert auf einem Bergkegel oberhalb des gleichnamigen Städtchens. Von einem Neubau des 13. Jahrhunderts haben sich einige Gebäudeteile erhalten. Zu ihnen gehören die Umfassungsmauern der Burgkapelle und der Torbau, möglicherweise auch die Mauerteile eines ansonsten nicht mehr vorhandenen quadratischen Torturms mit Buckelquadern an den Ecken. Durch archäologische Untersuchungen wurde ein den Burghof teilender Graben festgestellt, der die Anlage ursprünglich in eine Vor- und eine Hauptburg untergliederte. Die weitere Bebauung dieser Zeit ist jedoch unbekannt. Ende des 15. Jahrhunderts entstand an der Nordseite ein quadergemauerter Neubau («Heidenbau»), den man teilweise über die alte Ringmauer hinausschob und an der Außenseite mit einigen Schießscharten ausstattete, um die Wehrhaftigkeit der Burg zu wahren. Wenig später fügte man außen an die alte Ringmauer einen Küchenbau an.

Als wichtigster Neubau jedoch entstand 1558–1562 der zum Hof hin zwei-, nach außen viergeschossige «Französische Bau». Seine Hoffassade nutzt die alte Ringmauer, nach außen ist er vollständig vor die Burgmauer gesetzt, die fortan keine Verteidigungslinie mehr war. Im Kellergeschoss kann man die Felskante der hochmittelalterlichen Burg sehen. Auch der Torflügel wurde bei dieser Gelegenheit erneuert, und über dem Tor errichtete man einen zum Hauptturm ausgebauten Treppenturm. Einen mittelalterlichen Bergfried scheint es nicht gegeben zu haben. Die dergestalt erweiterte Höhenburg diente weiterhin als (Neben-)Residenz der Herzöge von Sachsen. Ein mit Plänen versehenes Inventar von 1665 zählt die Räumlichkeiten der Burg auf, wodurch alle damals vorhandenen Räume identifizierbar sind. 1680 wurde die Heldburg nach einer Erbteilung für kurze Zeit Hauptresidenz, erst kurz vor

1700 wurde diese Funktion zugunsten von Hildburghausen aufgegeben. Im 18. Jahrhundert blieb die Burg Amtssitz. Im frühen 18. Jahrhundert wurde sie sogar mit einer aus Erde aufgeschütteten modernen Bastionärbefestigung umgeben, deren Spuren sich heute noch im Gelände abzeichnen. Wirklich funktionslos wurde sie wohl erst im späten 18. oder frühen 19. Jahrhundert, wie sich am Verfall einiger Bauten ablesen lässt. Gegen Ende des 19. Jahrhunderts erfolgte bereits die Erneuerung als fürstlicher Wohnsitz: Herzog Georg II. von Sachsen-Meiningen (1826–1914) baute die Heldburg als Wohnstätte seiner Frau aus, der Schauspielerin Ellen Franz (1839–1923), die er zur Freifrau von Heldburg machte. Nach der Enteignung 1945 und einer Phase als Kinderheim wurde die Burg 2005 zum Standort des Deutschen Burgenmuseums (Eröffnung 2015). Bis auf die kurze Zeitspanne um 1800 ist die Heldburg somit beispielhaft für die kontinuierliche Nutzung einer Burg seit ihren Ursprüngen im Mittelalter.

Umfangreichere Ausbauten bei Bewahrung der mittelalterlichen Struktur kennzeichnen auch die oberhalb der Stadt Landshut gelegene Burg Trausnitz, Residenz der bayerischen Herzöge. Die auf das 13. Jahrhundert zurückgehende Burganlage mit einem bewohnbaren Hauptturm (Wittelsbacher Turm), einem Wohn-, einem Saal- («Fürstenbau» und «Dürnitz») und einem Küchenbau («Damenstock») sowie mit Toranlagen und Wehrmauern ist ein typischer mittelalterlicher Gruppenbau. Sie wurde im Laufe des 16. Jahrhunderts unter den Herzögen Ludwig X. (reg. 1516–1545) und Wilhelm V. (reg. 1579–1597) sukzessive zur Renaissanceresidenz ausgebaut, wobei Ludwig X. vor allem bestehende Wohngebäude und die Kapelle neu ausstatten ließ, überwiegend noch in spätgotischem Stil. Unter Wilhelm V. entstanden insbesondere die Hofarkaden sowie die Narrentreppe. Durch die Hofarkaden der beiden Wohnflügel wurde eine optische Vereinheitlichung des Gruppenbaus im Stil der Renaissance bewirkt (um 1575/78). Die gleichzeitige Anlage und Ausmalung der «Narrentreppe» am Wohnbau sowie die barocke Ausmalung mehrerer Räume im Fürstenbau belegen die kontinuierliche Weiternutzung als landesfürstliche Nebenresidenz, deren äußere Wehranlagen bei allen Ausbauten beibehalten wurden. Erst im 18. Jahrhundert erlosch das fürstliche Interesse an der Höhenburg, und ab 1762 diente Burg Trausnitz als Wollzeug- und Seidenmanufaktur.

Ein drittes Beispiel für eine im 16. Jahrhundert modernisierte fürstliche Residenz ist die Heidelberger Burg bzw. das Heidelberger Schloss. Hier blieb allerdings trotz umfangreicher Neubauten im 16. Jahrhundert das mittelalterliche Prinzip des Gruppenbaus bewahrt. Zwar entstanden um 1470/80 die erwähnten Batterietürme und ab der Mitte des 16. Jahrhunderts mehrere Wohnflügel, deren sehr auffällige Renaissancearchitektur mit reichem Dekor versehen ist («Gläserner» Saalbau, um 1550; Ottheinrichsbau, 1556–1566; Friedrichsbau, 1601–1607; Englischer Bau, ab 1612). Doch eine Vereinheitlichung der Fassaden oder der Dachgestaltung wurde nicht angestrebt, wie sie in Landshut durch die Hofarkaden erreicht wurde. Stattdessen wurde in Heidelberg die mit einer Ringmauer aus dem 13. Jahrhundert eingefasste Burg zunächst nach außen durch die insbesondere an der Ostseite vorgelagerten Batterietürme erweitert; anschließend füllte man den Zwischenraum zwischen alter Ringmauer und neuer Befestigung durch die Wohnbauten der Renaissancezeit auf. Die Einzelwirkung der Gebäude und die Unterbringung aller Bauten auf beschränktem Raum bestimmten das Konzept, nicht aber eine Idee der Vereinheitlichung, selbst wenn dies der militärischen Funktion nicht förderlich war. In der Gestaltung der Einzelbauten stellt sich Heidelberg als eines der bedeutendsten Renaissanceschlösser Deutschlands dar, die Gesamtanlage aber steht noch ganz in der mittelalterlichen Tradition des Gruppenbaus.

Wesentlich umfassender neu gestaltet wurde die einstige Wasserburg Detmold zwischen 1547 und 1557 unter Graf Bernhard VIII. zur Lippe (reg. 1546–1563). Unter Beibehaltung des alten Standorts am Ortsrand der Stadt sowie einiger Bauteile errichtete der aus Schwaben eingewanderte Renaissancebaumeister Jörg Unkair sein letztes großes, vierflügeliges Renaissanceschloss (Abb. 94). Zuvor hatte er insbesondere den Bau der Schlösser Neuhaus (bei Paderborn, um 1525) und Stadthagen (Niedersachsen, 1534–1538) geleitet. An der stadtseitigen Ecke blieb der Bergfried des 13. Jahrhunderts erhalten, der lediglich einen neuen Helm erhielt. Ihm gegenüber wurde ein spätmittelalterlicher Wohnbau in den Neubau einbezogen. Doch auch wenn im heutigen Erscheinungsbild, zumal nach einer Barockisierung um 1722 und einer historistischen Instandsetzung im späten 19. Jahrhundert, der Charakter eines neuzeitlichen Schlosses eindeutig überwiegt, so ist die mittelalterliche Burg in ihren Grundzügen noch erhalten und hat die Ausmaße des Renaissancebaus entscheidend mitgeprägt.

In der Beibehaltung des mittelalterlichen Bergfrieds und seiner Integration in eine moderne Schlossanlage ist Detmold kein Einzelfall. Vielmehr stellt die Übernahme des Bergfrieds als Hauptturm bei Schlössern, die an ehemaligen Burgenstandorten errichtet wurden, die Regel dar. Beispiele finden sich in allen Teilen des Deutschen Reiches, etwa bei der südhessischen Ronneburg (1566–1581), bei Schloss Fürstenau (1588)[190] oder bei der Burg Veldenstein in der Fränkischen Schweiz. Auch die Einbeziehung des mittelalterlichen Hauptturms der einstigen Aschaffenburger Burg in den Schlossneubau der Renaissance (1605–1614) zeigt die Bedeutung dieses Bauteils, der mit der baulichen Kontinuität zugleich die Kontinuität der Herrschaft und der Herrschaftsansprüche zeichenhaft verkörperte. Erst im 17. Jahrhundert kam es in einigen Fällen zum ersatzlosen Abbruch der alten Bergfriede, etwa in

94 Detmold, Schloss, Blick vom Hauptsaal auf den Torbau und den ehemaligen Bergfried

Marburg um 1600. Es gibt aber auch Beispiele für eine Nutzung bis weit ins 18. Jahrhundert. Bei der Burg Guttenberg etwa modernisierte man den Bergfried im späten 15. Jahrhundert zunächst militärisch, indem man ihn aufstockte und mit Schießscharten für leichte Feuerwaffen «aufrüstete». Erst spät, im dritten Viertel des 18. Jahrhunderts, wurde er durch das Aufsetzen einer barocken Balustrade als Aussichtsturm umgenutzt.

Gelegentlich kam es aber wie gesagt statt eines Ausbaus zu einer Verlagerung des Standorts. War die Höhenlage zu unbequem, so wurden Neubauten an tieferer Stelle errichtet und die alten Anlagen allmählich sich selbst überlassen. Ein Beispiel dafür liefert die Hämelschenburg bei Hameln an der Weser, die in den letzten Jahren des 15. Jahrhunderts von einer Anhöhe ins Tal verlegt wurde, wobei die mit der alten Anlage verbundenen Herrschaftsrechte erhalten blieben. Der heutige Schlossbau (um 1588–1606) wurde im Stil der Weserrenaissance als Ersatz für den 1544 abgebrannten Neubau der Zeit um 1500 errichtet, von dem nur spekuliert werden kann, ob er äußerlich eher einer spätmittelalterlichen Burganlage oder bereits einem modernen Renaissanceschloss glich. Beispiele für solche «Talwanderungen» finden sich vor allem in gebirgigeren Regionen wie Österreich, der Steiermark, Tirol und der Pfalz. Für Schönstein/Šoštanj (Slowenien) zeigt ein Kupferstich Georg Matthäus Vischers einen ummauerten Bau des 16./17. Jahrhunderts im Vordergrund und eine Burgruine auf dem Berg dahinter; Ähnliches gilt auch für Eggenstein/Gorica pri Velenju in Slowenien.

In allen genannten Fällen wurde die Kontinuität auch durch die Übertragung des Burgennamens auf die neue Schlossanlage kenntlich gemacht (z. B. Alt- und Neuwolfstein, Alt- und Neuwied). Doch häufiger als im Spätmittelalter kam es auch zu neuen Namensgebungen nach den fürstlichen Bauherren. So ließ Kurfürst August von Sachsen 1568–1572 an der Stelle der Burg Schellenburg im Erzgebirge das Jagdschloss Augustusburg errichten, das heute als Inbegriff einer Schlossanlage der Renaissance in Deutschland gilt. Auf völlig regelmäßigem Grundriss stehen vier quadratische Eckbauten und vier Verbindungsflügel mit einer einheitlichen Gestaltung der Fassaden wie des Inneren. Die mittelalterliche Burg wurde vollständig abgebrochen.

Das Renaissanceschloss stellt keine grundsätzliche Zäsur gegenüber der mittelalterlichen Burg dar, selbst wenn die heute geläufigen

Begriffe dies suggerieren. Nahezu alle Renaissanceschlösser entstanden an der Stelle mittelalterlicher Anlagen, meist sogar unter Verwendung mehr oder weniger umfangreicher alter Bauteile. Fast alle Bauten blieben wehrhaft, selbst wenn die Verteidigungsringe großräumiger um die eigentlichen Schlossbauten gelegt wurden und diese selbst immer weniger mit Wehreinrichtungen versehen wurden. Eine Trennung der Funktionen erfolgte somit nur in kleinen Schritten. In der Gliederung der Wohnbereiche blieb das spätmittelalterliche Appartement bestimmend. Stil und Dekoration änderten sich weit stärker als die Struktur. Die Vereinheitlichung der einzelnen Bauten unter einem architektonischen Gesamtkonzept wurde zwar im späten 16. Jahrhundert in herausragenden Fällen erreicht (z. B. Augustusburg, Bevern, kurz nach 1600: Aschaffenburg), blieb aber gegenüber dem mittelalterlichen «Gruppenbau» lange die Ausnahme. Kontinuität und langsamer Wandel spielten eine größere Rolle als revolutionäre Neuerungen.

Schlossfestung und Festung

Im Jahre 1527 veröffentlichte der Nürnberger Maler, Druckgraphiker und Theoretiker Albrecht Dürer (1471–1528) sein Buch «Etliche underricht zu befestigung der Stett, Schloß, und flecken». Es handelt sich um die erste gedruckte Lehre («underricht») zum Festungsbau überhaupt. Selbst in Italien, wo Festungen bereits seit dem zweiten Drittel des 15. Jahrhunderts errichtet wurden – entworfen unter anderen von Architekten und Ingenieuren wie Alberti, Giuliano und Antonio da Sangallo sowie Francesco di Giorgio Martini oder von Künstler-Ingenieuren wie Leonardo da Vinci –, selbst in Italien gab es bis zu Dürers Schrift keine zusammenhängende gedruckte Abhandlung über Festungen. Das Thema war zur Dürer-Zeit angesichts der immer effizienteren Feuerwaffen, der Bedrohung durch die Osmanen, der Bauernkriege und anderer reichsinterner Konflikte zunehmend akut geworden. Dürers überdimensionierte Idealentwürfe sind zwar nirgendwo als Ganze realisiert worden, doch finden sich bei Einzelformen immer wieder Entsprechungen zu tatsächlichen Festungsbauten, die zeigen, dass der Nürnberger Künstler die Neuerungen in der Militärarchitektur genau wahrgenommen und zum Ausgangspunkt seiner mathematisch fundierten Architekturentwürfe gemacht hat.[191]

Kennzeichnend für eine Festung sind zwei Aspekte. Zum einen musste sie auf den Einsatz schwerer Feuerwaffen, also von Kanonen und Mörsern, eingerichtet sein, und zwar sowohl für deren Abwehr wie für den eigenen Einsatz dieser Waffen. Zum anderen ist eine Festung eine primär militärisch genutzte Anlage, die nicht mehr als Wohnsitz eines adeligen Bauherrn fungierte. Stattdessen umfasste sie Mannschaftsbauten für die unter dem Kommando eines (adligen) Obristen stehenden Söldner – Soldaten, die gegen Geld (Sold) und nicht auf Grund von Lehensverpflichtungen dem jeweiligen (Landes-)Herrn dienten. Die Finanzierung eines stehenden Heeres, das in Krisen- und Kriegszeiten noch erheblich vergrößert werden konnte, und parallel dazu die Finanzierung aufwendiger und großräumiger Festungsbaumaßnahmen erforderte finanzielle Möglichkeiten, wie sie zu dieser Zeit nur noch der fürstliche Hochadel besaß. Doch auch dieser ließ in der Anfangszeit, d. h. bis zur Mitte des 16. Jahrhunderts, nur wenige festungsartig gesicherte Neubauten errichten.

Meist setzten die Fürsten wie auch die kleineren Adligen und Burgenbesitzer auf kanonentaugliche Ergänzungen ihrer bestehenden Burganlagen. Dies geschah vor allem durch Batterietürme und Vorwerke, die in Mitteleuropa seit dem 15. Jahrhundert vermehrt entstanden. In Rattenberg am Inn etwa errichtete man zwischen 1503 und 1521 oberhalb der mittelalterlichen Burg, gewissermaßen als Rückendeckung, ein solches Vorwerk aus einem Batterieturm und seitlichen Flankenmauern. Die Trostburg bei Waidbruck (Südtirol) erhielt im 16. Jahrhundert vorgelagerte Basteien und ein neues Außentor, deren runde und rechteckige Türme zahlreiche Schießscharten für Hakenbüchsen aufweisen. Eine Sicherung durch einzelne Batterietürme und Vorwerke stellte zwar keinen hinreichenden Schutz dar, wenn eine größere Armee mit gut ausgestatteter Artillerie gegen eine Burg vorrückte, doch zur Abwehr kleinerer Söldnertrupps und mittelschwerer Waffen reichten solche Wehrbauten in der Regel aus.

Als erste tatsächliche Festung in Deutschland kann der Hohenasperg (Baden-Württemberg) gelten. Bauherr war Herzog Ulrich von Württemberg (reg. 1498–1519 und 1534–1550). Aufgrund seines unberechenbaren Regierungsstils, hoher Steuerlasten, Ehebruchs und Mordes hatte er zunehmend Unmut unter den Adligen und den Reichsstädten Schwabens hervorgerufen, der 1519 in einer offenen Revolte eskalierte. Ulrich verschanzte sich daraufhin auf dem Hohenasperg, doch konnte der auf einer Bergkuppe liegende Ort trotz seiner starken Befestigung von den Truppen des Schwäbischen Bundes durch den Einsatz von Artillerie erobert und der Herzog verbannt werden. 1534 gelang ihm mit Hilfe Landgraf Philipps von Hessen die Rückkehr nach Württemberg. Bereits 1535 ließ er die Burg auf dem Hohenasperg abreißen, bis auf einige Teile der Ringmauer vor allem im Bereich des «Schubartturms» (15. Jahrhundert) im Norden der Anlage, und die Siedlung ins Tal verlegen, um dann auf der gesamten Fläche des Höhenrückens die erste württembergische Landesfestung zu errichten. Weitere sechs Landesfestungen kamen in den nächsten Jahrzehnten hinzu, um die Sicherheit des Herzogtums zu gewährleisten, darunter Hohentwiel und Hohenurach.

Die etwa dreieckige Anlage hat gerundete Ecken und wird von einer Ringmauer mit Rondellen eingefasst. Die Türme sind durchgängig mit Schießkammern für Hakenbüchsen und Kanonen ausgestattet, außerdem ermöglichte man die Aufstellung von Kanonen hinter der Ringmauer. Einen «kanonischen» Festungsplan in Gestalt einer rondellierten oder einer bastionären Anlage gab es zu diesem Zeitpunkt in Deutschland noch nicht. Insgesamt erinnert der Hohenasperg der Bauform nach mehr an eine spätmittelalterliche Burg als an eine rondellierte Festung, wie es sie zu dieser Zeit bereits in Italien gab. Allerdings fehlt ein fürstlicher Wohnbau im Zentrum. Damit war der Schritt von der Burg als wehrhaftem Wohnsitz eines Herrn hin zur Festung als reinem Wehrbau mit Wohnmöglichkeiten für die Besatzung vollzogen.

Bis zur Errichtung reiner Festungen kombinierte man in der Regel den adligen Wohnsitz mit einer äußeren Festungsarchitektur. Dabei ähneln diese Anlagen in der ersten Hälfte des 16. Jahrhunderts noch sehr stark spätmittelalterlichen Burgen, wie das Beispiel von Wildenstein an der Donau (Württemberg, Abb. 95) zeigt. Die heutige Anlage wurde von den Grafen von Zimmern zwischen 1512 und 1540 an der Stelle einer Burg aus dem 13. Jahrhundert errichtet. Sie ist auf drei Seiten durch den Steilhang zur Donau hin gesichert, auf der vierten aber völlig eben zugänglich. Hier schuf man einen doppelten tiefen Halsgraben mit einer dazwischengelegenen Schildmauer, deren Enden durch Halbrundtürme gesichert sind. Die Kernburg selbst besteht aus einem Wohnflügel zum Tal und einem massiven Bollwerkflügel zum Halsgraben. Dieser besitzt meterdickes Mauerwerk, turmartige Enden an beiden Seiten, einen steinernen Dachausbau, der die Aufstellung von Feuerwaffen erlaubte, sowie zahlreiche Schießscharten für Kanonen und Hakenbüchsen. Die beiden Flügel sind durch schmale Gänge miteinander verbunden, die auf der Ostseite um einen kleinen Kapellenerker erweitert sind. Wildenstein wurde mehrfach belagert, doch weder 1525 im Bauernkrieg, als die Burg vermutlich noch gar nicht vollendet war, noch 1552 beim Aufstand protestantischer Fürsten gegen den Kaiser noch auch bei anderen großen Auseinandersetzungen gelang die Einnahme der Burg durch die gegnerischen Truppen.

Überwiegt im Falle von Wildenstein der Eindruck einer Burg in mittelalterlicher Tradition, so entstanden in der zweiten Hälfte des 16. Jahrhunderts vermehrt Anlagen, bei denen äußerlich der Festungs-

95 Wildenstein, Halsgraben zwischen Zwinger und Kernburg, um 1520/30

charakter das herrschaftliche Wohnen zu dominieren scheint. Diese Anlagen, die jedoch weiterhin als Wohnbauten für den Burgherrn bzw. Fürsten eingerichtet waren, werden heute als «Feste Schlösser» oder als «Schlossfestungen» bezeichnet (z. B. Jülich, Spandau). Sie sind weitgehend ein Phänomen der zweiten Hälfte des 16. und des beginnenden 17. Jahrhunderts, denn im 17. Jahrhundert wurden dann die Wohnbauten für den Landesherrn in tatsächliche, primär zum Wohnen gedachte Schlösser nach und nach ausgelagert.

Zum Typ der Schlossfestungen lassen sich auch die festungsartig ausgebauten Schlösser rechnen, welche die Mitglieder des protestantischen «Schmalkaldischen Bundes» unter Führung des hessischen Landgrafen und des Kurfürsten von Sachsen errichteten, um sich während des Schmalkaldischen Krieges (1544–1547) gegen den katholischen Kaiser Karl V. zu schützen. Nach diesem Krieg wurden beschädigte Anlagen umgehend wiederhergestellt, die Hauptresidenz Kassel sogar als großes Vier-Flügel-Schloss weitgehend neu gebaut (1557–1562). Die bedeutendste Schlossfestung der Landgrafen von Hessen ist Ziegenhain (1537–1546). Hier blieb eine mittelalterliche Burgenarchitektur im Kern der neuen Anlage erhalten, wurde aber in einfachen Formen der Renaissance erweitert und mit Wandgemälden ausgestattet – überliefert sind «biblische Historien». Der militärische Bereich der Festung ist davon völlig abgesetzt. Weiträumig wird der Burg- bzw. Schlosskomplex samt einer kleinen Siedlung von einer enormen rondellierten Anlage eingefasst, die sich samt Wassergräben bis heute erhalten hat und die im Schmalkaldischen Krieg trotz der hessischen Niederlage durch die kaiserlichen Truppen nicht eingenommen werden konnte.

Für die weitere Entwicklung der Wehrarchitektur ist die Übernahme des Systems der Bastionärfestung entscheidend, das im späten 15. Jahrhundert in der Toskana entwickelt wurde. Bastionen sind spitzwinklig und nehmen die Stelle der bis dahin runden Ecktürme bzw. Rondelle ein. Sie greifen über die Flankenmauern hinaus, so dass von den Bastionen aus sowohl nach außen als auch entlang der Flanken geschossen werden konnte. 1538–1545 errichtete die Stadt Nürnberg im Verlauf der Stadtmauer, nordwestlich vor der Kaiserburg, die erste Bastionärbefestigung in Deutschland. Die Verbreitung dieser Art von Befestigung erfolgte in Mitteleuropa relativ schnell. Spätestens ab 1543 entstanden die Befestigung der Wiener Hofburg und die Stadtbefestigung von Klagenfurt, bald darauf folgten Jülich (ab 1549), Lichtenau bei Nürnberg (ab 1558) und Spandau (ab 1560). Sowohl in Spandau als auch in Jülich, zwei Anlagen, die bereits über ein ausgereiftes Wehrsystem verfügten, gab es weiterhin mehrflügelige Schlossbauten innerhalb der Befestigungen; es handelte sich also auch hier nicht um reine Militärfestungen. Ein späteres Beispiel ist die ab 1588 bis um 1605 durch Markgraf Georg Friedrich I. von Brandenburg Ansbach erbaute und vor allem gegen Nürnberg gerichtete Wülzburg oberhalb von Weißenburg. Teilweise stattete man auch Burgen und Schlösser mit einzelnen bastionären Befestigungen aus, ohne ihnen insgesamt einen Festungscharakter verleihen zu wollen. Charakteristisch dafür sind die Bastionen, welche die Burg

96 Hochosterwitz, Kernburg, obere Torhäuser und bastionäre Ausbauten

Hochosterwitz sichern sollten und auf unterschiedlichen Hanglagen die ältere Burganlage umgeben (Abb. 96).

Erst die Anlagen nach dem Dreißigjährigen Krieg dienten ausschließlich der Landesverteidigung. Erst jetzt, in der Mitte des 17. Jahrhunderts, ist die Trennung zwischen Schloss und Festung endgültig vollzogen. Bei den Neubauten des späteren 17. Jahrhunderts (z. B. Rothenberg bei Nürnberg und Wesel) wurde konsequenterweise von vorneherein auf einen herrschaftlichen Wohnbau verzichtet.

Die Burg zur Zeit des Barock

Auch in der Barockzeit war die Burg keinesfalls gänzlich unmodern geworden. Ähnlich wie in der Renaissance wurden auch jetzt viele Anlagen umfangreich erneuert, vor allem die Verteidigungsarchitektur; aber auch Wohnbauten und ihre Fassaden wurden barockisierend restauriert. Den ersten großen Erneuerungsschub bewirkte der Dreißigjährige Krieg (1618–1648). Dieser eine Generation währende Krieg, bei dem es vordergründig um die Auseinandersetzung zwischen den katholischen und den protestantischen Mächten im Heiligen Römischen Reich ging, der sich jedoch rasch zu einem gesamteuropäischen Interessenkonflikt ausweitete, verwüstete nicht nur weite Teile des deutschen Reichsgebiets, sondern hatte auch erhebliche Auswirkungen auf die Gestalt und Geschichte der Burg.

Viele Burgen waren militärstrategisch direkt in das Kriegsgeschehen involviert. Diese Weiternutzung belegt eindrücklich, dass die verbreitete These vom Ende der Burg um 1500 obsolet ist. Beide Kriegsparteien nutzten Burgen als Stand- und Rückzugsorte, versuchten sie zu erobern oder besetzten sie mit ihren Söldnern. Dies sollte den eigenen Truppen den Rücken freihalten, Heerführern und Truppenteilen geschützte Unterkünfte verschaffen und eine sichere Lagerung von Waffen und Munition erlauben. Aufgrund ihrer strategischen Bedeutung wurden Burgen von den gegnerischen Parteien häufig belagert. Waren sie festungsartig ausgebaut, konnte sich eine Belagerung über einen längeren Zeitraum hinziehen. Heidelberg, Hauptort des protestantischen Fürstentums der Pfalz unter dem Kurfürsten und «Winterkönig» Friedrich V. von der Pfalz, wurde 1622 durch Johann Graf Tilly, den Heerführer der Katholischen Liga, drei Monate lang belagert. Sowohl die Burg wie das gesamte Umfeld der Stadt waren von beiden Parteien mit Schanzen (Erdwerken zur gedeckten Aufstellung von Kanonen) versehen worden. Schließlich gelang Tilly am 19. September 1622 die Einnahme der unter Nachschubproblemen leidenden Burg. Das Heidelberger Schloss wurde geplündert, doch nicht zerstört – dazu sollte es erst 1693 kommen.

Obwohl der Krieg vor allem in Feldschlachten geführt wurde, waren Burgen also nach wie vor umkämpft. Für die mittelalterlichen Burgen hatte dies ganz unterschiedliche Konsequenzen, die von der Zerstörung und Aufgabe über die Wiederherstellung bis zum Neubau an alter Stelle reichten. Manche Burg wurde während des Dreißigjährigen Krieges mehrfach belagert, erobert, beschädigt und sogar notdürftig repariert. Selbst wenn moderne Bastionen fehlten, blieb die Bedeutung der Burgen als Wehrbauten während des Krieges bestehen, und so lag es oft nahe, beschädigte Burgen nicht aufzugeben, sondern zu erneuern. So folgenreich der architektonische Wandel im hochadligen Residenzbau des 17. Jahrhunderts auch war, das «Ende der Burg» hat er zumindest nicht sofort mit sich gebracht. Obwohl der Zerstörungsgrad vieler Burgen und ein mehrfacher Besitzerwechsel (in Marburg z. B. 1622, 1645 und 1646) Schwächen in der Verteidigungsfähigkeit gegen große Heere nach sich zogen, wurden viele beschädigte Bauten auch nach Kriegsende nochmals repariert und ausgebaut.

Letztlich scheint die Zahl der wiederhergestellten Burgen nicht geringer gewesen zu sein als die Zahl der aufgegebenen Bauten. In Marburg und Rheinfels ergriff man Wiederherstellungsmaßnahmen noch während des Krieges, und anschließend kam es zu einem festungsmäßigen Ausbau, in Rheinfels gar zur Umwandlung in eine Festung. Burg Herzberg wurde gleich mehrfach (1631, 1635 und 1641) belagert und konnte trotz der fehlenden Bastionierung und eines nicht unerheblichen Truppenaufgebotes nicht erobert werden. Ein Blitzschlag 1637 war für Schäden in der Oberburg verantwortlich, deren weitgehender Abbruch jedoch erst im späten 18. Jahrhundert erfolgte. Auch die Rheinburgen Klopp, Stahlberg, Katz, Reichenberg und Gutenfels wurden nach Beschädigungen zum Ende des Dreißigjährigen Krieges wiederhergestellt und unverändert weitergenutzt.

Viele Burganlagen wurden allerdings auch stärker in Mitleidenschaft gezogen und zunächst nicht wiederaufgebaut. Am Mittelrhein wurden beispielsweise Lahneck und die Brömserburg zwischen 1632 und 1640 beschädigt und erst im 19. Jahrhundert restauriert. In den nordöstlichen Landesteilen wurden zum Beispiel Burg Stargard und Mecklenburg zerstört und nach Kriegsende dem Verfall preisgegeben. Ein Gesichtspunkt, der bei der Entscheidung über die Weiternutzung ausschlaggebend war, könnte neben militärischen Aspekten die Frage gewesen sein, ob es erbberechtigte jüngere Geschwister des Erbprinzen gab, die mit kleinen Territorien einschließlich weniger Burgen abgefunden werden mussten; gab es solche Erbfragen nicht, konnte auch der Bedarf, untergeordnete Burgen zu erhalten, fehlen.

Andere Gegenden Deutschlands bieten ein ähnliches Bild, was das Verhältnis aufgegebener zu weitergenutzten bzw. wiederhergestellten Anlagen betrifft. Ein übergeordnetes Prinzip, das der Entscheidung über Aufgabe oder Wiederaufbau zugrunde lag, lässt sich dabei in keiner Region feststellen. So wurden in Nord- und Mittelhessen zwischen 1626 und 1648 die Burgen Krofdorf-Gleiberg, Staufenberg, Schloss Kelsterbach, Naumburg und Homberg/Efze endgültig zerstört, teilweise erst in den «Hessenkriegen», der Schlussphase des Dreißigjährigen Krieges; ein Wiederaufbau wurde nicht unternommen. In Staufenberg blieb jedoch die Unterburg erhalten und verfiel erst ab dem späten 17. Jahrhundert nach dem Aussterben der Besitzer, um im 19. Jahrhundert restauriert zu werden. Die Altenburg bei Felsberg, Hohenstein, Amöneburg und Runkel wurden dagegen nach Kriegsschäden wiederhergestellt. Burg Oberreifenberg im Taunus wurde zwar im Krieg beschädigt, jedoch erst im späten 17. Jahrhundert aufgegeben, nachdem die miteinander verfeindeten Zweige der Herren von Reifenberg ausgestorben waren; die nachfolgenden Eigentümer (die Herren von Bassenheim) interessierten sich vor allem für die Zuhörungen. Burg Greifenstein im Dillenburger Land (Hessen) wurde 1687–1693 sogar durch Graf Wilhelm I. zu Solms-Braunfels nochmals ausgebaut, doch wenige Jahre später verlegte er die Residenz nach Beilstein, und Greifenstein verfiel.

Erst im Pfälzer Erbfolgekrieg (1688–1697), den der französische König Ludwig XIV. in der Pfalz führte, um die Grenze seines Königreichs bis an den Rhein vorzuschieben, kam es zu häufigeren Zerstörungen von Burgen, in deren Folge man auch auf einen Wiederaufbau verzichtete. Dies betraf etwa das Heidelberger Schloss, das 1693 verwüstet wurde. Die ehemalige Burg wurde danach nicht wieder aufgebaut. Weniger Erfolg hatten die französischen Truppen bei der Burg Rheinfels. Sie hatte bereits die Belagerungen während des Dreißigjährigen Krieges 1626 und 1647 unbeschadet überstanden. 1657–1672 von den Landgrafen von Hessen-Kassel weiträumig und festungsartig ausgebaut, widerstand sie 1692 trotz der großen Übermacht von bis zu 28 000 französischen gegenüber rund 3000 eigenen Soldaten der Belagerung und zwei Sturmversuchen der Gegner. Etwa ein Dutzend Burgen des Mittelrheintals wurden jedoch 1689/92 durch französische Truppen im Pfälzer Erbfolgekrieg beschädigt oder zerstört. Nur in Einzelfällen erfolgte selbst danach nochmals ein Wiederaufbau, bevor die Burgen dann im 18. oder frühen 19. Jahrhundert endgültig aufgegeben oder gar gesprengt wurden. Burg Klopp ereilte das Schicksal der Sprengung 1711, den Bergfried von Rheinfels 1796 und Burg Katz auf Anordnung Napoleons 1806.

Die kontinuierliche Nutzung der Burgen in Mitteleuropa und ihre fortdauernde militärische Bedeutung belegt auch der Blick in die heute zu Österreich gehörenden Gebiete. In diesen Gegenden, die durch die Türkenkriege des 16. und 17. Jahrhunderts besonders stark betroffen waren, würde man nicht zuletzt angesichts des Einsatzes schwerer Artillerie durch die türkischen Truppen vermuten, dass im 17. Jahrhundert eigentlich kaum eine Burg mehr erhalten war. Das Gegenteil ist der Fall, wie unter anderem ein Blick in das zeitgenössische Kupferstich-Tafelwerk «Topographia Locatus Stiriä» (1678) von Georg Matthäus Vischer zeigt. Unter den rund 140 präsentierten steirischen Burgen sind selbst unter den Höhenburgen nur wenige schadhafte Anlagen und kaum ein halbes Dutzend Ruinen zu entdecken. Nur in einzelnen Fällen deutet die Existenz einer neuen Burg- oder Schlossanlage unterhalb der alten Burg darauf hin, dass die mittelalterliche Höhenburg aufgegeben und in der Ebene ein modernerer Ersatz errichtet worden war. Wie Bild- und Textquellen belegen, haben viele Burgen sogar den letzten Türkenkrieg 1683–1686 nahezu unbeschadet überstanden.

Erreicht wurde dies durch den konsequenten Ausbau und die Modernisierung der Befestigungen. Diese Maßnahmen standen nicht immer in unmittelbarem Zusammenhang mit drohenden kriegerischen Ereignissen. So erfuhr die aus dem frühen 14. Jahrhundert stammende

Burg Forchtenstein (Burgenland, Abb. 97) nach der Übertragung an die ungarischen Grafen Esterházy 1626 zunächst einen Ausbau der Bastionen, 1652 wurden dann die Basteien durch Eckbastionen ausgetauscht und 1683–1687 die Kernburg nochmals vergrößert. Zugleich ersetzte man ab 1632 die alten Burggebäude durch ein modernes Schloss – nur der runde, mit einer Spitze der Angriffsseite zugewandte Bergfried blieb erhalten. Die Nutzung als private Residenz und der festungsartige Ausbau hielten sich in Forchtenstein die Waage. Die anhaltende Bedeutung (modernisierter) Burgen für das Selbstverständnis des Adels zeigt auch eine Truhe von 1688 aus dem Besitz der Familie Esterházy, die mit Darstellungen von Burgen und Schlössern im Eigentum dieser Familie bemalt ist (Abb. 103). In zwei Bildreihen finden sich oben acht barocke Schlösser und unten acht Höhenburgen, darunter auch Forchtenstein.

Keinesfalls leistete sich jeder Adlige einen kompletten barocken Neubau. In vielen Fällen wurden nur die Fassaden oder einzelne Bautei-

97 Forchtenstein, Bergfried und bastionäre Befestigung

le in barockem Stil erneuert. Die Modernisierungen betrafen vor allem Portale und Fenster, bisweilen auch die Treppenhäuser und Dächer; im Inneren erhielten die Räume neue Putze und Stuckdecken. In Malberg (Rheinland-Pfalz) wurde beispielsweise ein auf einem schmalen Grad liegendes spätmittelalterliches Festes Haus 1709 durch den Kölner Weihbischof Johann Werner von Veyder mit einem Mansarddach versehen und im Inneren barock erneuert. Obgleich auch Portal, Fenster und Dach dem Altbau einen barocken Eindruck verliehen, so entsprach er als viergeschossiges Bauwerk doch weiterhin erkennbar den spätmittelalterlichen Proportionen eines Festen Hauses. Im Anschluss ließ der Bauherr bis 1715 als zweiten Flügel einen barocken Neubau hinter dem Festen Haus errichten, so dass der modernisierte Altbau fortan wie ein überdimensioniertes Torhaus bzw. ein vorgelagertes Wirtschaftsgebäude er-

98 Kronach, Ansicht von der Bergseite mit Renaissancebefestigung und Kernburg, auf dem Bergfried ein Geschoss für kleine Geschütze

schien. Der Gesamteindruck der Anlage ist der einer Höhenburg aus barocken bzw. barockisierten Einzelgebäuden; die Stelle der Ringmauer nimmt eine in Höhe und Breite reduzierte Umfassungsmauer ein.

Weitaus umfangreicher wurde die im Kern aus dem 13. Jahrhundert stammende Burg Kronach («Festung Rosenberg», Abb. 98) in Oberfranken, die sich im Besitz der Bamberger Bischöfe befand, Mitte des 17. Jahrhunderts modernisiert.[192] Bischof Philipp Valentin Voit von Rieneck ließ ab etwa 1662 durch weitläufige, fünfeckige Festungsbauten aus der bischöflichen Amtsburg eine wehrhafte Festung machen. Nicht betroffen waren die Gebäude der Kernburg, die weitgehend bereits in der zweiten Hälfte des 16. Jahrhunderts im Renaissancestil erneuert worden waren. Hier wurde erst 1730/33 durch den Barockbaumeister Balthasar Neumann ein neues Kommandantenhaus hinzugefügt. In zentraler Lage im Burghof blieb trotz aller Renaissance- und Barockausbauten der Bergfried aus der Mitte des 13. Jahrhunderts erhalten, der lediglich seit 1571 durch einen bequemeren Treppenturm erschlossen wurde. Kronach ist somit ein weiteres Beispiel für die kontinuierliche Weiternutzung einer mittelalterlichen Burganlage während der gesamten Neuzeit. Mit der Auflösung der kirchlichen Fürstentümer durch den Reichsdeputationshauptschluss 1802/03 kam die Festung Rosenberg an Bayern. Selbst Napoleon nutzte sie und machte sie 1806 als Verbündeter Bayerns zum Ausgangsquartier des gemeinsamen Preußenfeldzugs. Dabei ließ er den Bergfried mit einer Plattform für Kanonen versehen. Bis 1866 blieb die Festungsnutzung durch das Königreich Bayern gewahrt. 1888 wurde die gesamte Anlage von der Stadt Kronach gekauft, erhielt allerdings im Ersten Weltkrieg nochmals eine gewisse militärische Bedeutung als Kriegsgefangenenlager – zu den Insassen gehörte unter anderen der spätere französische Präsident Charles de Gaulle.

Im Unterschied zu vielen Höhenburgen, die in der Frühen Neuzeit dank der geschilderten Modernisierungen weiterhin eine wichtige Bedeutung als Wehranlagen mit herrschaftlicher Wohnfunktion besaßen, wurden Burgen im Besitz von Fürsten und hohen Adligen, die in der Nähe von Städten lagen, oftmals zu Residenzen ausgebaut. Dabei stand die Funktion der Anlage als Wohn- und Verwaltungssitz im Vordergrund, während der Wehraspekt zunehmend in den Hintergrund trat bzw. durch den Einbezug der Residenz in das Befestigungssystem der Stadt ersetzt wurde. Zu den großen fürstlichen Residenzen, die den

Standort einer mittelalterlichen Burg weiternutzten, gehören Wien, Innsbruck, Berlin, München, Düsseldorf, Dresden, Schleswig und Schwerin. Oft wurde auch die mittelalterliche Bausubstanz weiter genutzt. Die Wiener Hofburg ist aus der erwähnten viertürmigen, kastellartigen Anlage des 13. Jahrhunderts hervorgegangen. Während der Renaissance, des Barock und des Historismus wurde sie sukzessive zu dem großen Komplex erweitert, der sich noch heute dem Besucher darbietet. In diesem Areal macht die mittelalterliche Hofburg der Fläche nach kaum ein Zehntel der Gesamtanlage aus. Wie lange das mittelalterliche Erscheinungsbild in Teilen fortbestand, zeigt die Tatsache, dass man erst im ausgehenden 19. Jahrhundert den alten Burggraben zwischen Hofburg und äußerem Burgtor mit der Neuen Hofburg (1881 begonnen) überbaute; erst dadurch nahm man der Gesamtanlage den wehrhaften Charakter.

Auch das königliche Schloss in Berlin wurde von einem aus dem späten Mittelalter stammenden kleinen Kernbau ab 1699 unter Kurfürst Friedrich III. (ab 1701 als Friedrich I. König von Preußen) zu einer weiträumigen barocken Residenz erweitert. In der Anlage, die 1950 auf Befehl der Staatsregierung der DDR gesprengt wurde, waren noch erkennbare Bauteile der Renaissance erhalten, welche die Kontinuität der Architektur und der Nutzung belegen. Als drittes Beispiel lässt sich die Residenz der bayerischen Herzöge, späteren Kurfürsten und bayerischen Könige in München anführen, die unter Herzog Stephan III. ab 1385 als «Neuveste» errichtet worden war und die hochmittelalterliche Burg, den «Alten Hof», ersetzt hatte. Dieser lag östlich des Rathauses und war im späten 14. Jahrhundert durch die sukzessiven Stadterweiterungen so weit eingefasst, dass er über keinen unkontrollierten Zugang mehr verfügte und damit seine militärische Funktion verloren hatte. Die außerhalb der Stadtmauer errichtete, von Gräben geschützte Neuveste wurde im 16. und 17. Jahrhundert so umfassend ausgebaut, dass spätmittelalterliche Bauteile und Befestigungen heute kaum mehr erkennbar sind. Die letzte große Neubaumaßnahme war die Errichtung des Königsbaus 1826–1835 unter Ludwig I.; durch diesen Bau erhielt die Residenz eine neue Fassade zur Stadt, und im Grunde wurde der Charakter einer abgeschlossenen Burg zugunsten eines Stadtpalastes aufgegeben. Allen genannten Residenzbauten ist gemeinsam, dass der enorme Platzbedarf für die fürstliche Repräsentation und Verwaltung im Laufe der

Neuzeit nur durch Erweiterungen befriedigt werden konnte, für die man das Areal der alten Burg vergrößerte, wo immer dies möglich war – d. h. meistens an den Außenseiten und über die einstigen Verteidigungsanlagen hinweg. Im Ergebnis gleichen diese Anlagen modernen Palästen, während der einstige Eindruck eines befestigten Adelssitzes weitgehend verschwunden ist.

Ungeachtet der grundsätzlichen Kontinuität der Burg in der Barockzeit verbreitete sich im 18. und frühen 19. Jahrhundert jener Zustand, der uns heute vielfach als Normalfall einer mittelalterlichen Burg erscheint – immer mehr Burgen wurden zur Ruine. Mit der Beschädigung und Zerstörung in den Kriegen des 17. und 18. Jahrhunderts war für viele Burgen nun tatsächlich ihr «Ende» als verteidigungsfähiger Herrschaftssitz erreicht. In anderen Fällen erschien es den Besitzern offensichtlich nicht lohnend, in die Modernisierung der Burgen zu investieren. Im 18. Jahrhundert blieben vor allem Burgen erhalten, deren siedlungsnahe Lage eine weitere Nutzung als Wohnsitz und Verwaltungsbau sinnvoll machte. Doch sobald die Bauten isoliert lagen und auch nicht als Jagdschloss genutzt werden konnten, überließ man sie oftmals ihrem Schicksal. Sie wurden durch gezielten Abbruch (Verkauf als Steinbruch) zerstört oder verfielen durch mangelnde Pflege. Wurden undichte Dächer nicht repariert, beschleunigte sich der Verfall, auch vom Blitzschlag waren viele Burgen betroffen. Im Gegensatz zum baulichen Verfall steht allerdings die Kontinuität der mit einer Burg verbundenen (Herrschafts-)Rechte, welche selbst eine ruinöse Burg weiterhin zu einem lukrativen Besitz machten.[193]

Die erhaltenen Anlagen konnten nicht nur als bewohnter Herrschaftssitz (unter weitgehendem Verzicht auf den Aspekt der Verteidigung, z. B. Rheda) weitergenutzt werden. Dort, wo die adeligen Besitzer in für sie günstiger gelegene und komfortablere Schlösser an anderer Stelle umgezogen waren, behielten die Burgen oft als Amtssitz eine Funktion, die sich spätestens im Spätmittelalter herausgebildet hatte. Hier konzentrierte sich also weiterhin die Verwaltung, wenn auch nicht des gesamten Landes, so doch wenigstens des zur Burg gehörenden Herrschaftsgebietes, des Amtes. Die Wehranlagen wurden aufgegeben, sich selbst überlassen oder aber geschleift und in Parks einbezogen, soweit sie nicht bei Burgen auf Höhenrücken als Stütz- und Begrenzungsmauern weiterhin einen Zweck erfüllen konnten.

Mit der Nutzung als Amtssitz war oft auch die als Gerichtssitz verbunden. Auf der Burg wurden dann vor allem Kriminaldelikte verhandelt (z. B. Alzenau, Cadolzburg, Heldburg), aber auch Hexenprozesse konnten hier geführt werden. Beides war die Ursache dafür, dass in vielen Burgen nunmehr massiv gefoltert wurde, da man nach den Vorgaben der «peinlichen Halsgerichtsordnung» Karls V. (1532) einen (vermeintlichen) Straftäter möglichst nur nach einem Geständnis verurteilen wollte. Berichte von Folterungen, die im Zusammenhang mit Burgen standen, stammen wie schon erwähnt mehrheitlich aus der Zeit zwischen dem späten 16. und dem 18. Jahrhundert, während im Mittelalter Burgen über keine Folterkammern verfügten und Folterungen eher die Ausnahme als die Regel waren. Die Halsgerichtsordnung stellte klar, bei welchen Anklagen die Folter («Pein») zur Befragung der Angeklagten anzuwenden war. Allerdings war die Folter als Geständnismethode nicht unumstritten, beispielsweise wandte sich der aus Düsseldorf stammende Jesuit Friedrich Spee (1591–1635) in seiner berühmt gewordenen Schrift «Cautio Criminalis – Das ist: Peinliche Warschauung von Anstell und Führung des Processes gegen die angegebene Zauberer / Hexen und Unholden» (1631) energisch gegen die Folter. Im 18. Jahrhundert wurde sie als Instrument der Rechtsprechung nach und nach abgeschafft, zuerst in Preußen 1740. Die Bestrafung erfolgte in der Regel durch Leibesstrafen («Blutgerichtsbarkeit»), bei minder schweren Fällen auch durch Geldstrafen oder durch Landesverweis. Längere Gefängnisstrafen waren hingegen bis zum späten 18. Jahrhundert unüblich, was sich auch daran zeigt, dass es bis zu dieser Zeit keine expliziten Gefängnisbauten gab.

Ausgerechnet mittelalterliche Burgen waren in einigen Fällen auch an der Proto-Industrialisierung beteiligt, wenn der Burgherr seine Immobilie als Standort einer neuen Manufaktur nutzen und dementsprechend ausbauen konnte. So wurde 1710 in der Albrechtsburg in Meißen die berühmte Porzellanmanufaktur gegründet, und bis 1863 diente das Schloss als Produktionsstätte. Ab 1747 ließ Herzog Carl I. von Braunschweig die Burg Fürstenberg an der Weser als Produktionsstätte für Porzellan einrichten, seit 1977 dient das Schloss als Museum der zweitältesten deutschen Porzellanmanufaktur. 1819 wurde dann die Harkort'sche Fabrik in Burg Wetter an der Ruhr eingerichtet. Wie hier nutzten die Industriebarone des Ruhrgebietes auch andernorts häufiger Burgen oder Schlösser als Kern neuer industrieller Anlagen. Andere

Burgen wurden zu Lagerhäusern für Getreide, aber auch zu Arsenalen umgebaut, wie die vormalige kursächsische Residenz im sächsischen Freiberg (1784–1786) oder die Lenzburg im Aargau (1705–1707); wieder andere verwandelte man in Kasernen (Marienburg).

Fazit: Burgen in der Frühen Neuzeit

Wie die vielfältigen Beispiele in diesem Kapitel gezeigt haben, blieb die Burg in der Neuzeit über weite Zeiträume eine wichtige Architekturform. Die Geschichte des Burgenbaus endete keineswegs mit dem Ende des Mittelalters um 1500, sondern erfuhr eine kontinuierliche Fortsetzung. Viele Burgen behielten ihr mittelalterliches Gepräge und ihre Funktion als Wohn-, Wehr- und Verwaltungsbau. Dabei wurde die Architektur den Erfordernissen der Militärtechnik und den Ansprüchen an den Wohnkomfort, bisweilen auch zur Erfüllung bestimmter Verwaltungsaufgaben modernisiert und erweitert. Die Wehrfunktion wurde durch feuerwaffentaugliche Ausbauten, die Hinzufügung von Türmen oder den Neubau kompletter äußerer Befestigungen garantiert; die Burg blieb damit bis weit ins 17. Jahrhundert wehrhaft. Der mittelalterliche Hauptturm blieb oft sogar als deutliches Zeichen erhalten (Abb. 99). Die sukzessive Modernisierung erfolgte im Prinzip nicht anders als in den Jahrhunderten des Mittelalters, in denen die Burgenarchitektur ebenfalls stets den Erfordernissen der Zeit angepasst wurde. Dass Burgen nach einer Zerstörung durch Kriegseinwirkungen oder durch Brand infolge eines Blitzschlags nicht wieder aufgebaut wurden, ist ebenfalls ein Phänomen, das es bereits im Mittelalter gab und das nicht spezifisch für die Neuzeit ist.

Bei aller Kontinuität lassen sich in den Jahrhunderten zwischen 1500 und 1800 jedoch auch erhebliche Veränderungen beobachten, die vor allem in der Ausbildung von zwei neuen Architekturformen bestanden: dem Schloss im Sinne eines kaum zu verteidigenden Adelssitzes und der Festung. Beide übernahmen in Teilen Funktionen der Burg – das Schloss als repräsentativer adliger Wohnbau, bisweilen mit Verwaltungsaufgaben, die Festung als Wehrarchitektur unter der Regie eines Landesfürsten. Zugleich lassen sich bestimmte Mischformen beobachten, etwa stark befestigte Schlösser oder die sogenannten Schlossfestungen. Dass es im 16. Jahrhundert zu keinem radikalen Bruch mit der mittelalterlichen Tradition kam, zeigen auch die zahlreichen Schlossbauten der Renaissance, die an der Stelle älterer Burgen errichtet wurden, in der Regel unter Einbezug älterer Bauteile. Namentlich der Hauptturm der Burg wurde fast immer beibehalten, er ist geradezu ein typisches Element von Renaissanceschlössern. Nur bei neuen Schlossfestungen hat man teilweise auf eine solche bauliche Kontinuität verzichtet (z. B. Wülzburg, Jülich, erhalten blieben die Türme aber in Würzburg und Spandau).

Wesentliche Veränderungen in der Bedeutung der Burgen lassen sich erst im Laufe des 18. Jahrhunderts beobachten, wobei es auch

99 Jever, Torseite der Burg mit ehemaligem Bergfried

hier zu keinem vollständigen Bruch kam. Auf die Verteidigungsfähigkeit legte man bei Neu- und Umbauten von Burganlagen ab dem frühen 18. Jahrhundert vielfach keinen großen Wert mehr, auch wenn in Einzelfällen Burgen weiterhin kriegsrelevant waren. Im 18. Jahrhundert verloren somit viele Burgen eine ihrer traditionellen Aufgaben. Sie wurden künftig als reine Wohnbauten oder Verwaltungssitze (Amtssitze) weitergenutzt. Viele Anlagen verfielen aber auch und sind heute nur als Ruinen überliefert.

Vom Burgen-Historismus zur Gegenwart

In dem Maße, wie die Burg im 18. Jahrhundert ihre volle Funktion als verteidigungsfähiger Herrschaftssitz nach und nach verlor, begann ihre sukzessive «Wiederentdeckung» als Monument der Geschichte. Das neue Interesse an Burgen spiegelt sich einerseits in der wachsenden Literatur zu diesem Thema, angefangen von historischen Abhandlungen bis hin zu den ersten Burgenführern, andererseits aber in der von England ausgehenden Mode, Bauten im mittelalterlichen (zumeist gotischen) Stil nachzubauen und in Parks künstliche Ruinen zu errichten. Zu den führenden Beispielen in England zählte das ab 1749 von Horace Walpole errichtete neugotische, teilweise burgenähnliche Landhaus Strawberry Hill in Twickenham, das durch frühe Publikationen schnell bekannt wurde. Das Phänomen ist jedoch bereits in der ersten Hälfte des 18. Jahrhunderts in den Schlossparks barocker Residenzen zu beobachten. Wie die als «Burgen» bezeichneten Bauten im Schlosspark zu Nymphenburg (München) zeigen, war der Begriff «Burg» allerdings noch nicht unbedingt mit einem mittelalterlich aussehenden Bauwerk verbunden, sondern konnte die verschiedensten Arten pittoresker Lustarchitektur bezeichnen, in Nymphenburg etwa die Pagodenburg (1716–1719), die Badenburg (1718–1721) und die Amalienburg (1734–1739). Trotz der scheinbar historisierenden Namensgebung handelt es sich hier um Barockbauten ohne jeden historistischen Anklang.

Ab der Mitte des 18. Jahrhunderts entstanden in den Schlossparks, unter anderem in Sanspareil in Oberfranken (ab 1747), vermehrt Bauten in Form antikisierender oder historisierender Ruinen. Vorbilder für diese «Ruinenromantik» finden sich wie gesagt in England, wo der Gartenarchitekt Sanderson Miller (1717–1780) ab 1747 in Hagley (Worcestershire) eine neugotische Burgruine errichtete. Zwischen 1761 und 1784 wurde durch den Klosteramtmann Jobst Anton von Hinüber ein Landschaftspark («Hinüberscher Garten») beim evangelischen Damenstift Marienwerder nahe Hannover angelegt, unter anderem mit einer kleinen Turmruine. 1779–1781 ließ sich der hessische Landgraf Wilhelm IX. in Wilhelmsbad bei Hanau einen bewusst mittelalterlich wirkenden viergeschossigen Bruchsteinturm mit kleinen Anbauten als Wohnbau errichten. Der Turm erhielt über einem Rundbogenfries ein «Wehrgeschoss» als künstliche Ruine und wurde ergänzt um einen kleinen Turm, der gleichfalls als künstliche Ruine die Rolle eines Gartenhauses übernahm.

Die bedeutendste künstliche Burgruine ist die Löwenburg, die Landgraf Wilhelm IX. am Rande des barocken Parks von Schloss Wilhelmshöhe bei Kassel errichten ließ.[194] Die 1793 von dem Architekten Heinrich Christoph Jussow begonnene Anlage ist vierflügelig und verfügte ursprünglich über einen runden «Bergfried», der allerdings 1945 weitgehend zerstört wurde. Ein Teil der Anlage wurde als künstliche Ruine errichtet, ein Teil jedoch lag unter Dach und hatte die Aufgabe, die kurfürstliche Sammlung von kirchlichen Kunstwerken, besonders von Glasfenstern, aufzunehmen. Vor allem diente die Burg aber als privater Rückzugsort des Kurfürsten mit seiner Mätresse; auch hohen Gästen wurde die Burg auf kurzen Besichtigungsfahrten durch den Schlosspark Wilhelmshöhe präsentiert. Ausgestattet mit Bergfried, Torturm und Zugbrücke, wirkt die Anlage auf den ersten Blick ausgesprochen mittelalterlich, die symmetrische Gliederung der Hoffassaden und die klare Anordnung von Fensterachsen zeigen jedoch eine klassizistische Planung der Gesamtanlage.

Auch der preußische König Friedrich Wilhelm II. ließ sich ab 1794 auf der Pfaueninsel zwischen Charlottenburg und Potsdamer Schloss ein kleines Lustschloss in Form einer künstlichen Ruine errichten. Zwei durch eine Eisenbrücke verbundene Rundtürme fassen einen als Ruine gestalteten Wohnbau ein, bei dem es sich um einen holzverschalten Fachwerkbau handelt. Mit der Hanselburg bei Loosdorf nördlich von Wien entstand im Auftrag Fürst Johanns I. von Liechtenstein um 1800 auch in Österreich eine erste künstliche Ruine. An der Stelle eines «Hausbergs», also einer Motte aus dem 13. oder 14. Jahrhundert, steht ein runder Turm mit rechteckigen Anbauten aus Mischmauerwerk (Backsteinkern und Bruchsteinverkleidung) und mit offenen Arkaden zu einem freien Platz. Damit wurde ein Lustbau geschaffen, der bei Ausflügen und Festen des Bauherrn genutzt werden konnte. Bauformen des Mittelalters wurden nur sehr allgemein aufgegriffen, etwa in dem runden Turm, einigen spitzbogigen Öffnungen und (unvollendeten) Ecktourellen.

Um 1800 finden sich vermehrt Anzeichen eines beginnenden Burgentourismus, dessen Ziel nun die echten mittelalterlichen Burgen und Burgruinen waren. Der zunehmende Tourismus an Rhein und Mosel förderte die Veröffentlichung von Büchern mit Panoramen der beiden Flusstäler inklusive Darstellungen von Burgen sowie die Erstellung historischer Abhandlungen zu den einzelnen Burgen. Parallel kam es auch zu den ersten groß angelegten Restaurierungsmaßnahmen an Burgruinen. Im Vordergrund stand nun nicht mehr das Interesse an einer pittoresken Ruine, sondern die Wiederherstellung des authentischen mittelalterlichen Erscheinungsbildes. Zu den prominentesten Beispielen gehört hier Burg Stolzenfels am Rhein. 1823 erhielt der preußische König Friedrich Wilhelm IV. die wertlos gewordene Burgruine von der Stadt Koblenz zum Geschenk. Der mittelalterbegeisterte Monarch veranlasste zunächst eine Dokumentation des Bestandes mit einem Aufmaß sowie einem Modell. Auf dieser Grundlage beauftragte er den preußischen Baumeister Friedrich Schinkel (ab 1839 dann Friedrich August Stüler) mit der Renovierung und Wiederherstellung der Burg, die ab 1842 als Sommersitz des Königs diente. Während das Bauwerk heute eher den Eindruck erweckt, ein weitgehender Neubau im neogotischen Stil zu sein, verdeutlicht das Modell der Ruine den erheblichen Umfang erhaltener mittelalterlicher Bauteile, die Schinkel beim Wiederaufbau zumindest im Hinblick auf die Grundform der Anlage berücksichtigte.

Die wichtigste Baumaßnahme der Jahrhundertmitte war dann die Erneuerung der Wartburg. Sie hatte bereits 1817 im Zuge des ersten Burschenschaftsfestes («Wartburgfest») in Erinnerung an das Reformationsjubiläum überregionale Aufmerksamkeit erlangt; jenseits ihrer Funktion als feudaler Herrschersitz hatte sie auch für die demokratische Bewegung Symbolkraft gewonnen. Die Restaurierung der teilweise verfallenen Burg, die der Architekt Hugo von Ritgen ab 1843 im Auftrag des Großherzogs Carl Alexander von Sachsen-Weimar-Eisenach leitete, umfasste den Ausbau des «Palas» mit der Wiederherstellung des kleinen und des großen Saales sowie die Errichtung der «Neuen Kemenate» und des Bergfriedes (Abb. 60). Die Maßnahmen änderten die Silhouette der Wartburg grundsätzlich. Der mittelalterliche Bergfried war zwar noch als Stumpf erhalten, doch entstand an seiner Stelle ein völlig neuer Turm. Statt als Wehrbau diente er nun als Aussichts- und Wasserturm, aber mit dem Kreuz auf dem Helm auch als weithin sichtbares Wahrzeichen der Burg. Zur Bekanntheit der Wartburg trugen vor allem die Bilderzyklen Moritz von Schwinds bei, die den sagenhaften Sängerkrieg auf der Wartburg, das Leben der hl. Elisabeth und wichtige gleichfalls sagenhafte Ereignisse aus der thüringischen Geschichte zum Inhalt haben. Großherzog Carl Alexander nutzte die Wartburg auch als privaten Wohnsitz, doch stand statt der Wehrfunktion nun die Funktion als zumindest partiell öffentlich zugängliches Geschichtsmonument im Vordergrund. Statt Ankommende abzuwehren, dienten die Mauern jetzt eher als Touristenmagnet.

Von der Errichtung künstlicher Ruinen im 18. Jahrhundert über die Wiederherstellung tatsächlicher Ruinen in der ersten Hälfte des 19. Jahrhunderts bis zur Neuerrichtung mittelalterlich wirkender Burgen mit moderner Ausstattung war es nur ein kleiner Schritt. 1837 erwarb Herzog Wilhelm von (Württemberg-)Urach die ehemalige Burg Lichtenstein (Kreis Reutlingen), die allerdings 1802 von Herzog Friedrich II. von Württemberg durch einen bescheidenen zweistöckigen Fachwerkbau ersetzt worden war. Angeregt durch den um 1500 spielenden Mittelalterroman «Lichtenstein» des romantischen Dichters Wilhelm Hauff (1826), ließ Wilhelm von Urach an gleicher Stelle 1837–1842 eine vollständig neue Burg errichten. Interessanterweise wurde sie mit einer kleinen bastionären Befestigung verbunden, war also trotz des späten Entstehungszeitpunktes noch verteidigungsfähig angelegt. Ansichten der neuen Burg Lichtenstein wurden für spätere Ausgaben von Wilhelm Hauffs Roman als Illustrationen genutzt.[195] Nicht zu verwechseln ist diese Anlage mit der niederösterreichischen Burg Liechtenstein nahe Wien (Abb. 100), bei der der gesamte untere Bauteil aus sorgfältigem romanischen Mauerwerk besteht und nur das oberste Stockwerk samt den Türmen und Dächern im Historismus hinzugefügt wurde. Erst jetzt entstand die durch Turmhelme geprägte Burgsilhouette.

Die zweifellos bekannteste neue «Burg» in Deutschland ist Neuschwanstein bei Füssen – tatsächlich ein vollständiger Neubau des 19. Jahrhunderts mit allem modernen Komfort. Bauherr war der mittelalterbegeisterte bayerische König Ludwig II., der 1867 unter dem Eindruck der in Sichtweite liegenden Burg Hohenschwangau (Abb. 101) – trotz geringer mittelalterlicher Reste ein fast vollständiger Neubau der Jahre ab 1832 – die Errichtung seiner eigenen «Burg» anordnete. Hierzu wählte er den Bergrücken oberhalb von Hohenschwangau, wo sich die Reste einer mittelalterlichen Burgruine befanden, die für den Neubau abgebrochen wurden. Ludwig II. nahm erheblichen Einfluss auf die Bauplanung, für die er sich unter anderem von der soeben wiederhergestellten Wartburg, besonders von deren Festsaal, sowie von Schloss Pierrefonds in Frankreich inspirieren ließ; dieses hatte der bekannte französische Architekt Viollet-le-Duc als Privatresidenz Kaiser Napoleons III.

100 Liechtenstein bei Wien, Gesamtansicht der Burg, unten romanisches Quadermauerwerk, zwei obere Geschosse aus dem 19. Jahrhundert

auf den Ruinen einer mittelalterlichen Burganlage errichtet. Im Gegensatz zu Burg Lichtenstein weist Schloss Neuschwanstein keinerlei Wehranlagen mehr auf.

In Neuschwanstein ist auch die gesamte Innenausstattung in historistischem Stil neu gestaltet. Hingegen bemühte sich der österreichische Graf Hans Wilczek bei der Burg Kreuzenstein (Niederöster-

101 Hohenschwangau, von Neuschwanstein aus gesehen

reich), die er 1874–1906 an der Stelle einer mittelalterlichen Anlage errichten ließ, um möglichst große Authentizität. «Es sollte die ganze Burg getreu der idealen Vorstellung einer Veste der romanischen und gotischen Zeitperiode im Rahmen des zerstörten Bollwerks wiedererstehen», heißt es im Vorwort zu einem Tafelband, der 1914 von Alfred Ritter von Walcher, dem Direktor der Kunstsammlungen des Grafen, herausgegeben wurde. Der Bauherr ließ alte Ausstattungsstücke verwenden und bezog sogar originale, allerdings aus zahlreichen anderen Anlagen stammende Bauteile in den Neubau ein. Wilzcek stand mit den wichtigsten Forschern seiner Zeit in intensivem Kontakt, um zu einer möglichst «original» erscheinenden Gestaltung seines Bauwerks zu kommen.

Nicht nur Adlige, auch Bürgerliche, vor allem Industrielle, traten in der zweiten Hälfte des 19. Jahrhunderts vermehrt als Burgenbesitzer und Bauherren von Burgenneubauten auf. Zu ihnen gehört der Bonner Gastwirtssohn und Bankier Stephan von Sarter, der sich nicht nur 1881 den Titel eines Freiherrn erkaufte bzw. «erspendete», sondern seinen Adelstraum 1882–1884 mit dem Neubau von Schloss Drachenburg am Drachenfels (Rheinland) krönte. Unterhalb der Reste der mittelalterlichen Drachenburg ließ der neu erhobene Baron eine moderne Villa mit Versatzelementen nach Burgen und Schlössern aus Deutschland wie aus Frankreich errichten. Sie sollte groß und malerisch über dem Rheintal thronen, erhob jedoch im Gegensatz etwa zu Kreuzenstein nicht den expliziten Anspruch, eine mittelalterliche Burg möglichst authentisch nachzubilden.

Neben Industriellen nutzte auch das wilhelminische Kaiserreich den Wiederaufbau von Burgen zur Selbstdarstellung, allerdings mit deutlichem politischen Akzent. 1882–1922 wurde die Marienburg in Westpreußen wiederhergestellt. Die Burg des Deutschen Ordens galt dem Kaiserreich als Symbol deutscher Stärke; Kaiser Wilhelm II. ließ sich den Fortschritt der Baumaßnahmen persönlich zeigen.[196] Ab 1901 folgte an der Westgrenze des Deutschen Reiches der Wiederaufbau der Hohkönigsburg (Abb. 102). Sie stellte für Wilhelm II. ein Monument der (militärisch erzwungenen) Zugehörigkeit des Elsass zum Deutschen Reich dar. Der Burgenforscher und Architekt Bodo Ebhardt erstellte über 2000 Pläne, in denen er die Rekonstruktion der hochmittelalterlichen Höhenburg bis hin zum Mobiliar entwarf. Die neuen Bauteile – etwa die gesamte obere Hälfte der Burg wurde erneuert – signierte Ebhardt nach mittelalterlichem Vorbild mit Steinmetzzeichen, die von Jahr zu Jahr wechselten. Für die Ergänzung verlorener Bauteile ließ er sich von anderen Burgen anregen, für die (unvollendete) Ausstattung des Bergfrieds beispielsweise von der Burg Torrechiara in Oberitalien. In Fachkreisen waren die Baumaßnahmen sehr umstritten. Deutschnationale Kunsthistoriker wie Georg Dehio unterstützten die Wiederherstellung, kritischere und politisch liberalere Burgenforscher wie Otto Piper kritisierten sie wegen der zu phantasievollen, historisch ungesicherten Ergänzungen. Frankophile Elsässer wie der Karikaturist «Hansi» (Jean Jacques Waltz) äußerten Kritik an den deutschnationalen Untertönen des Wiederaufbaus.

Zum Streit kam es ebenfalls im Zuge des Wiederaufbaus von Schloss Heidelberg, das seit 1693 eine Teilruine war. Hierzu hatte eine Baukommission unter Leitung des an der Technischen Hochschule in Karlsruhe lehrenden Architekten Carl Schäfer (1844–1908) in den 1890er Jahren Pläne vorgelegt, um vor allem die großen, palastartigen Wohnbauten wiederherzustellen. Dies erregte unter anderem den Widerspruch Georg Dehios, der eben noch in Bezug auf die Hohkönigsburg ein heftiger Verfechter eines nationalistisch geprägten Wiederaufbaus gewesen war. Zu dieser Zeit wurde der Leitsatz entwickelt, dass Denkmalpflege restaurieren und nicht rekonstruieren solle; viele Kunsthistoriker und Denkmalpfleger sprachen sich damit gegen die von Architekten favorisierten Baumaßnahmen in Heidelberg aus. Die Burgenforschung wurde auf diese Weise auch zu einem Ausgangspunkt der modernen Denkmalpflege. Von staatlicher Seite aus geführte Unternehmungen zum Wiederaufbau zerstörter Burgen und Schlösser kamen in der Folge für fast ein Jahrhundert weitgehend zum Erliegen.

Private Burgenbaumaßnahmen wurden allerdings weiterhin durchgeführt, unter anderem auch von Bodo Ebhardt. Hierzu gehörte in den 1920er Jahren der Ausbau der Veste Coberg, die inzwischen in das Eigentum der Coburger Landesstiftung übergegangen war. Für die meisten Bauten bildete 1918 das Ende des Kaiserreichs und damit auch der Adelsherrschaft in Deutschland eine entscheidende Zäsur. Zwar verloren die Adeligen in der Regel nicht ihren persönlichen Wohnsitz, doch es wurde eine Trennung zwischen Staatseigentum und Privateigentum vorgenommen, in deren Folge die wirtschaftlich nutzbaren Ländereien und Besitztümer größerenteils in öffentliche Hand übergingen. Damit

102 Hohkönigsburg, Blick von der Bastion auf die Kernburg mit dem Bergfried, 1901–1908

fehlten den Adeligen vielfach die Mittel zur Finanzierung von Baumaßnahmen.

Mit der Möglichkeit, immer mehr Burgen und Schlösser zu besichtigen, stieg der Burgentourismus ab den 1920er Jahren stetig an und riss selbst während des Zweiten Weltkriegs kaum ab; unzugänglich blieben nur die Burgen, die weiterhin als Wohnsitze der angestammten Adelsfamilien oder neuer bürgerlicher Eigentümer dienten; Letztere konnten Burgen seit dem 19. Jahrhundert leichter erwerben. Doch bei vielen Burgen bestand nunmehr die Hauptfunktion darin, als Tourismusobjekt zu dienen, wofür unter den fürstlichen Vorbesitzern zusammengetragene Sammlungen zusätzliche Anreize bieten konnten (wie z. B. in der Coburg und in der Wartburg).

Weniger dem Tourismus als im weitesten Sinne der Freizeitgestaltung oder einem gemeinnützigen Anliegen dienten Burgen im Besitz von Vereinen. Regionale Geschichtsvereine und örtliche Fördervereine übernahmen in den 1920er Jahren einzelne Burgen, um sie zu pflegen und zugänglich zu machen; weitere Vereinsgründungen erfolgten nach dem Zweiten Weltkrieg. Als wichtigste Vereinigung auf nationaler Ebene konnte die Vereinigung zur Erhaltung deutscher Burgen (heute: Deutsche Burgenvereinigung e. V.) auf Initiative Bodo Ebhardts die Marksburg bei Braubach erwerben. Eine im Vergleich dazu kleine Gruppe, die in der Wirkung jedoch von einiger Bedeutung war, stellten die Vereinigungen im Rahmen der Jugendbewegung dar. Diese fanden sich 1913 zu einem viel beachteten Treffen auf Burg Hanstein an der Werra zusammen und trafen sich anschließend auf dem Meißner bei Eschwege. Dazu gehörten vor allem die Vereinigung Wandervogel (offiziell 1904 gegründet) und die katholische Gemeinschaft Quickborn. Während des Ersten Weltkriegs entstand innerhalb der Jugendbewegung die Idee, Burgen zu erwerben und zu Begegnungs- und Gedenkstätten umzugestalten. Der Lehrer Gustav Wyneken (1875–1964), der heute wegen seiner Stellungnahme zugunsten einer «erotischen» Pädagogik umstritten ist, formulierte erstmals die Forderung nach dem Bau einer Jugendburg; Enno Narten, ein Student der Technischen Hochschule Hannover, setzte die Idee durch Erwerb der Burg Ludwigstein an der Werra um. Es folgten der Ausbau der Burg Rothenfels am Main sowie der Plan zu einem weitgehenden Neubau der «Burg» Waldeck im Hunsrück, der sich weitgehend aber erst ab 1968 verwirklichen ließ.[197] Gemeinschaftsräume dienten festlichen Versammlungen und Seminaren, Schlafräume der mehrtägigen Unterkunft; die Betreuung übernahmen anfänglich Kriegsversehrte. Grundsätzlich gelten als Jugendburgen nur die Einrichtungen, deren Träger selbstbestimmte Jugendgruppen sind, nicht kirchliche oder parteiliche Organisationen. Sehr viel häufiger entstanden schon ab 1909 Jugendherbergsburgen. Die erste Burg, die zu einer Jugendherberge umgebaut wurde, war Altena in Westfalen (1909–1914), zugleich die erste Jugendherberge der Welt; die Anregung dazu hatte der Lehrer Richard Schirrmann (1874–1961) gegeben. Auch auf diesem Gebiet waren Burgen also noch in der Moderne der Schauplatz von Innovationen.

Während des Dritten Reichs ließ die nationalsozialistische Führung Burgen dort erneuern, wo sie mit einer besonderen Symbolkraft rechnete. Eine solche Anlage war die Kaiserburg in Nürnberg als der «Stadt der Reichsparteitage» – Leni Riefenstahls Propagandafilm «Triumph des Willens» (1934/35) zeigt Hitler im Rundflug um die Kaiserburg, bevor er zum Reichsparteitagsgelände fährt. In der Burg selbst wurde die historistische Ausstattung entfernt, die Neuausstattung war nüchterner, verzichtete jedoch auf den für NS-Bauten sonst so typischen Monumentalstil. Darin unterscheidet sich der Ausbau Nürnbergs von dem des Trifels – für beide Bauten war Rudolf Esterer (1879–1965) zuständig. Der Trifels war ebenso symbolträchtig wie die Nürnberger Kaiserburg, da er im Mittelalter zeitweilig als Aufbewahrungsort der Reichskleinodien gedient hatte. Hier entstand ein neuer Flügel mit einer großen, überhohen Halle, für die es im Burgenbau keine Parallele gibt.

Ein anderer Fall sind die sogenannten Ordensburgen, bei denen es sich um Neubauten des Dritten Reichs handelt. Für die drei Anlagen Krössinsee (Pommern), Sonthofen (Allgäu) und Vogelsang (Eifel) nutzte man zwar den suggestiven Namen der (Deutsch-)«Ordensburgen»; tatsächlich aber waren sie Kasernen zur propagandistischen Schulung des SS-Nachwuchses. Sie waren weitgehend auch als Kasernen gestaltet (und wurden nach dem Krieg zunächst als solche weitergenutzt). Damit setzten sie sich in ihrer Architektur bewusst von den oft verschachtelten mittelalterlichen Burganlagen ab, aber auch von den Deutschordensburgen mit ihrem regelmäßigen, klosterähnlichen Grundriss. Ein Sonderfall in der NS-Zeit war die «Burg» Feuerstein bei Ebermannstadt (Fränkische Schweiz), die 1941/42 errichtet wurde. Sie besitzt äußerlich die Form eines mittelalterlichen Wehrbaus, wurde jedoch in Wahrheit zur

Tarnung eines für die nationalsozialistische Kriegsführung wichtigen Unternehmens gebaut. Durch die äußere Form wollte man die Anlage vor Luftangriffen schützen – tatsächlich blieb sie bis 1945 unentdeckt.

Seit dem Zweiten Weltkrieg sind Baumaßnahmen in Burgen vornehmlich denkmalpflegerische Projekte nach den zu Beginn des 20. Jahrhunderts entwickelten Maßstäben. Die Wiederherstellung kriegszerstörter Bauten stand lange Zeit an erster Stelle, wobei man durchaus auf in der NS-Zeit erstellte Pläne zurückgriff. So wurde ein Teil der Kaiserburg in Nürnberg nach den Plänen aufgebaut, die zur Sanierung der Burg um 1935 angefertigt worden waren, und der Trifels wurde nach den im Nationalsozialismus entstandenen Plänen Rudolf Esterers weitergebaut, zuletzt durch Aufstockung des Hauptturmes 1964–1966. Während diese Maßnahmen im Nachkriegsdeutschland kaum Widerspruch erweckten, erregten andere Bauprojekte in Burgen wesentlich mehr Aufsehen. Zu diesen gehörte der Rathausbau, der von dem Architekten Gottfried von Böhm in den Resten der Burg Bensberg in Bergisch-Gladbach errichtet wurde (1964–1967). Ein anderer Fall war der Gaststättenbau desselben Architekten auf der Godesburg (1960). Beide Male handelt es sich um aus modernen Materialien wie Sichtbeton und Glas erstellte Bauten, welche auf die mittelalterliche Burgenform nur in stark verfremdender Weise anspielen.

Seit den 1970er Jahren bestimmen vor allem Sanierungen das Baugeschehen in Burganlagen. Die Burgenforschung ist dabei sehr häufig zu kurz gekommen.[198] Der Massenansturm der Besucher auf einige Burgen hat auch manche fragwürdige Baumaßnahme zum Schaden der Substanz nach sich gezogen, etwa wenn zur Ruinensicherung Wege ausbetoniert wurden oder Bruchsteinmauerwerk großflächig mit neuen Zementmörtelausfugungen versehen wurde, um eine scheinbar längere Haltbarkeit zu bewirken. Tatsächlich gingen dadurch aber viele historische Spuren verloren. Innenausbauten in Stahlbeton erlauben eine Übernutzung der historischen Substanz, bei der das eigentlich zu rettende Bauwerk jedoch teilweise vernichtet wird. Einrichtungen wie die Thüringische Schlösserstiftung versuchen diesen Tendenzen durch beispielhafte, von intensiver Bauforschung vorbereitete und begleitete Sanierungsmaßnahmen zu begegnen, unter denen die Wiederherstellung der 1982 ausgebrannten Veste Heldburg nur ein Beispiel ist.

7. MYTHOS BURG

«Ein feste Burg ist unser Gott» – so beginnt ein Kirchenlied, das Martin Luther um 1529/31 dichtete und das seither Bestandteil evangelischer Gottesdienste ist. Luthers Vergleich von Burg und Gott gehört noch heute zu den bekanntesten Burgenmetaphern und steht zugleich beispielhaft für den «Mythos Burg», der bereits im Mittelalter einsetzte und bis heute fortwirkt. Teil dieses Mythos ist die auch von Luther aufgerufene Vorstellung von Stärke, Erhabenheit, Wehrhaftigkeit und Unbezwingbarkeit.

Der griechische Begriff «Mythos» bedeutet Wort, Rede oder Geschichte. Im spezielleren Sinne bezeichnet er eine sinn- und identitätsstiftende Erzählung. Der mittelalterliche Mythos Burg äußert sich zunächst in Rittersagen, die sich um König Artus, Parzival und Lanzelot, um die Nibelungen und Lohengrin oder um das Fischweib Melusine ranken und in denen Burgen immer wieder eine bedeutende Rolle als Ort des Geschehens spielen. Allen voran ist hier die Gralsburg zu nennen, welche als Aufbewahrungsort des Heiligen Grals, also des Abendmahlskelches Christi, in der Sage eng mit der christlichen Heilsgeschichte verknüpft ist. Der Dichter Wolfram von Eschenbach (tätig 1200–1225) bezeichnet die Gralsburg als «Munsalvæsche» («Berg des Heils»). In Wolframs «Parzival» wird sie ein heiliger Ort genannt und zum Maßstab aller Burgen stilisiert.

Die Transformation der Burg in einen Mythos wurde bislang als Phänomen der Romantik angesehen, die mit ihrer Burgenverherrlichung als Ursprung der modernen Vorstellung von der Burg galt. Zwar waren das 19. und das frühe 20. Jahrhundert mit ihren historisierenden Rekonstruktionen und Neubauten – von der Löwenburg bei Kassel über Stolzenfels und Rheinstein sowie Neuschwanstein bis hin zur Hohkönigsburg – besonders prägend für die Wahrnehmung der Burgen; doch zeigen die wenigen eben gegebenen Hinweise, dass die mythische Überhöhung der Burg sehr viel weiter zurückreicht und über die Frühe

Neuzeit in die Moderne überliefert wurde. In der Zeit der Renaissance konnte beispielsweise ein wertvoller Tafelaufsatz oder der Deckel eines Prunkpokals als Burg gestaltet sein. Wie sehr im Laufe des Barock die Burg Inbegriff von Macht und Herrschaft blieb, verdeutlichen die erwähnte Truhe der Familie Esterházy in Forchtenstein[199] und der Burgenerwerb des bürgerlichen Malers Peter Paul Rubens, aber auch die zahlreichen Erneuerungen von Burgen im 17. und 18. Jahrhundert. Bis zu einem gewissen Grade sind sogar die mit der Burg verbundenen ritterlich-höfischen Lebensformen bis heute eine Grundlage der (westlichen) Zivilisation und ihrer Werte.[200]

Für das Burgenbild der Neuzeit waren die Ritterepen sehr viel prägender als die archäologischen oder baulichen Befunde der Burgen selbst. Mit deren architektonischer Erscheinung hat man sich intensiver erst ab dem Beginn des 19. Jahrhunderts auseinandergesetzt. Nur allmählich wurde nun ein wissenschaftlich haltbares Bild der Burg im Mittelalter (re-)konstruiert, bei dem aber auch heute noch die Zahl der Fragen größer ist als die der Antworten. Dafür hat sich im Laufe des 20. Jahrhunderts der Mythos teilweise zum Klischee gewandelt, vor allem durch die Film- und Unterhaltungsindustrie. Hier haben sich Vorstellungen verselbständigt, die nicht auf Befunden beruhen, sondern durch die Suche nach besonders beeindruckenden Bildern bestimmt sind. Dazu gehören die Folterungen, der Schwertkampf auf engen Treppen, Saufgelage mit herumfliegenden Knochen oder die Verteidigung der Burgmauern mit Pech und kochendem Wasser. All das hat mit der mittelalterlichen Realität höchstens entfernt etwas zu tun.

Die Geschichte des Mythos Burg reicht also vom Mittelalter bis in die Moderne (Abb. 103, 104). Sie spannt einen Bogen von der romanhaften Gralsburg des Mittelalters über die baulichen Burgenrekonstruktionen und Neuschöpfungen des 19. Jahrhunderts bis zu Walt Disneys Dornröschenschloss (1971), zur Harry-Potter-Burg Hogwarts und zu aktuellen Reenactment-Veranstaltungen auf verschiedenen Burgen.[201] Der Mythos ist Voraussetzung für den Massentourismus zu Burgen, damit aber auch für das enorme Interesse an deren Geschichte.

Antworten auf die zahlreichen Fragen, die sich an Burgen stellen lassen, stoßen immer wieder an Grenzen. Unser Burgenbild basiert vielfach auf den Vorstellungen der letzten 200 Jahre und muss stets erneut anhand der Objekte selbst hinterfragt und korrigiert werden. Dazu ist es nötig, die Quellen umfassender und interdisziplinärer zu studieren, als dies in der Vergangenheit geschehen ist. Dabei muss man sich aber immer der Lückenhaftigkeit der Überlieferung bewusst sein. Als Quellen sind nicht nur die historischen Dokumente anzusehen, die sich zu einer Burg zusammentragen lassen, sondern zuallererst das Bauwerk selbst, das es bau- und kunsthistorisch zu untersuchen und zu bewerten gilt.

Doch gerade wenn man einen Überblick über die gesamte Periode des Burgenbaus geben will, spielen archäologische Befunde sowie Archivalien und Urkunden eine wesentliche Rolle, denn insbesondere die frühen Burgen sind nicht mehr oberirdisch erhalten. Durch Einbeziehung solcher Hinweise zu frühen Burgen kann verdeutlicht werden, dass die Geschichte dieses Bautyps nicht erst im 11. Jahrhundert beginnt, sondern bereits in vorkarolingischer und karolingischer Zeit; ebenso kann gezeigt werden, dass im Hochmittelalter die «Versteinerung» nicht die, sondern nur eine Entwicklung darstellt und dass daneben Holzbauten bis ins beginnende Spätmittelalter bedeutsam blieben. Viele Beobachtungen der jüngeren Burgenforschung relativieren sich, wenn man die Kenntnisse über verschwundene Bauten stärker einbezieht.

Dennoch sind wesentliche Teile dieses Buches aus dem Blickwinkel eines Bauhistorikers geschrieben. Versteht man bei einer Burg

103 Forchtenstein, Truhe mit den alten und neuen Burgen der Familie Esterházy, 1688

den Bauvorgang, die Bautechnik mit ihren teilweise datierbaren Aspekten und die baulichen Veränderungen, so kann man oft mehr über ihre Entwicklung erfahren, als auf den ersten Blick möglich zu sein scheint. Die Untersuchung von Baumaßnahmen mit der Rekonstruktion von ältesten Bauphasen und der Analyse von Veränderungen ist per se aber nicht neu. Aus kulturgeschichtlicher Sicht haben wir uns in diesem Buch vor allem der Frage nach der Nutzung der Burgen und ihrer Räumlichkeiten zugewandt. Gerade dieser Gesichtspunkt erfordert das intensive Zusammenwirken verschiedenster Fachdisziplinen. Baugeschichtliche Spuren der einstigen Bewohnung sind bisher nur unzureichend analysiert worden, literarische und bildliche Quellen sowie historische Dokumente, die sich auf das Wohnen beziehen, standen nur selten im Mittelpunkt der Forschung.

104 Altar mit Anbetung der Hl. Drei Könige, Burgendarstellung im Hintergrund, um 1450

Dieses Buch sollte unter anderem deutlich machen, dass es Burgen bereits im Frühmittelalter in nicht unerheblicher Zahl gab und dass es sich anfänglich dabei keineswegs grundsätzlich um Adelsburgen gehandelt hat. Die Definition der Burg als befestigter Wohnplatz des Adels trifft zwar auf eine Mehrheit der erhaltenen Bauten zu, jedoch nicht auf den Burgenbau generell; vorzuziehen ist vielmehr eine Bestimmung der Burg als befestigter Wohnplatz überhaupt oder, einschränkend, als befestigter Wohnplatz einer Herrschaft.

Im hoch- und spätmittelalterlichen Burgenbau, auch das sollte dieses Buch zeigen, lassen sich Wohnräume sehr viel häufiger identifizieren, als dies bisher geschehen ist. Ansätze des kulturgeschichtlich aufgeschlossenen Forschers August Ottmar von Essenwein (1831–1892) können dabei aufgegriffen und weiterentwickelt werden und versprechen für die Zukunft ein deutlich genaueres Wissen über die Struktur und Anordnung von Wohnräumen in Burgen vor dem 15. Jahrhundert.

Schließlich lässt sich auch das «Ende der Burg» neu bestimmen. Im Sinne einer verteidigungsfähigen Anlage einer Herrschaft blieb die Mehrzahl der Burgen jedenfalls bis zum späten 17. Jahrhundert in Gebrauch; anschließend dienten sie, sofern sie nicht aufgegeben wurden, nur noch als Wohnplatz ohne den Anspruch auf Wehrhaftigkeit oder als Verwaltungssitz. Die historische Bedeutung der samt ihren Zugehörungen verlehnten Bauwerke endete erst 1806, in Teilen Mitteleuropas sogar erst 1918.

Mit dem Bedeutungswandel um 1700 stieg gleichzeitig das historische Interesse an Burgen, das sich erstmals im späten 16. Jahrhundert nachweisen lässt und im 18. Jahrhundert zu einer wachsenden Zahl von Publikationen führte. Begleitet wurde es durch das steigende Interesse einer immer breiteren Öffentlichkeit, Burgen bzw. Ruinen zu besichtigen und gewissermaßen für sich selbst zu erobern. Spätestens jetzt wurde der Mythos Burg zum Gemeingut und bewirkte, dass Burgen quer durch alle Gesellschaftsschichten zum Ziel von Ausflügen und Besichtigungen, aber auch zum Gegenstand von Forschungen wurden. Kein historisches Thema und kein Bauwerk vermag alle Alters- und Gesellschaftsschichten mehr anzusprechen als die Burg.

8. DIE GESCHICHTE DER BURGENFORSCHUNG

Zum Abschluss dieses Buches soll hier ein kurzer Überblick über die Geschichte der Burgenforschung in den letzten 400 Jahren gegeben werden. Wir werfen zunächst einen Blick auf die noch weitgehend unbekannte «Vor- und Frühgeschichte» der Burgenforschung vom späten 16. bis zum 18. Jahrhundert, die aber die Wurzeln des Faches darstellt. Daran anknüpfend werden die Entwicklungen bis in die jüngere Vergangenheit skizziert.

Inkunabeln der Burgenforschung

Wenn wir behaupten, dass die Geschichte der Burgenforschung schon im 16. Jahrhundert beginnt, dann meinen wir den Moment, in dem die Burg erstmals als historischer Ort wahrgenommen wurde und als Bauwerk in den Blick der Forschung geriet. Bislang setzte man die Anfänge der mitteleuropäischen Burgenforschung allgemein im späten 19. Jahrhundert an, mit einigen Vorläufern um 1800.[202] Der Grund lag in der Definition: Die meisten heutigen Autoren verstehen unter Burgenforschung primär baugeschichtliche Forschung, weniger die Betrachtung der Bauwerke aus historischer, landeskundlicher, genealogischer, wirtschaftlicher oder rechtsgeschichtlicher Perspektive. Tatsächlich umfasst die Burgenforschung aber neben der Untersuchung einzelner Bauten und der ihnen unmittelbar zuzuordnenden Quellen auch die Erforschung des breiteren historischen, kulturgeschichtlichen und kunstgeschichtlichen Hintergrunds.

Die Geschichte der Burgenforschung, wie sie im Folgenden gezeichnet wird, ist ein Spiegel der sich wandelnden Interessen an Burgen als Bauwerken oder als geschichtlichen Denkmälern. Nach der Entdeckung des Themas in der Chronikliteratur der Renaissance ging es im 17. und 18. Jahrhundert vor allem um die Geschichte der Burgenbesitzer; erst im 19. Jahrhundert standen zunehmend auch die Bauwerke als solche im Mittelpunkt. Im 20. Jahrhundert hat man dagegen häufig die Bauwerke isoliert von ihrem historischen Kontext betrachtet. Erst in jüngerer Zeit ist das Bemühen um eine interdisziplinäre Forschung festzustellen, die in vollem Umfang allerdings meist nur bei größeren Projekten zum Tragen kommt.[203]

Auch die Geschichte der neuzeitlichen Burgenforschung besitzt eine Vorgeschichte. So finden sich kurze Beschreibungen von Burgen und Erläuterungen zu ihrer Geschichte erstmals in handschriftlichen und gedruckten Chroniken des späten Mittelalters, wo Burgen hauptsächlich im Zusammenhang mit historischen Ereignissen, etwa mit Kriegen oder Belagerungen, erwähnt werden. Beispielhaft sind die «Tschachtlan-Chronik»[204] zur Geschichte der Stadt Bern und die Hessische Chronik des Wiegand Gerstenberg[205] zu nennen. Von beiden Chroniken existieren illuminierte Prunkausgaben, die zahlreiche Burgendarstellungen enthalten. Auch wenn sich die Illustrationen auf konkrete Burganlagen beziehen, so handelt es sich in den wenigsten Fällen um realistische Porträts eines konkreten Zustands der jeweiligen Burg, sondern meist um stark stilisierte bzw. typisierte Darstellungen. Das Gleiche gilt für die Illustrationen in den frühen gedruckten Chroniken, etwa der «Weltchronik» von Hartmann Schedel aus dem Jahre 1493 und der 1550 erschienenen «Cosmographia» von Sebastian Münster. In Einzelfällen gilt es sogar noch für die Kupferstiche in der mehrbändigen, ab 1642 erschienenen «Topographia Germaniae» von Matthäus Merian, der ansonsten für seine exakten Bauansichten bekannt war.

Wie für Chroniken generell ist auch für Stadtchroniken typisch, dass sie in zeitlicher Reihenfolge, manchmal auch nach Bauwerken und herausragenden Ereignissen gegliedert sind. Zu den einzelnen Burgen werden historische Daten erwähnt, die zumeist jedoch mit Anekdoten durchmischt sind. Hier ist etwa das «Geschicht und Zeit-Büchlein der weltberühmten Churfürstlichen Stadt Meissen» des Theologen Laurentius Faustus von 1588 oder die «Eilenburgischen Chronica» von Jeremias Simon aus dem Jahre 1696 zu erwähnen. Letzterer zitiert unter anderem aus der 1589 erschienenen Chronik des Johann Pomarius,[206] der «die alten Mauern nach dem Thale zu und daran de[n] alte[n] Thurm» des

Schlosses Eilenburg noch Julius Cäsar zuschrieb. Diese Angabe wird von Simon unter Berufung auf andere Autoren ausführlich erörtert.[207] Offenbar hatte zuvor eine umfangreiche Diskussion um die Anwesenheit der Römer in Eilenburg stattgefunden. Die Stadt bildete dabei keinen Einzelfall: So basiert die bis weit ins 19. Jahrhundert verbreitete Datierung vieler Burgen oder Burgtürme in die Römerzeit auf ähnlichen Hypothesen der Renaissance- und Barockzeit. Sie findet ihre Entsprechung in der genealogischen Herleitung zahlreicher Familien von römischen Herrschern wie Julius Cäsar – ein Phänomen, das sich bereits im Mittelalter beobachten lässt.

Das Interesse an den Ursprüngen von Burgen manifestierte sich nicht nur in Texten, sondern auch in Kunstwerken und Objekten. Im Kölnischen Krieg des neu gewählten Kölner Erzbischofs Ernst von Bayern gegen seinen zum Protestantismus übergetretenen Vorgänger Gebhardt Truchsess von Waldenburg sprengten die Truppen des Ersteren 1583 die Godesburg. Dabei trat eine kleine Inschriftenplatte zutage, die das Jahr 1210 als Gründungdatum der Burg angibt[208] und als vermeintlicher «Grundstein» des Baus Beachtung fand. Auf der Rückseite der Platte, die als Trophäe und historisches Dokument in die herzogliche Kunstkammer nach München kam, vermerkte man die Fundumstände. Die Sprengung selbst wurde kurz darauf in einem Kupferstich von Franz Hogenberg festgehalten. Inschriftenplatte und Stich sind einerseits Monumente der Zerstörung der Godesburg, andererseits aber auch Manifestationen eines neuen historischen Interesses an Burgen.

Dieses lässt sich nur wenig später auch bei Moritz dem Gelehrten von Hessen-Kassel (reg. 1592–1627) feststellen. Der Landgraf ließ nach 1604 die von seinem Onkel Philipp ererbten rheinisch-katzenelnbogischen Burgen genauestens aufnehmen. Die von Wilhelm Dilich (1571–1650) angefertigten Zeichnungen gehören zu den genauesten Burgenplänen, die vor dem 19. Jahrhundert hergestellt wurden. Dilich trug in sie sämtliche Raumfunktionen ein, so dass man einen vollständigen Überblick über die Räumlichkeiten der spätmittelalterlichen Burgen nach den Umbauten des 16. Jahrhunderts erhält. Zudem versah er die Zeichnungen mit kleinen Klappen, was einem erlaubt, hinter die Fassaden in alle Geschosse und Räume zu sehen. In erster Linie dienten die Pläne Moritz zur Dokumentation seines Besitzes, nicht als Grundlage architekturhistorischer Forschungen, auch wenn sie heute in dieser Hinsicht besonders wertvoll sind.[209] Die bewusste Genauigkeit der Aufmaße und der Charakter der Zeichnungen als Dokumentation eines bestimmten architektonischen Zustands verdeutlichen jedoch ein hohes Interesse an den Burgen als historischen Bauwerken.

Insbesondere bei den bislang genannten Publikationen und Objekten kann man darüber diskutieren, ob es sich tatsächlich um Werke der «Burgenforschung» handelt, da ihr primärer Zweck mitunter ein anderer als ein wissenschaftlicher war bzw. die Geschichte der Burgen nicht im Vordergrund des Buches insgesamt stand. Anders verhält es sich mit der «Schwäbischen Chronik» des Martin Crusius (1526–1607, Abb. 105): Nach jetzigem Stand kann man den 28. Mai 1588 als Datum für den Beginn der Burgenforschung nennen. An diesem Tag unternahm der Tübinger Altphilologe Martin Crusius mit einer kleinen Gruppe von Freunden eine Pfingstwanderung, die ihn auf «Schloss Hohenstauf-

105 Martin Crusius, Grundriss der Burg Hohenstaufen in der «Schwäbischen Chronik» von 1595, hier: deutsche Ausgabe von 1733

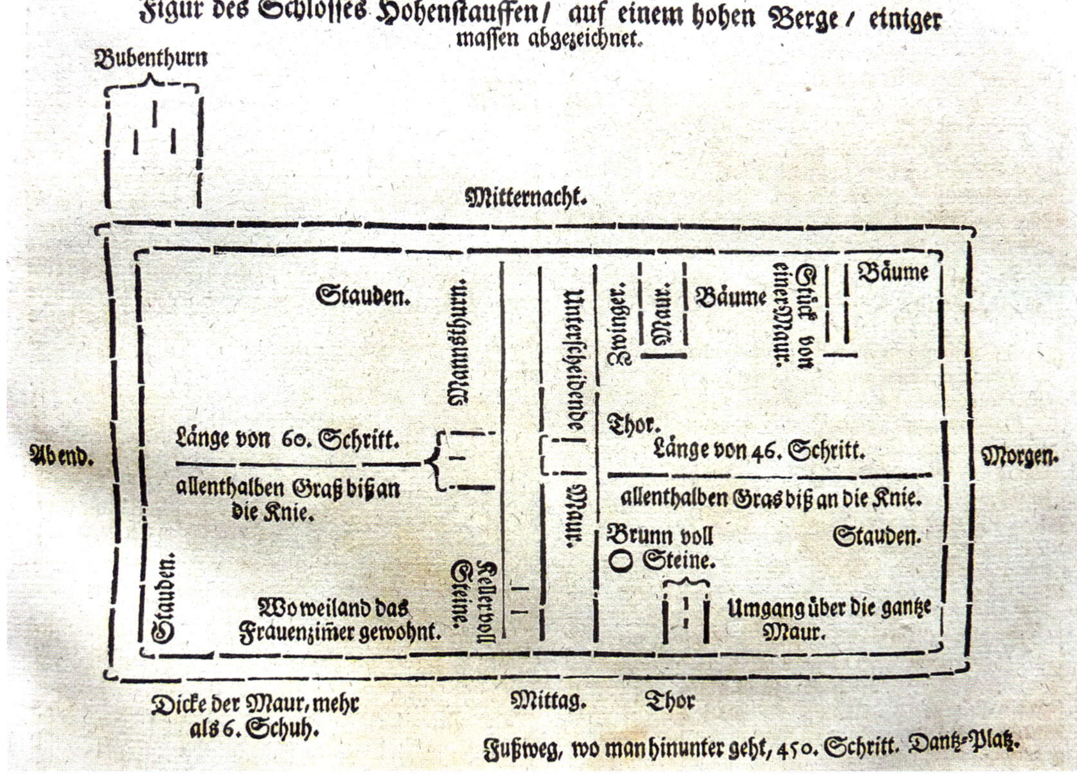

fen» führte. Dort zeichnete er eine Grundrissskizze des erhaltenen Baubestandes und notierte eine Beschreibung der Ruine. 1595 veröffentlichte er diese in seiner «Schwäbischen Chronik» und fügte den Grundriss der Burg als nahezu einzige Abbildung der Chronik bei.[210] Sein generelles Interesse als Philologe galt den Bauinschriften, die es auf dem Hohenstaufen jedoch nicht gab. Eine Methode zur Erforschung von Architektur, auch von Burgen, existierte zu diesem Zeitpunkt noch nicht. Crusius skizzierte die Bauteile und benannte sie nach dem Hörensagen («Mansthurm», «Bubenthurm») oder der eigenen Anschauung («Zwinger», «Murus»). Mit dem dokumentarischen Anspruch, mit dem er das Bauwerk betrachtete, ging er deutlich über die in dieser Hinsicht eher stereotypen Chroniken seiner Zeit hinaus und legte den Grund für die Methode, mit der man Bauwerke während des 17. Jahrhunderts und teilweise auch noch später betrachtete.

1620 erschien dann in Tübingen die Dissertation «De Ganerbiis Castrorum [...] – Von den Ganerben und Burgmännern gemeiner Schlösser, Vösten und Burgen». Sie ist das früheste Werk, das sich umfassend mit Burgen als eigenständigem Untersuchungsgegenstand auseinandersetzt und um klare Definitionen bemüht ist. Der 22-jährige Autor Jakob Wernher Kyllinger (1598–1620), der bereits kurz nach der Veröffentlichung starb, stellte aus juristischen Schriften seiner Zeit – insbesondere von Conradus Lagus (um 1500–1546) und Johann Georg Besold (1580–1625) – Definitionen zu Burgen allgemein sowie speziell zu Ganerben zusammen. Ziel war es, die Rechte und Pflichten in den oft komplizierten Vertragsverhältnissen zwischen verschiedenen Ganerben zu klären. In diesem Zusammenhang gibt Kyllinger auch die Definition der Burg als befestigter Wohnsitz, die schon zu Anfang dieses Buches zitiert wurde. Nicht eine historiographische oder architekturgeschichtliche Publikation, sondern eine juristische Schrift enthält also die erste klare Definition der Burg; sie stellte damit eine wichtige, noch wenig beachtete Grundlage der Burgenforschung dar: «*Est igitur castrum seu castellum* [Es ist folglich ein castrum oder castellum], *ein hoche / veste / starcke Behausung* mit Mauren oder Waltzen umbgeben / in dem sich die Innwohner wider Mißgönner und Feind erhalten und erwöhren mögen / oder / in das man nicht so leichtlich wie in ein Dorff / kommen mag».[211] In Abgrenzung zur Burg behandelt Kyllinger zahlreiche weitere wichtige Begriffe und Phänomene, angefangen mit «Burgus» und

«Faulxbourgs», Burgsitz und Festung, um schließlich auf das Hauptthema seiner Arbeit, die Ganerbenschaft, zu kommen.

1657 nahm der Jurist Johann Jacob Speidel (vor 1600 – nach 1666) in einer Veröffentlichung auf Kyllinger Bezug.[212] Es handelt sich um ein alphabetisches Wörterbuch wichtiger historischer, juristischer und politischer Begriffe. Unter anderem führt er die «Burg/Burgle/Burgstall»,[213] den «Burgfrid» (gemeint ist der Burgfrieden)[214] sowie die «Festung» als Mittel der Landesverteidigung[215] auf. Unter einzelnen Begriffen resümiert er auch die aktuelle Diskussion, etwa die kontroversen Auffassungen zum Nutzen einer Festung. Am Rande erklärt er, dass manche Kriegsverständige Festungen auf hohen Bergen wegen der erheblichen Unterhaltskosten nicht schätzen würden und viele dieser Anlagen daher inzwischen unbewohnt oder gar untergegangen seien – offenbar meint er dabei nicht Festungen, sondern Höhenburgen. In diesem Werk finden sich die ersten lexikalischen Erläuterungen zu verschiedenen Begriffen für Burgen.

Ausführlichere Beschreibungen von Burgen scheint es im 17. und 18. Jahrhundert häufiger gegeben zu haben, als heute bekannt ist; hier dürfte noch manche Wiederentdeckung möglich sein. Zu den frühen Beschreibungen einzelner Burgen gehört jene der Burg Karlstein von Bohuslav Balbin (1621–1688), die im Rahmen der «Miscellaneorum historicum regni Bohemiae» (1679)[216] erschien. Allerdings beruht diese Beschreibung nur auf den Aussagen eines Freundes des Verfassers; Balbin selbst hat Karlstein angeblich nie gesehen, wie der anonyme Autor der deutschen Übersetzung von 1787 meint.[217] Die Darstellung von Burg Karlstein erfolgt systematisch nach Gebäuden und Räumen. Dabei bezieht Balbin zahlreiche Anekdoten ein, von denen der aufgeklärte deutsche Übersetzer jedoch etliche in Frage stellt. Insgesamt liefert Balbin in seiner Zeit eine der genauesten Beschreibungen einer Burg; darin berücksichtigt er auch die Lage und Größe der wichtigsten Räume, ihre Ausstattung – zum Beispiel die Wandgemälde der Kapellen –, ihren Zustand sowie ihre (vermutete) Funktion. Selbst heutige Burgenführer bieten ihren Gegenstand im Prinzip nicht anders dar.

Historische Abhandlungen und Burgenführer ab dem späten 17. Jahrhundert

In den Jahren um 1700 erhöht sich die Zahl der Publikationen zu Burgen, die nun nicht mehr von Juristen, sondern von Historikern verfasst sind. Zu ihnen gehört Georg Michael Pfefferkorns im Jahre 1684 erschienenes Werk «Merkwürdige und Auserlesene Geschichte von der berühmten Landgraffschaft Thüringen / darinnen das denkwürdigste von dieses Landes Chroniken / Lage / Fruchtbarkeit / ... der Städte / Vestungen / Universitäten / ...»; enthalten ist darin auch ein Kapitel zu «Zitadellen und Festungen» in Thüringen. Pfefferkorns Auswahl bezieht sich fast nur auf neuzeitliche Festungen, namentlich Petersberg in Erfurt sowie Gotha; lediglich der Wartburg wird auch ein längerer Textabschnitt gewidmet, der jedoch nicht das Bauwerk, sondern Luthers Aufenthalt auf der Burg 1521 behandelt.[218] Allerdings werden bei der historischen Darstellung der thüringischen Städte auch die Burgen und deren (vermutete) Gründungsgeschichten erwähnt.

Ein erster eigenständiger Führer zu einer Burg, nämlich zur Burg Königstein nahe Dresden, erschien 1692.[219] Er stammt aus der Feder des nur durch diese Publikation bekannten Fähnrichs der Festung, Balthasar Friedrich Buchhäuser, und enthält vor allem eine Erläuterung der Räumlichkeiten und der in ihnen aufbewahrten Jagdtrophäen. Eine systematische Beschreibung der Architektur wird hingegen nicht vorgenommen. Stattdessen zitiert Buchhäuser ausführlich die Inschriftentafeln, die sich an den einzelnen Bauteilen befanden. Weiterhin gibt er Hinweise auf in besonderer Weise genutzte Räume wie die Gefängnisstuben. Abgesehen von ihrem Pioniercharakter als Führer ist die Publikation auch deshalb von Bedeutung, weil sie einen Hinweis darauf darstellt, dass es um 1700 bereits die Möglichkeit gegeben haben muss, diese weitgehend militärisch genutzte Landesfestung partiell zu besichtigen. Der Führer ist damit ein früher Beleg für das touristische Interesse an Burgen in der Barockzeit.

1710 veröffentlichte der Theologe Johann Michael Koch (1677–1730) eine «Historische Erzehlung von [...] dem Bergschloß und Festung Wartburg ob Eisenach». Textlich handelt es sich weitgehend um eine erzählerische Darstellung der mit der Wartburg verbundenen thüringischen Geschichte, unter anderem auch des Lebens der hl. Elisabeth. Das Buch ist mit 23 Kupferstichen illustriert, von denen zwei die Wartburg selbst und ein dort aufbewahrtes romanisches Relief mit der Darstellung eines von einem Fabeltier verschlungenen Ritters zeigen. Ein eigentlicher Burgenführer zur Wartburg folgte erst 1792 mit Johann S. Thons «Schloß Wartburg. Ein Beytrag zur Kunde der Vorzeit» (Abb. 106). Nach einem ausführlichen beschreibenden Rundgang, bei dem der Sachsen-Eisenachische Kammerrat Thon auch auf ihm bekannt gewordene bauliche Änderungen hinweist, wendet er sich schließlich der Geschichte der Burg und der Landgrafschaft zu. Dabei diskutiert er zahlreiche offenkundig irrige Ansichten in der älteren Literatur, unter anderem hinsichtlich des Gründungsdatums der Burg. Von Bedeutung ist eine Bemerkung Thons in der Vorrede zur 1795 erschienenen zweiten Auflage, in der er das steigende Interesse an der Wartburg mit der stark zunehmenden Zahl von Veröffentlichungen «alter Rittergeschichten» begründet.[220] Offenbar hatte die von England herkommende Mode der mittelalterlichen Schauerromane («Gothic Novel») auch in Deutschland zu einer neuen Begeisterung für die vermeintlichen Schauplätze dieser Erzählungen geführt. Rückblickend ist es bemerkenswert, dass gleich mehrere Bücher zu Burgen in Thüringen erschienen; in der Literatur des 18. Jahrhunderts erscheint Thüringen als das Burgenland schlechthin.

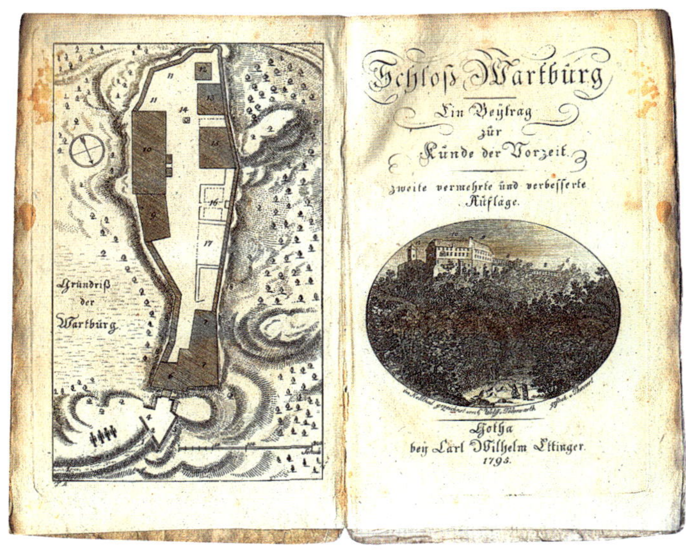

106 Johann S. Thon, Schloß Wartburg, Titelseite der zweiten Auflage von 1795

1713 erschien unter dem Titel «Das erneuerte Alterthum oder Curieuse Beschreibung Einiger vormahls berühmten [...] Berg-Schlösser in Teutschland» erstmals eine zusammenfassende Darstellung zu einer größeren Zahl von Burgen. Autor war der thüringische Pfarrer Johann Gottfried Gregorius (1685–1770), der sich für seine Publikationen das Pseudonym Melissantes zulegte (Abb. 107). Ein weiteres Buch veröffentlichte er 1715 («Neu eröffneter Schauplatz Denck-würdiger Geschichte auf welchem die Erbauung und Verwüstung vieler berühmten Städte/Schlösser/Bergfestungen/Citadellen und Stammhäuser»). Damit war für das Thema Burg sozusagen der Durchbruch erreicht; noch nie zuvor hatte sich ein ganzes Buch der Geschichte zahlreicher Burgen gewidmet und das Thema für eine breitere Öffentlichkeit populär gemacht.

Die Burgenliteratur des 18. und frühen 19. Jahrhunderts zeichnet sich durch eine bunte Mischung aus sachlich-wissenschaftlichen Ansätzen und romantisierenden Erfindungen aus. Dass dies schon von Zeitgenossen beobachtet wurde, zeigt eine Bemerkung Johann Friedrich Müldeners in seinem 1752 erschienenen Werk «Historische diplomatische Nachrichten von einigen vormals berühmt und bekannt gewesenen nun mehro aber größtentheils wüste liegenden und zerstöhrten Berg-Schlössern in Thüringen [...]». In der Vorrede erklärt der Autor, dass er die «diplomatischen Nachrichten», d. h. die Ereignisgeschichte, zu einigen Orten darstellen wolle, und präzisiert: «allen werde ich nicht gefal-

Das
Erneuerte Alterthum,
Oder
Curieuse Beschreibung
Einiger vormahls berühmten/ theils
verwüsteten und zerstörten/ theils aber wie-
der neu auferbaueten
Berg-Schlösser
In
Teutschland,
Aus glaubwürdigen HISTORICIS und
GEOGRAPHIS mit vielen denckwürdigen
Antiqvitäten vorgestellet/
Und nebst zweyen Registern ausgefertiget
Von
MELISSANTES.

Franckfurth und Leipzig/
In Verlegung Joh. Christ. Stössels sel.
Erben in Erffurt/ 1713.

107 Melissantes (Johann Gottfried Gregorius), Titelblatt zu den «Bergschlössern», 1713

len, besonders aber denenjenigen wohl am wenigsten, welche Liebhaber von Gespensten, Poltergeistern, unterirrdischen Schätzen und verwünschten Bergschlössern sind. Die Zeit war mir allzu edel, sie mit dergleichen Fabeln und Kindermährgen, die nur in die Spinnstuben gehören, zu verschwenden.» Ganz anders behandelte 80 Jahre später das fünfbändige Sammelwerk «Ruinen oder Taschenbuch zur Geschichte verfallener Ritterburgen [...]» (Wien 1834) die Bauwerke, denn hier beschränkte man sich auf Sagen und frei Erfundenes. Die Bände richteten sich an Käuferschichten, die vor allem mit Geschichten unterhalten werden wollten und für die der historische Wahrheitsgehalt keine Rolle spielte. Burgen waren zu einem Teil der frühen Freizeit- und Unterhaltungswelt geworden.

Hinsichtlich des wissenschaftlichen Bewusstseins ist ein Hinweis bedeutungsvoll, den der Pfarrer Johann Ludwig Heim (1704–1785) im Vorwort seines Buches «Zur Beschreibung derer zwey uhralten Fränkischen Bergschlösser Dißburg und Hutsberg» (1761) gibt. Er beklagt darin die mangelnde wissenschaftliche Genauigkeit und die Voreingenommenheit vieler früherer Publikationen und betont die Wichtigkeit einer kritischen Wissenschaft. Seine Stellungnahme ist auch 250 Jahre später noch so aktuell, dass sie hier ausführlich zitiert werden soll: «Diejenigen, welche Geschichte zu beschreiben, sich vornehmen, sollten [...] alles mit völliger Wahrheit und gründlicher Gewißheit verzeichnen [...]. Wenn wir aber gleichwohl bedenken, dass Menschen solche Verfassungen machen; so ist dergleichen wohl ehender zu wünschen als zu hoffen. Die Menschen [...] können nicht anders schreiben als nach ihrer Einsicht und nach denen vorhandenen Uhrkunden oder Nachrichten. Die Einsicht aber stammet insgemein von den menschlichen Absichten ab: da nun diese ohnehin von Natur mangelhaft und verdorben sind [...], so träget sichs dann auch gar oftmahls zu, dass manchen Unrichtiges mit einfliesset. Die Documenta und Nachrichten kommen gleichfalls von Menschen her, wessentwegen sie manchmahl mit ziemlichen Unwahrheiten beflecket sind, welche zwar von einem, der Sachen Verständigen und Unpaßionierten sogleich eingesehen, von einem anderen aber, nach seiner Ab- und Einsicht, vor die grössesten und glaubwürdigsten Wahrheiten ausgegeben werden [...].» Es ist bemerkenswert, wie klar sich Heim gegen vorurteilsbeladene Ansichten und die unkritische Übernahme geschriebener Texte wendet, ein Problem, das auch heute noch in der geisteswissenschaftlichen Forschung sehr aktuell ist. Von den hier behandelten Burgruinen waren allerdings auch nur noch geringe Reste erhalten.

Die vielleicht wichtigste Entwicklung in der Burgenforschung fand um 1800 statt. Erstmals galt das Interesse nun nicht mehr nur der Geschichte der Burgen bzw. ihrer adeligen Bewohner, sondern auch der Burgenarchitektur selbst. Greifbar wird dies mit den Bemühungen um die Rettung der Marienburg, die zu einer Kaserne umgenutzt worden war. Als Grundlage für die Restaurierung fertigte der preußische Architekt Friedrich Gilly (1772–1800) Pläne und Zeichnungen der Anlage an, die 1803 von dem Kupferstecher und Radierer Friedrich Frick (1774–1850) mit einem erklärenden Text veröffentlicht wurden. Frick steuerte auch das Begleitheft «Fragmente einer Geschichte des Schlosses Marienburg in Preussen» (1802) bei. Die in farbiger Aquatintatechnik gedruckten Pläne zeigen Grundrisse, die auch die unterschiedlichen Mauerstärken sowie die Gewölbe darstellen, sowie detailgenaue Ansichten. Einige stellen die Gebäude in bereits rekonstruiertem, andere in ihrem aktuellen Zustand dar. Auch wenn bei den Rekonstruktionen Gestalten in Rüstung und mit Deutschordenswappen hinzugefügt wurden, überwog das dokumentarische Interesse gegenüber dem romantischen.

Im Zuge der Befreiungskriege gegen die napoleonische Besetzung 1812/13 und verstärkt infolge der nach dem Wiener Kongress 1815 ausbleibenden Neu- bzw. Wiederbegründung eines Deutschen Reiches wurde ein von den Bürgern getragenes Interesse an der deutschen Nation und ihrer Geschichte entscheidend gefördert. Es schlug sich in der vermehrten Gründung regionaler Vereinigungen zur Erforschung der Geschichte nieder. Diese wandten sich mehr oder weniger schnell auch den Burgen zu, wobei die Geschichts- und Altertumsvereine über Briefe, Publikationen und persönliche Kontaktaufnahme in einen regen Austausch miteinander traten. Auch außerhalb Deutschlands wurden Burgen zu «Nationaldenkmalen» erhoben.[221] Diesen Begriff verwendete Franz Sartori, Autor einer umfangreichen Reihe zu Burgen in Österreich-Ungarn, die ab 1819/20 unter dem Titel «Die Bergvesten und Ritterschlösser der österreichischen Monarchie» erschien.[222] Sartori sah in den mittelalterlichen Bauwerken eine Identifikationsmöglichkeit für das 1804 zum Kaiserreich ausgerufene Österreich, obwohl die Burgen des neuen Vielvölkerstaates nicht im Mindesten eine in sich geschlossene Gruppe bildeten.

Bereits während der französischen Besetzung begann man, Buchreihen mit Einzeldarstellungen zu Burgen im deutschen Sprachraum herauszugeben. Hierzu gehört Friedrich Gottschalcks neunbändiges Werk «Die Ritterburgen und Bergeschlösser Deutschlands» (ab 1810). Gottschalck eröffnete seine Reihe mit einem Einleitungskapitel über Entstehung, Verfall und Bauart der Burgen. In diesen sah er Bauten der Karolinger- und nicht der Römerzeit, die anfänglich zum Schutz gegen normannische und ungarische Invasoren errichtet worden seien. Bald schon sei die Konkurrenz der Adeligen untereinander das Motiv für den weiteren Burgenbau gewesen, und aus den Burgen wurden Herrschaftsinstrumente, die nichts mehr mit dem Schutz der Bevölkerung zu tun hatten. Als Ursache für den Niedergang der Burgen sah er vor allem den Dreißigjährigen Krieg, obwohl einige Burgen während des Siebenjährigen Krieges nochmals genutzt wurden.[223] Bis um 1819 seien etwa zwei Drittel aller Burgen endgültig zu Ruinen geworden. Gottschalcks Darstellung fußt zwar weitgehend auf historischen Quellen, doch konnte er nicht erkennen, ob es sich bei den überlieferten Vorkommnissen um Einzelfälle handelte oder nicht. So überzeichnete er ein Bild vom verrohten Mittelalter, das bis heute in vielen Mittelalterpublikationen fortwirkt.

108 Rauhenstein bei Baden (Niederösterreich), farbiger Baualtersplan von Friedrich O. von Leber

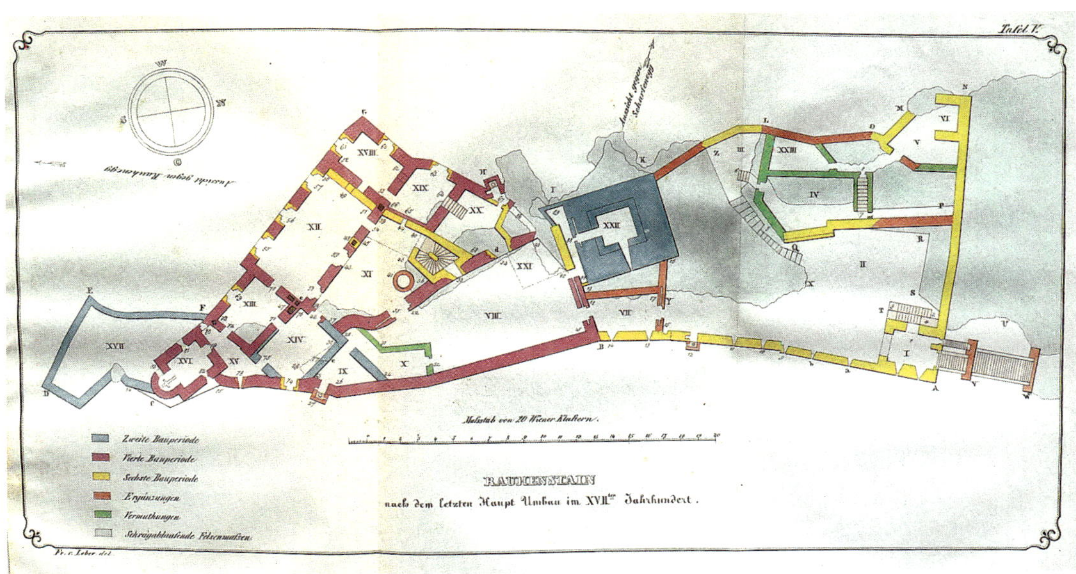

Eine bedeutende Innovation erlebte die Forschung mit der Publikation von Friedrich O. von Leber (1803–1846) über drei Burgen nahe Baden bei Wien (1844, Abb. 108). Denn er fügte seinen historischen Darstellungen farbige Bauualterspläne hinzu, die ersten der mitteleuropäischen Bauforschung überhaupt. Neben der Beschäftigung mit den sichtbaren architektonischen Überresten wie im Falle der Marienburg unternahm man in der ersten Hälfte des 19. Jahrhunderts auch die ersten Ausgrabungen mit wissenschaftlichem Anspruch. Anregungen dazu kamen von den historischen Vereinigungen und von einigen regierenden Fürstenhäusern, die das bürgerliche Geschichtsinteresse unterstützten. Zwar hatte man bereits im 18. Jahrhundert Ausgrabungen in Deutschland betrieben, aber wohl vor allem auf der Suche nach Überresten römischer Bauten. Beispielsweise ließ der geschichtsinteressierte hohenlohische Regierungsrat Christian Ernst Hanselmann (1699–1776) 1766/67 das Mauerwerk eines vermuteten römischen Kastells in der «unteren Burg» in Öhringen ausgraben. Er beschrieb anschließend seine Funde im Hohenloher Land in einem Buch unter dem Titel «Beweis, wie weit der Römer Macht [...] auch in die nunmehrige ostfränkische, sonderlich Hohenlohische Lande eingedrungen».[224]

Ganz anders ging man 1849 bei den Ausgrabungen in der 1399 zerstörten Burg Tannenberg in Südhessen vor. Sie wurden von Großherzog Ludwig III. von Hessen und bei Rhein in Auftrag gegeben, nachdem er 1847 bereits in anderen Burgen der hessischen Bergstraße Grabungen veranlasst hatte (unter anderem in der Ruine Dagsberg). Primäres Ziel war die Entdeckung von Fundgegenständen, weniger die Erforschung der Baugeschichte. Das Hauptproblem aller frühen Grabungsprojekte bestand darin, dass es keine spezialisierten Mittelalterarchäologen gab. Zur Ausgrabung von Tannenberg beispielsweise fanden sich 1849 ein Baumeister, ein Maurermeister, ein Archivar, ein Förster und der Dichter Dr. Johann Wilhelm Wolf ein. Nach einigen vergeblichen Schürfungen verdoppelte man das Personal. Schließlich grub man sich mit 28 Mann durch die Burg und entdeckte nun endlich die erhofften Waffen, Gebrauchskeramik und Ofenkacheln. Glücklicherweise dokumentierte man daneben auch die Reste der verschwundenen Gebäude. Die Ergebnisse der Grabung – die verschiedenen Bodenfunde und die Beobachtungen zu Bauten und Bautechnik – wurden 1850 in einem Buch vorgestellt, das neben Texten auch mehrere Bildtafeln enthält.[225] Natürlich waren die Grabungen noch weit von der heutigen stratigraphischen Methode entfernt, bei der man Mauerzüge anhand der anschließenden (und durch Fundstücke datierbaren) Erdschichten zeitlich genauer einordnen kann. Doch zeigt die Tannenberger Grabung ein neues Niveau der Burgenforschung, eben weil neben den bloßen Funden auch die Bauwerke das Interesse auf sich zogen. Beides führte beispielsweise zu einer realistischen Einschätzung des Alters der Burg, wie unter anderem in einer (ungedruckten) Denkschrift des Offiziers Georg Heinrich Krieg von Hochfelden (1798–1860) deutlich wird.

Das Bauwerk im Blickfeld der historistischen Burgenforschung

In der zweiten Hälfte des 19. Jahrhunderts nahm die Literatur zum Burgenbau erheblich zu. Etliche der damaligen Autoren waren Angehörige des Militärs, die sich für Wehrbauten und deren Geschichte interessierten. Sie erhoben nicht den Anspruch, die Burg in ihrer Gesamtheit darzustellen, sondern beschränkten sich vorrangig auf die kriegs- bzw. verteidigungsrelevanten Aspekte der jeweiligen Anlage und ihrer Geschichte.

Eine erste regional übergreifende Darstellung legte der erwähnte Krieg von Hochfelden mit seiner «Geschichte der Militär-Architektur in Deutschland» (1859) vor, die einen chronologischen Überblick zum Burgenbau in Deutschland lieferte. Die von ihm vorgeschlagene zeitliche Einordnung der Bauwerke basierte einerseits auf der Geschichte der Kriegsführung, andererseits auf genauen Beobachtungen zur Entwicklung des Mauerwerks. Wohl in Anlehnung an die Burgenforschung des 18. Jahrhunderts ging Krieg von Hochfelden grundsätzlich von einem Ursprung des deutschen Burgenbaus in der römischen Kastellarchitektur Germaniens aus. Anknüpfend an diese Ausgangshypothese stellte er Überlegungen an, welche Bauteile der erhaltenen Burgen römisch und welche nachrömisch, d. h. mittelalterlich, sein könnten. Beispielsweise stellte er fest, dass Buckelquader ein typisches Merkmal der römischen Architektur sind, was ihn zu dem Fehlschluss verleitete, dass alle Burgen mit Buckelquadern römischen Ursprungs sein müssten. Hier fehlten eine ausreichende Kenntnis der historischen Zusammenhänge und der Einbezug von Quellen. Beispielsweise fiel Krieg von Hochfelden nicht auf, dass die Nicht-Existenz älterer urkundlicher Nachrichten ein Argument gegen die vermeintlich römische Entstehung der Burgen darstellen könnte. Zukunftsweisend an seinem Buch ist hingegen der Umstand, dass er das Bauwerk Burg selbst als Grundlage für seine Aussagen nutzte; diesen Ansatz sollten spätere Autoren durch die Verbindung von Bau- und Geschichtsforschung zur heute prägenden Form der Burgenforschung ausbauen.

Zu den Pionieren in dieser Richtung gehörte Karl August von Cohausen (1812–1894),[226] ebenfalls ein Offizier, der während einer Stationierung auf dem Hunsrück mit interessierten Kameraden frühe Befestigungsanlagen erkundete. Daraus entwickelte er ein bleibendes Interesse für die Militärarchitektur von der Römerzeit bis in die damalige Gegenwart, wobei er viele frühere Ansichten und Missdeutungen korrigieren konnte. Seine erste Veröffentlichung zu einem Burgenthema war 1860 ein Aufsatz über Bergfriede. Sein gesamtes Wissen über Burgen kulminierte in dem postum erschienenen Buch über «Die Befestigungsweisen der Vorzeit und des Mittelalters».[227] Mit Nachdruck widersprach er darin der Datierung vieler Bauten in die römische Zeit, indem er die Burgenarchitektur tatsächlichen Befunden der Römerzeit entgegenstellte. Der vom Herausgeber Max Jähns redigierte Bildanhang vereinigt auf 57 Tafeln rund 1000 kleinformatige Ansichten und Grundrisse von Burganlagen, die bis heute eine Basis für die Beschäftigung mit den Bauten und ihrem damaligen Zustand darstellen.[228]

Standen bei den Burgenforschern aus der Mitte des 19. Jahrhunderts vor allem militärische Gesichtspunkte im Vordergrund, so interessierte man sich gegen Ende des Jahrhunderts zunehmend auch für zivile Aspekte. Außerdem bemühte man sich um eine verbesserte Kenntnis einzelner Gebäude und Bauteile hinsichtlich ihrer Funktion und ihrer architektonischen Entwicklung. Zu den maßgeblichen Autoren gehörte dabei der Militärpfarrer und Ehrendomherr von Budweis, Johann Nepomuk Cori (1819–1887). In seiner postum herausgegebenen Schrift über «Bau und Einrichtung der Deutschen Burgen des Mittelalters mit Beziehung auf Oberösterreich» (1899) schildert er Grundbedingungen und -entwicklungen der einzelnen Bauteile im Laufe des Mittelalters. So machte er zum Beispiel deutlich, dass Zinnen nicht immer gleich aussahen und Schießscharten erst ab dem 13. Jahrhundert vorkommen. Bewusst widmete er sich vielen Aspekten der spätmittelalterlichen Burg, da er diese in der älteren Veröffentlichung Krieg von Hochfeldens vermisste. Zudem behandelte er auch die Ausstattung der Burgen, von Wohnräumen über das Mobiliar bis hin zu Tapisserien.

Ein weiterer wichtiger Autor war der Architekt August Ottmar von Essenwein (1831–1892), der den Burgenbau innerhalb des ab 1880 herausgegebenen «Handbuchs der Architektur» in den zwei Bänden zur Profanarchitektur behandelte.[229] Ein Band betrifft den Wehrbau, also Burgen und Stadtmauern, der andere den Wohnbau, wobei Essenwein neben Burgen auch die Wohnbauten in Städten und Klöstern einbezog. Vor allem dieser zweite Band war innovativ: Essenwein bemühte sich erstmals um eine Charakteristik der wichtigsten Wohnbauten und -räume innerhalb der Burg sowie ihrer architektonischen und mobilen Ausstattung und versuchte, Parallelen zwischen herrschaftlichen, bürgerlichen und bäuerlichen Wohnräumen zu ziehen.[230] Auch wenn viele seiner Äußerungen, denen zufolge Burgen immer über einen Palas (Saalbau), einen (Haupt-)Turm, eine kaminbeheizte Kemenate als Wohnbau und einen Dürnitz als Speise- und Aufenthaltsbau für das Gefolge verfügten, aus heutiger Perspektive zu pauschal erscheinen, so wies er zum ersten Mal auf eine Raumdifferenzierung hin, die sich zumindest innerhalb komplexerer Wohnbauten durchaus bestätigen lässt.[231] Besonderen Wert legte Essenwein als Architekt auf genaue, klar gezeichnete, maßstabsgetreue und großformatige Pläne, die oft die ersten und letzten genauen Aufmaße profaner Bauwerke vor ihrer Zerstörung durch Kriegseinwirkungen oder Abriss waren.

Zu Beginn des 20. Jahrhunderts stieg das Interesse an den Bauwerken gegenüber den historischen Aspekten an, und verschiedene Autoren bemühten sich, die Baugeschichte der einzelnen Burgen gründlicher zu erforschen und die Burgenarchitektur genauer zu klassifizieren. Eine neue Qualität erhielt die Burgenforschung durch die umfangreiche «Burgenkunde» von Otto Piper (1841–1921). Mit drei Auflagen (1895, 1905 und 1912) und einer Taschenbuchausgabe wurde das Buch zu einem der einflussreichsten, bis heute nachgedruckten Werke der Burgenforschung. Inhalt des Buches sind Pipers eigene Beobachtungen zu allen architektonischen Details der mitteleuropäischen Burg, die er in einer neuartigen systematischen Form darbietet. Dabei zerlegt er die Burg in ihre einzelnen Bestandteile, die er getrennt erläutert, ohne auf bauliche oder zeitliche Zusammenhänge einzugehen, eine Vorgehensweise, die vor allem von der jüngeren Forschung kritisiert wurde. Man muss Pipers Methode jedoch vor dem Hintergrund der Burgenliteratur des 18. und 19. Jahrhunderts sehen, in der genau diese Informationen fehlten bzw. höchstens für Einzelbauwerke gegeben und nicht systematisch vorgestellt wurden.

Als «Gegenspieler» Pipers gilt der Architekt Bodo Ebhardt (1865–1945), der sich zunächst als Bauzeichner mit Burgen beschäftigt hatte. Seine in Berlin viel beachteten Vorträge wurden selbst von Kaiser Wilhelm II. besucht, was Ebhardt den kaiserlichen Auftrag für die Rekonstruktion der Hohkönigsburg (1899–1907) eintrug. Seine Bekanntheit nutzte Ebhardt 1899 zur Gründung der Vereinigung zur Erhaltung Deutscher Burgen (seit 1953: Deutsche Burgenvereinigung e.V.). Damit schuf er eine Basis, um Burgenbegeisterte und Burgenbesitzer einander näherzubringen und mit dem Mitteilungsblatt «Der Burgwart» (ab 1955 fortgeführt als «Burgen und Schlösser») ein Publikationsorgan für die Burgenforschung zu erhalten. Ebhardt selbst veröffentlichte in einer Reihe «Deutsche Burgen» ab 1899 mehrere monographische Aufsätze zur Geschichte und Baugeschichte einzelner Burgen. Am einflussreichsten war sein populäres Werk «Deutsche Burgen als Zeugen deutscher Geschichte», mit dem er 1925 vor allem einen nationalkonservativen Leserkreis bediente. 1933 wandte er sich schnell dem Nationalsozialismus zu und blieb bis zu seinem Tod ein Anhänger nationalistischer und völkischer Ideen. 1940 gelang es ihm, Rüstungsminister Speer als Schirmherrn der Burgenvereinigung zu gewinnen. In seinem teilweise postum erschienenen Werk «Wehrbau Europas im Mittelalter» legte er eine lange Zeit für vorbildlich gehaltene Übersicht vor; erst in jüngster Zeit wurden die völkisch-nationalistischen Aspekte dieses Buches zur Kenntnis genommen.[232] Für Nachrichten über Burgen im Ausland bediente sich Ebhardt deutscher Konsulate und Besatzungsoffiziere als Informanten – der «Wehrbau Europas» hätte ohne die deutsche Eroberungspolitik im Zweiten Weltkrieg nicht geschrieben werden können.

Burgenforschung nach 1945: Der Weg zur Interdisziplinarität

Einen kunsthistorischen Neuansatz lieferten nach dem Ende des Nationalsozialismus Carl-Wilhelm Clasen (1893–1979) und Walter Hotz (1912–1996). Clasen beschränkte sich in einem Artikel des «Reallexikons zur deutschen Kunstgeschichte» (1954) auf eine Typologisierung nach Verteidigungsanlagen und der Stellung der Wohnbauten innerhalb der Kernburg. 1965 systematisierte Hotz diese Typologie in seinem Werk «Kleine Kunstgeschichte der deutschen Burg». Er versuchte, dem Burgenbau eine Typologie zugrunde zu legen, wie sie die Kunstgeschichte für den Kirchenbau längst entwickelt hatte, und gliederte die Typen, die weitgehend auch Clasen schon benannt hatte, nach Zentralanlagen und Axialanlagen. Dabei kam er insgesamt auf siebzehn Typen nach dem äußeren Umriss, der Stellung des Hauptturmes (oder der Türme generell, was er nicht differenziert) und der Existenz bzw. dem Fehlen einer vermeintlichen Axialität. Eine Verbindung zwischen den verschiedenen Typen und der historischen Funktion der Bauten vermag er jedoch nicht aufzuzeigen; vielmehr sind die Typen bei ihm größerenteils von der Geländewahl abhängig. Bei der Zuordnung einzelner Burgen zu einem bestimmten Typ ging er zudem oft von dem (teils zufälligen) heutigen Erhaltungszustand aus.

Kulturgeschichtliche Aspekte blieben in der Burgenforschung trotz der Veröffentlichungen Essenweins lange ausgespart. Vorrangig wurden – und werden bis heute – die Wehrhaftigkeit der Burg und ihrer Bauteile sowie die baugeschichtliche Entwicklung der einzelnen Gebäude behandelt. Die Überbetonung der Wehrfunktion wurde in den 1970er Jahren erstmals deutlich in Frage gestellt. Zweifel am militärischen Nutzen äußerte vor allem der Historiker Werner Meyer,[233] der die These aufstellte, dass Teile der Burg, insbesondere der Hauptturm, auch eine repräsentative Bedeutung hatten. Zwanzig Jahre später machte der Archäologe Joachim Zeune diese Erkenntnis zum Titel eines Buches, sprach nun der Burg aber fast grundsätzlich die Wehrfunktion zugunsten einer «symbolischen» Bedeutung ab.[234] So richtig viele seiner

Beobachtungen sind, so lässt sich die angeblich dominierende Symbolhaftigkeit oft nicht durch Quellen begründen. Auffällig ist auch, dass zwar gerne von der Symbolhaftigkeit der Architektur gesprochen wird, dass dabei auf eine Definition des Begriffs «Symbol» jedoch verzichtet wird. Es zeigt sich, wie grundlegend die Einbeziehung von Archivalien wäre, um entsprechende Thesen verifizieren oder einschränken zu können.

Die historische Erforschung der Burg in ihrer Gesamtheit trat gegenüber den baulichen Aspekten seit dem späten 19. Jahrhundert zunächst in den Hintergrund und wurde erst nach dem Zweiten Weltkrieg wieder in größerem Umfang in Angriff genommen. Zu nennen ist vor allem die Dissertation Hans Martin Maurers «Die landesherrliche Burg in Wirtemberg im 15. und 16. Jahrhundert» (1958), der mehrere Aufsätze folgten, die durch eine Verbindung zwischen historischen Quellen und baulicher Erscheinung gekennzeichnet sind. Auch der Göttinger Historiker Hans Patze war um eine Einbettung des Themas Burg in einen größeren historischen Zusammenhang bemüht.[235] In diesem Kontext ist auch das seit den 1980er Jahren bestehende Projekt «Die Burgen im mittelalterlichen Breisgau» der Universitäten Freiburg und Dortmund zu nennen, das beispielhaft für die heute eher burgenarme Region einen Bestand von 400 bis 500 Anlagen festgestellt hat, die sich historisch und vereinzelt auch archäologisch nachweisen lassen. Die vergleichsweise geringe Zahl erhaltener Bauten macht es aber schwer, daraus Erkenntnisse für baugeschichtliche und kunsthistorische Aspekte des Burgenbaus zu gewinnen.[236]

Mit dem Wohnen in der Burg hat sich nach Essenwein und Stiehl erst wieder Walter Kiess beschäftigt, der 1960 «Studien zum Wohnbau» vorlegte. Allerdings gab er nicht immer klar die Quellen seiner Behauptungen zu bestimmten Raumfunktionen an, und auch hinsichtlich der Datierung der Bauten unterliefen ihm erhebliche Fehler. Neuere Veröffentlichungen zum Wohnen in Burgen behandeln Einzelbauten, die anhand von Inventaren vorgestellt werden, oder analysieren einzelne Raumtypen wie Saal[237] und Hofstube.[238] Einen vorbildlichen Neuansatz zur Erklärung räumlicher Zusammenhänge lieferte 1996 Stephan Hoppe am Beispiel sächsischer Schlösser aus der Zeit zwischen 1470 und 1550. Anhand von Quellen und genauen Baubeobachtungen konnte er nachweisen, dass die Verbindung von Stube und Kammer zum

Appartement bereits im ausgehenden Mittelalter nicht nur einen Einzelfall,[239] sondern die Regel darstellte. Hoppes Erkenntnisse bilden eine Grundlage für die aktuelle Erforschung solcher Raumfolgen in Burgen früherer Jahrhunderte.

Als wichtiges Standbein der Burgenforschung wurde auch die Archäologie seit der Mitte des 19. Jahrhunderts systematisch weiterentwickelt. Bedeutende Impulse erhielt sie in den 1920er Jahren durch Robert Koldewey, der als Architekt die Archäologie mit exakten Aufmaßmethoden verband.[240] Einige wichtige archäologische Burgenuntersuchungen der Nachkriegszeit fasste der Archäologe Joachim Zeune zusammen.[241] Dazu gehören insbesondere die Ausgrabungen des Husterknupp im rheinischen Braunkohlerevier und von Haus Meer am Niederrhein, die wichtige Erkenntnisse über den Burgenbau des Frühmittelalters lieferten. Vor allem auf Grabungen basierten auch die Ergebnisse zum Burgenbau des 11. und frühen 12. Jahrhunderts, die 1991 im Rahmen der Salierausstellung in Speyer vorgestellt wurden.[242] Eine erste Zusammenfassung der auf Grabungen beruhenden Forschungen zu frühmittelalterlichen Befestigungsanlagen legte 1993 Hansjürgen Brachmann vor. Vollständig ergrabene Burgen sind dennoch selten, bemerkenswerte Beispiele finden sich in der Schweiz[243] sowie im Elsass (Wangenburg, Grabung 1999). Die wichtigsten neueren Grabungen in Deutschland galten den nordbayerischen Burgen Karlburg, Roßtal und Oberammerthal (1961–1985)[244] sowie Sulzbach-Rosenberg (1992–2002).[245] Unser Wissen über den Burgenbau des 8. bis 11. Jahrhunderts wurde durch sie nochmals erheblich präzisiert.

Burgenforschung heute

Burgenforschung erfolgt heute meist auf Privatinitiative. Eine Anbindung an Museen, Institutionen der Denkmalpflege oder Schlösserverwaltungen ist meist dem Engagement einzelner Einrichtungen oder Personen zu verdanken, so dass eine Kontinuität kaum gesichert ist.[246] Koordinierend wirken wissenschaftliche Vereine oder Vereine mit wissenschaftlichen Beiräten.[247] Ein großes Problem ist die bis auf wenige Ausnahmen (z. B. Bamberg, Freiburg, Dortmund) fehlende Anbindung der Burgenforschung an die Universitäten, welche die wissenschaftliche Diskussion und die Ausbildung von Nachwuchs erleichtern würde.

Burgenforschung im modernen Verständnis ist die Untersuchung des einzelnen Bauwerks sowie die des Gesamtphänomens Burg in ihren historischen und kulturellen Zusammenhängen. Umfassende Burgenforschung ist in jedem Fall interdisziplinär, auch wenn dies für zahlreiche Einzeluntersuchungen und -veröffentlichungen nicht zutrifft. Zu den zentralen Fachrichtungen, die zur Untersuchung von Burgen beitragen, gehören die Geschichte, die Kunstgeschichte einschließlich der Bauforschung und die Archäologie. Diese Fächer werden durch Disziplinen ergänzt, die sich einzelnen Fragestellungen mit ihren jeweils besonderen Methoden zuwenden, etwa die Altgermanistik (mittelalterliche Literatur) oder die historischen Hilfswissenschaften (Heraldik, Numismatik). Die Archäologie wird insbesondere durch die Paläoethnobotanik und die Archäozoologie erweitert, die aus Pflanzenresten die Palette der Speisen sowie aus Knochenfunden den Tierbestand in Wald, Flur und auf der Speisetafel ermitteln. Mediziner bzw. Pathologen untersuchen die Skelette aus Gräbern und können Todesursachen sowie Krankheiten feststellen. Für die Baugeschichte sind datierende Methoden auf naturwissenschaftlicher Basis wesentlich, namentlich die Dendrochronologie, aber auch zum Beispiel C14 für die Datierung von Holz und organischen Resten oder die Thermoluminiszenz für die Datierung von Backsteinen. Gelegentlich kommen weitere spezielle Forschungsrichtungen hinzu, um besondere Einzelfragen zu klären.[248]

Die Bauforschung erbringt im Idealfall Kenntnisse über die Entwicklung eines Bauwerks von den erkennbaren ersten Anfängen über alle Änderungen bis zum heutigen Zustand. Die Archäologie ermittelt vorausgehende Bauzustände sowie verlorene Umbauzustände, die sich etwa durch Fundamente noch abzeichnen. Gemeinsam mit anderen Untersuchungsmethoden können Erkenntnisse aus der Archäologie wesentlich dazu beitragen, die Bau- und Nutzungsgeschichte einer Burg genauer kennenzulernen. Derartige Untersuchungen bedürfen exakter Pläne, in die man alle Befunde eintragen kann. Doch schon bei einer einfachen Burgenbesichtigung können baugeschichtliche Überlegungen relevant sein, etwa wenn man auf Spuren von Um- und Anbauten oder auf älteste Baukerne stößt. Während die baugeschichtliche Beobachtung noch ohne großen Aufwand durch Einzelpersonen zu leisten ist, gilt dies für eine umfassende baugeschichtliche Untersuchung natürlich nicht. Sie setzt genaue Aufmaße voraus, Untersuchungen der Wände samt ihrer Putze und Farbfassungen, die Entnahme von Proben für naturwissenschaftliche Analysen und viele Arbeiten mehr.

Neben den baulichen und historischen Forschungen können Archivalien, die sich direkt auf die jeweilige Burg bzw. das jeweilige Schloss beziehen, entscheidende Hinweise liefern. Rechnungen sind beispielsweise bisher selten in die Forschung einbezogen worden, könnten aber aufgrund der Bezahlung von Material und Handwerkern Aufschluss über Bau- und Umbaumaßnahmen geben. Eine wichtige, bereits im 19. Jahrhundert berücksichtigte Quellengattung sind Inventare. In ihnen sind die Ausstattung und Einrichtung der einzelnen Räume, aber auch der Besitz im Umfeld der Burg niedergelegt, meist im Zusammenhang mit Testamenten bzw. Erbschaftsangelegenheiten oder Neubelehnungen. Das älteste bekannte Burgeninventar ist im sogenannten Falkensteiner Codex aus dem späten 12. Jahrhundert enthalten; es dokumentiert die Geschichte und die Besitztümer der Familie von Falkenstein und wurde im Auftrag Graf Sibitos von Falkenstein 1166 geschrieben. Die meisten Inventare stammen allerdings aus dem 15. bis 18. Jahrhundert und geben damit eher Aufschluss über die Raumausstattung neuzeitlicher Anlagen, die aber oft eine erstaunliche Kontinuität zu den mittelalterlichen Gegebenheiten aufweisen.

Der geschilderte Umfang der an sich wünschenswerten Forschungen hat allerdings auch ein Problem zur Folge: Heutzutage diskutiert und fordert man immer höhere Standards, die oft aber nicht mehr in angemessener Zeit und mit vertretbaren Kosten umgesetzt werden können. Publikationen enthalten immer mehr Detailinformationen, die mitunter schwer nachvollziehbar sind und die Veröffentlichungen erheblich, manchmal um Jahrzehnte, verzögern. Hier ist daher ein pragmatischeres Verhältnis zwischen Aufwand und Ergebnissen vonnöten. Den Nutzern der Forschungsergebnisse muss zudem klar sein, dass auch gründliche Forschung nicht ohne Fehler und Irrtümer arbeitet. Gerade deshalb sind Grundkenntnisse in den verschiedenen Methoden erforderlich, denn man sollte deren Genauigkeit nie überschätzen und muss etwa die mögliche Fehlerhaftigkeit dendrochronologischer Datierungen, die denkbare Ungenauigkeit keramischer Datierungen, Aufmaßfehler selbst bei Fotogrammetrien, aber auch Lesefehler in den Akten und Urkunden sowie die fehlerhafte oder missverstandene Übernahme vorausgegangener Forschungsergebnisse abschätzen können.

Ein Fazit dieses Überblicks ist die Erkenntnis, dass die Geschichte der Burgenforschung wesentlich früher einsetzt als bisher angenommen und dass viele Autoren, die sich in früheren Jahrhunderten mit Burgen beschäftigt haben, heute kaum noch bekannt sind. Ein zweites Fazit besteht darin, dass für die künftige Burgenforschung ein höheres Maß an Interdisziplinarität zu erwarten, zumindest aber zu fordern ist und eine wesentlich höhere Kritikfähigkeit gegenüber bisherigen Veröffentlichungen notwendig ist. Zu zahlreichen Burgen fehlen zudem Einzeluntersuchungen, insbesondere was die erhaltene Bausubstanz über und unter der Erde angeht. Das Bild der Burg wird sich mit fortschreitender Forschung also noch erheblich wandeln und differenzieren.

ANHANG

Anmerkungen

1 Kyllinger 1620, S. 15.

2 Cori 1899, S. 1.

3 Piper 1912, S. 4, 3.

4 Ebhardt 1939–1958, Bd. 1, S. 1.

5 Karl Heinz Clasen: Burg. In: Reallexikon zur deutschen Kunstgeschichte, Bd. 3, 1954, Sp. 126–173.

6 Günther Binding: Burg. In: Lexikon des Mittelalters, Bd. 2, 1983, Sp. 957–962.

7 Biller 1993/^{2}1998; Biller/Großmann 2002; Zeune 1996.

8 Zit. nach Piper 1912, S. 3.

9 Wilhelm Dilich: Hessische Chronica, Kassel 1605, S. 99.

10 Vorschlag von Guido von Büren (Jülich).

11 Vgl. Werner Jacobsen: Pfalzen. In: Böhme 1999, Bd. 1, S. 109–125.

12 Hotz 1981, S. 16 f., bezeichnet auch Burgen im Lehnsbesitz des Adels als Reichsburgen, um damit ein staufisches Burgensystem in Süd- und Mitteldeutschland zu begründen.

13 Müller/Weinhold 2010.

14 Bitterli 2012.

15 Karl Heinz Clasen: Burg. In: Reallexikon zur deutschen Kunstgeschichte, Bd. 3, 1954, Sp. 126–173; Hotz 1965; Günther Binding: Burg. In: Lexikon des Mittelalters, Bd. 2, 1983, Sp. 957–962.

16 Vgl. Hechberger 2004.

17 Ganshof 1961, S. 65; Karl-Heinz Spieß: Das Lehnswesen in Deutschland im hohen und späten Mittelalter, Idstein 2002; Volder Rödel: Reichslehenswesen, Ministerialität, Burgmannschaft und Niederadel, Darmstadt/Marburg 1979 (Quellen und Forschungen zur hessischen Geschichte, 38).

18 Ganshof 1961, S. 26 f.

19 Rödel 2010, S. 64, 67 f.

20 So schon Maurer 1976, S. 89 ff.

21 Vgl. Lexikon des Mittelalters, Bd. 3, 1986, Sp. 130 f., Bd. 8, 1997, Sp. 75 f.

22 Sachsenspiegel, Landrecht, 3. Buch, § 66.

23 Bitschnau 1983, S. 419; vgl. grundsätzlich Maurer 1976.

24 Bitschnau 1983, S. 120–122.

25 Mogge 2012.

26 Ganshof 1961, S. 63.

27 Bachmann 1997; vgl. auch Christoph Bachmann: Öffnungsrecht, http://www.historisches-lexikon-bayerns.de/artikel/artikel_45258 (8.12.2011).

28 Bernhard Diestelkamp: Lehen, Lehenswesen, Lehnrecht. In: Lexikon des Mittelalters, Bd. 5, 1987, Sp. 1807–1811.

29 Burg. In: Lexikon des Mittelalters, Bd. 1, 1980, Sp. 965, Textbeitrag von Fred Schwind.

30 Vgl. Werner Meyer: Burg und Herrschaft. In: Großmann/Ottomeyer 2010, S. 16–25, hier S. 16 f.

31 Zit. nach Trapp/Hörmann-Weingartner 1972–2011, Bd. 1, S. 152 (Maximilian Graf Mohr: Von der fürstlichen Graffschaft Tyrol, III. Teil, Ms. fol. Museum Ferdinandeum, FB 3612–3615).

32 Werner Meyer: Burg und Herrschaft. In: Großmann/Ottomeyer 2010, S. 16–25, hier S. 18.

33 So die Auskunft zu einer im Kreis Ansbach gelegenen Burgruine.

34 Hans-Martin Maurer: Rechtsverhältnisse der hochmittelalterlichen Adelsburg vornehmlich in Süddeutschland. In: Patze 1976, Bd. II, S. 77–190, hier S. 88.

35 Burger 2009.

36 Wagener/Laß 2006.

37 Werner Meyer: Der Kampf um feste Plätze im Mittelalter. In: Wagener/Laß 2007, S. 109–132.

38 Georg Waitz und Bernhard von Simson (Hrsg.): Ottonis et Rahewini Gesta Friderici I imperatoris, Hannover 1912 (Monumenta Germaniae Historica. Scriptores rerum Germanicarum, 46), S. 27 ff., 12; auch zit. bei Meyer 1976, S. 178.

39 Georg Heinrich Pertz (Hrsg.): Arnoldi Chronica Slavorum, Hannover 1868, S. 290.

40 Ebner 1974.

41 Günther Stanzl: Neue Untersuchungen zur Burg Wernerseck in der Eifel. In: Forschungen zu Burgen und Schlössern 12, München/Berlin 2009, S. 95–110.

42 Zur Konstruktion vgl. Großmann 1986/⁴2004.

43 Karl Bernhard Kruse: Backstein und Holz – Baustoffe und Bauweise

Lübecks im Mittelalter. In: Jahrbuch für Hausforschung 33, 1983, S. 37–61.

44 Großmann: Bauforschung, 2010; zu den Untersuchungsmethoden vgl. auch Großmann 1986/[4]2004.

45 Deshalb ermitteln dendrochronologische Untersuchungen häufig das exakte Baujahr.

46 Als «Balken» werden im Holzbau nur Hölzer für Fußböden und Decken, nie solche für Wände bezeichnet.

47 Großmann 1986/[4]2004; Heinrich Stiewe: Fachwerkhäuser in Deutschland, Darmstadt 2007 (beide mit weiteren Verweisen).

48 Biller 2006, S. 256–259.

49 G. Ulrich Großmann, Thomas Biller und David Burger: Die Datierung des Zwingers und die Inschrift des Nicolas Lorgne. In: Biller 2006, S. 254–262.

50 Schmitt 2007.

51 Maurer 1969, S. 311.

52 Vgl. Großmann 2005, S. 120 f.

53 Rekonstruktionszeichnung von Joachim Zeune. In: Zeune 1998, S. 17.

54 Der Name ist im Mittelalter selten und bezeichnet dann eher einen Turm zum Angriff. Die Diskussion über den Begriff bis zur Mitte des 19. Jahrhunderts hat Karl August von Cohausen zusammengefasst; Cohausen 1860, bes. S. 8–14; Cohausen 1898.

55 Vgl. schon Cohausen 1860.

56 Leon Battista Alberti, L'architettura. Tradotta in lingua Fiorentina de Cosimo Bartoli, Venedig 1565 (Erstausgabe 1550), S. 129; vgl. Alberti 1912, S. 232 f.

57 Burger 2009.

58 Dies belegen zeitgenössische Darstellungen wie etwa ein «Bildteppich mit Erstürmung der Minneburg» im Germanischen Nationalmuseum (GNM, Gew. 3807).

59 Georg Dehio: Geschichte der deutschen Kunst, Bd. 2, Berlin/Leipzig 1921, S. 297. Vgl. Meyer 1976; Zeune 1996, S. 42 ff. Einer zu einseitigen Sichtweise widersprach Dankwart Leistikow und verwies auf die Wehrhaftigkeit des Bergfrieds: Der Thurm zu Krautheim. Porträt eines Bergfrieds. In: Maike Konzok (Hrsg.): Architektur – Struktur – Symbol. Festschrift für Cord Meckseper, Petersberg 1999, S. 195–210.

60 Biller 1993/[2]1998, S. 118 ff.; vgl. Müller 2002; Schmitt 2002.

61 Jacob und Wilhelm Grimm: Deutsches Wörterbuch, Bd. 14, 1893, Sp. 1577–1579 («Saal»).

62 Der Begriff kommt aus der Hausforschung, wo entsprechende Bürger- und vor allem Patrizierhäuser in Norddeutschland häufiger nach-

zuweisen sind und von Bürgerhäusern mit einem Lagergeschoss unterschieden werden.

63 Vgl. Cord Meckseper: Saal, Palas, Kemenate. In: Böhme 1999, Bd. 1, S. 265–269, hier S. 268 f.

64 Wirtler 1987.

65 Wolfram von Eschenbach: Parzival, Buch 5, Vers 237,1–240,14.

66 Zur Entwicklung der Hof- und Tafelstube vgl. Stephan Hoppe, Hofstube und Tafelstube. Funktionale Raumdifferenzierungen auf mitteleuropäischen Adelssitzen seit dem Hochmittelalter. In: Großmann/Ottomeyer 2010, S. 196–207.

67 Großmann: Mythos Burg, 2010, S. 171.

68 Von Stephan Hoppe wurde die Bezeichnung «Stuben-Appartement» eingeführt: Hoppe 1996, bes. S. 365 ff.

69 Jacob und Wilhelm Grimm: Deutsches Wörterbuch, Bd. 20, 1942, Sp. 157–166; Hähnel 1975.

70 Vgl. Andreas Curtius: Die Hauskapelle als architektonischer Rahmen der privaten Andacht. In: Kammel 2000, S. 34–48.

71 Johanna Naendrup-Reimann: Weltliche und kirchliche Rechtsverhältnisse der mittelalterlichen Burgkapellen. In: Patze 1976, Bd. 1, S. 123–153, hier S. 137.

72 Stevens 2003; Schock-Werner 1995.

73 Schock-Werner/Bingenheimer 1995.

74 Mielke 1966.

75 Gleue 2008; Kill 2012; Nina Günster: Jeder Tropfen eine Kostbarkeit. Wasserversorgung auf Höhenburgen in der nördlichen Frankenalb, MA-Arbeit (masch.), Bamberg 2008.

76 Joachim Zeune: Die Schatzkammern der Burg Burghausen. In: ders. (Hrsg.), Alltag auf Burgen im Mittelalter, Braubach 2006, S. 74–82.

77 Ausgrabung durch Birgit Friedel 1990; Friedel 2007, S. 57–62.

78 In den meisten Burgen lässt sich der Pferdestall bislang nicht genau lokalisieren.

79 Vgl. z. B. das Inventar von Schloss Fragstein, 1482; Zingerle 1909, S. 16–21.

80 Vgl. Petra Krutisch und G. Ulrich Großmann (Hrsg.): Der Weserraum zwischen 1500 und 1650, Marburg 1992 (Materialien zur Kunst- und Kulturgeschichte in Nord- und Westdeutschland, 4).

81 Stefan Uhl: Das «Preißingerhaus» und der «Eselsstall» auf Burg Pappenheim. In: Arbeitskreis für Hausforschung (Hrsg.), Berichte zur Haus- und Bauforschung 1, Marburg 1991, S. 247–256.

82 Vgl. G. Ulrich Großmann und Ingrid Schulte: Die Bockwindmühle im Westfälischen Freilichtmuseum Detmold, Detmold 1986, S. 12 ff. (I. Schulte).

83 Großmann 1999/[2]2006.

84 Vorberichte von Elmar Altwasser und Gail Larrabee in Manuskriptform. Vgl. Christa Meiborg, Helmut Roth und Claus Dobiat: Suche nach dem Gisonenfels. In: Archäologie in Deutschland 4, 1991, S. 6–11.

85 Die Museumsgründung geht wesentlich auf Ludwig Bickell (1838–1901) zurück. Das Museum blieb bis 1927 im Schloss. Die Rückverlagerung von Teilen des Universitätsmuseums in das Schloss basiert auf einem Vorschlag des Verfassers und der Initiative des Landtagsabgeordneten Karl Schnabel.

86 Brachmann 1993, S. 17 ff., bes. S. 22 f.

87 Binding 1996, S. 29 f.

88 Georg Weise: Zwei fränkische Königspfalzen. Bericht über die an den Pfalzen zu Quierzy und Samoussy vorgenommenen Grabungen, Tübingen 1923.

89 Ettel 2006, S. 40.

90 Peter Ettel: Burgenbau unter den Franken, Karolingern und Ottonen. In: Großmann/Ottomeyer 2010, S. 34–49; Brachmann 1993, S. 62 ff.

91 Wesentlich später entstand die Kaiserburg in Friedberg, in deren Grundriss sich noch das Kastell abzeichnet.

92 Wand 2006.

93 Peter Ettel: Burgenbau unter den Franken, Karolingern und Ottonen. In: Großmann/Ottomeyer 2010, S. 34–49, hier S. 38.

94 Widukind von Corvey: Die Sachsengeschichte, hrsg. von H.-E. Lohmann und Paul Hirsch, Hannover 1935 (Monumenta Germaniae Historica. Scriptores rerum Germanicarum in usum scholarum).

95 Christian Frey: Die Burgen Heinrichs I. In: Großmann/Ottomeyer 2010, S. 50–55.

96 Zotz 1990, S. 89.

97 Ein aktuelles studentisches Aufmaß und neue Bauuntersuchungen wurden von Judith Ley und Marc Wietheger veröffentlicht: Die innovative Architektur der Karolinger. Perspektiven einer interdisziplinären Pfalzenforschung in Aachen. In: Bericht aus der Rheinisch-Westfälischen Technischen Hochschule Aachen, Aachen 2012, S. 12–19. Mein Dank gilt Frau Ley für umfangreiche Hinweise. Neben dem Granusturm mit der frühesten geradläufigen Treppe der deutschen Kunstgeschichte verfügt Aachen im Westbau der Pfalzkirche auch über die früheste gewendelte Treppe.

98 Grabungen durch Walter Sage sowie Holger Grewe. Vgl. Holger Grewe: Die Ausgrabungen in der Königspfalz zu Ingelheim am Rhein. In: Lutz Fenske u. a. (Hrsg.): Splendor palatii, Göttingen 2001 (Deutsche Königspfalzen, 5), S. 155–174.

99 Zusammenfassend Binding 1996.
100 Atzbach 2010.
101 Hensch 2005.
102 Zu Karlburg und Roßtal vgl. Ettel 2001.
103 Pfostenbauten sind Holzbauten, deren tragende senkrechte Hölzer in die Erde eingegraben sind, Grubenhäuser sind dagegen in die Erde eingetieft.
104 Brachmann 1993, S. 165 ff.
105 Ettel 2006, S. 40.
106 Herrnbrodt 1958; Reinhard Friedrich: Mittelalterliche Keramik aus rheinischen Motten: Funde aus den Regierungsbezirken Köln und Düsseldorf, Köln 1998 (Rheinische Ausgrabungen, 44). Hinsichtlich des Holzbaus weicht unsere Abbildung bewusst von der Rekonstruktion Herrnbrodts ab.
107 Herrnbrodt 1958, S. 67.
108 Walter Janssen: Die frühmittelalterliche Niederungsburg bei Hans Meer. In: Böhme 1991, Bd. 1, S. 195–224. Die Datierung beruht auf einer dendrochronologischen Untersuchung.
109 Vgl. das Modell im Deutschen Burgenmuseum, Veste Heldburg.
110 Maurer 1969, bes. S. 296 ff., 301 ff., 307 ff.
111 Streich 1984, bes. S. 461.
112 Hans-Wilhelm Heine: Burgen der salischen Zeit in Niedersachsen. In: Böhme 1991, Bd. 1, S. 9–84, hier S. 49; Streich 1984, S. 439 ff.
113 Vgl. Claus Ahrens: Frühe Holzkirchen im nördlichen Europa, Hamburg 1981, bes. S. 501–533.
114 Maurer 1969, S. 308–313, bes. S. 311.
115 Hans-Wilhelm Heine: Burgen der salischen Zeit in Niedersachsen. In: Böhme 1991, Bd. 1, S. 9–84, bes. S. 31 f.
116 Reichhalter/Kühtreiber 2005, S. 416–418.
117 Hinz 1981, S. 33 ff.
118 Reinhard Friedrich, Salierzeitliche Burganlagen im nördlichen Rheinland. In: Böhme 1991, Bd. 1, S. 177–194, hier S. 178.
119 Dieter Barz: Schlössel bei Klingenmünster. In: Großmann: Mythos Burg, 2010, S. 64 f.; Barz 2008.
120 Vgl. Reinhard Friedrich: Salierzeitliche Burganlagen im nördlichen Rheinland. In: Böhme 1991, Bd. 1, S. 177–194, hier S. 185–188.
121 Christa Meiborg und Ulrich Reuling: Die Burg Weißenstein bei Marburg-Wehrda. In: Böhme 1991, Bd. 1, S. 149–176.
122 Hansjürgen Brachmann: Zum Burgenbau salischer Zeit zwischen Harz und Elbe. In: Böhme 1991, Bd. 1, S. 135–137.
123 Reinhard Schmitt: Frühe runde Burgtürme Mitteldeutschlands im Ver-

gleich mit anderen Burgenlandschaften. In: Burgen und Schlösser in Sachsen-Anhalt, Heft 9, Halle 2000, S. 39–66; Schmitt 2010.

124 Barz 2006; Patrick Schicht: Die Schallaburg im Hochmittelalter. In: Peter Aichinger-Rosenberger (Hrsg.): Die Schallaburg. Geschichte. Archäologie, Bauforschung, Weitra 2011, S. 285–306.

125 Schmitt 2010.

126 Vgl. Reinhard Schmitt: Der Bergfried: Ein wehrhaftes Statussymbol des Burgherren. In: Großmann/Ottomeyer 2010, S. 158–167.

127 Biller 1993, S. 134, unter Bezug auf Meyer 1976. Der Begriff «Ausgewogenheit» wird allerdings nicht definiert und ist wohl nur eine Hilfsbezeichnung, um den Status als «klassisch» zu begründen.

128 So schon Biller 1993, S. 134 f.

129 Da er nicht selbständig regierte, wird die Ordnungszahl immer in Klammern gesetzt.

130 Vgl. Werner Rösener: Bauern im Mittelalter, München 1991.

131 Maurer 1969, S. 314 ff., 324, 329.

132 Steinmetz 2002.

133 Biller 1998.

134 Vermutlich für die Unterkapelle ist die Übertragung an den Deutschen Orden 1216 archivalisch überliefert. Vgl. Friedel 2007, S. 64, unter Verweis auf ein Manuskript von Gerhard Pfeiffer; eine Kopie dieses Manuskripts (1992) befindet sich in den Unterlagen des Deutschen Burgenmuseums.

135 Bitschnau/Hauser/Mittermair 2011.

136 Burg Weißensee 1998.

137 Beobachtung von Achim Wendt (Heidelberg).

138 Binding und Jost rekonstruieren im östlichen Wohnbau einen symmetrisch von Fenstern gerahmten Eingang, das originale Mauerwerk lässt eine solche Rekonstruktion aber nicht zu. Zum Eingang in das Obergeschoss des westlichen Baus fehlen alle Spuren. Binding 1963; Jost 1995.

139 Zeune 2008.

140 Thomas Biller und Bernhard Metz: Die Burgen im Elsaß II. Der spätromanische Burgenbau im Elsaß (1200–1250), München/Berlin 2007, S. 302–316, mit Baualtersplan.

141 Biller 2002.

142 Ulrich 2005.

143 List 1970.

144 Die Bezeichnung wurde in G. Ulrich Großmann: Der Schloßbau der Renaissance in Hessen 1530–1630, Marburg 1979, sowie in der Fassung Großmann: Renaissanceschlösser, 2010, S. 49, verwendet, um die mittelalterliche Burg aus Einzelbauten zu kennzeichnen.

145 Die turmartigen Erker der Ringmauer in Gent haben kleine Scharten, doch könnte es sich hier um eine Fehlinterpretation bei der Restaurierung des 19. Jahrhunderts handeln.

146 Vgl. Reinhard Schmitt: Der Bergfried: Ein wehrhaftes Statussymbol des Burgherren. In: Großmann/Ottomeyer 2010, S. 158–167.

147 Antonow 1977.

148 Reicke 1995.

149 Steinmetz 2002.

150 Ein englisches Fachbuch von Michael Welman Thompson ist ausdrücklich als «The Decline of the Castle» betitelt (Cambridge 1987).

151 Vgl. Bernd Schneidmüller: Die Kaiser des Mittelalters, München 2006, bes. S. 86–88. Schneidmüller lehnt den Begriff als irreführend ab.

152 Selbst die neueste Ausgabe des Dehio schließt sich in Unkenntnis der aktuellen Fachliteratur noch der in den 1930er Jahren entwickelten Datierung in die erste Hälfte des 13. Jahrhunderts an; Folkhard Cremer (Hrsg.): Hessen II, München/Berlin 2008 (Dehio-Handbuch der Kunstdenkmäler), S. 689. Vgl. dagegen Klaus-Peter Decker und G. Ulrich Großmann: Die Ronneburg, Regensburg 2000 (Burgen, Schlösser und Wehrbauten in Mitteleuropa, 6).

153 Vgl. Biller/Metz 1995, S. 198–219, bes. S. 202 f.

154 Noch für Kyllinger 1620, Kap. 3/182, spielen die Burgmannen in Friedberg eine juristisch relevante Rolle.

155 Tucher/Lexer 1862.

156 Tucher/Lexer 1862, S. 298.

157 Tucher/Lexer 1862, S. 299 f.

158 Burger/Rykl 2006, S. 36–66.

159 Durdík 1994, S. 147–157.

160 Durdík 1994; Schicht 2003.

161 Vgl. Durdík 1994; Großmann 2005, S. 236–240.

162 Reinhard Gutbier: Die Burg Hessenstein und ihre bauliche Entwicklung bis etwa 1800. In: Zeitschrift für hessische Geschichte und Landeskunde 81, 1970, S. 89–118; ders.: Zwinger und Mauerturm. In: Burgen und Schlösser 17, 1976, 1, S. 21–29.

163 Torbus 1998, S. 487–534, bes. S. 511–517.

164 Pospieszny 2001.

165 Herrmann 1995, S. 125–136; Ute Ritzenhofen: Burg Eltz, München/Berlin 2002. Aktuelle, noch unpublizierte Bauuntersuchungen hat Lorenz Frank unternommen. Der bislang für besonders alt gehaltene Turm «Platt-Eltz» im Westen der Gesamtanlage befindet sich am Rand der Felskuppe; aus seinem Keller blickt man auf die Felskante, auf der die übrige Burg steht. M. E. ist dies ein Hinweis darauf, dass es

sich bei ihm nicht um den Kernbau der Burg, sondern um eine spätere Erweiterung handelt (15./16. Jahrhundert).

166 Herrmann 1995, S. 170–175; Ulrich Burkhart und Stefan Ulrich: Montfort. In: Pfälzisches Burgenlexikon, Bd. 3, 2005, S. 590–607.

167 Losse 2003, S. 74–77.

168 Herrmann 1995, bes. S. 20 ff., 83.

169 Das Alter erhaltener Pfeile konnte durch Untersuchungen des Germanischen Nationalmuseums bestätigt werden; vgl. Martin Baumeister: Pfeile aus Kanonen?. In: Anzeiger des Germanischen Nationalmuseums 2011, Nürnberg 2011, S. 99–112.

170 Istvan Feld: Die regelmäßigen «Burgschlösser» des Königreichs Ungarn im Spätmittelalter. In: Zeune 2011, S. 138–147, hier S. 142 f.

171 Grüll/Götting 1967, S. 187; Thomas Kühtreiber: Von der Burg zur Festung. Festungselemente im Burgenbau des 15. Jahrhunderts in Oberösterreich. In: Zeune 2011, S. 102–113.

172 Cori 1899, S. 225–229; Martin Aigner: Burg Falkenstein an der Ranna. Mit Baualtersplan der Kernburg, www.burgenseite.com (1.11.2012).

173 Dennoch gibt es bisher nur wenige Untersuchungen zu diesem Aspekt. Vgl. Kiess 1961; Wirtler 1987; Hoppe 1996.

174 Vgl. Herrmann 1995.

175 Eva Röell: Die gräflichen Säle auf dem Binnenhof. Architektur- und bauhistorische Untersuchung. In: Forschungen zu Burgen und Schlössern 8, München/Berlin 2004, S. 35–48. Vgl. auch Beschrijving van de Grafelijke Zalen op het Binnenhof te s'Gravenhage, s'Gravenhage 1907.

176 Hoppe 1996.

177 Menclová 1963.

178 Kohnert 2008.

179 Burgerbibliothek Bern, Codex 120 II.

180 Weitere Beispiele vgl. Stephan Hoppe: Hofstube und Tafelstube. Funktionale Raumdifferenzierungen auf mitteleuropäischen Adelssitzen seit dem Hochmittelalter. In: Großmann/Ottomeyer 2010, S. 196–207.

181 Kill 2012, S. 100 f.

182 Gleue 2008, S. 11–13.

183 Vgl. Michael Welman Thompson: The Decline of the Castle, Cambridge 1987.

184 Erstmals bei Biller/Großmann 2002, jedoch noch ohne Hinweise auf die Kontinuität der Verteidigungsfähigkeit bis um 1700. Vgl. auch Großmann 1979 (überarbeitet 2010).

185 Schütte 1994.

186 Großmann/Ottomeyer 2010; Großmann: Mythos Burg, 2010.

187 Daniel Burger. In: Großmann: Mythos Burg, 2010, S. 286 f.

188 Abb. bei Stefan Bürger: Meisterwerk Albrechtsburg, Dresden 2011, Abb. 207, S. 78.

189 Hoppe 1996.

190 Großmann 1979 (überarbeitet 2010).

191 Daniel Burger: Albrecht Dürers «Unterricht zur Befestigung» (1527) und der deutsche Festungsbau des 16. Jahrhunderts. In: G. Ulrich Großmann und Franz Sonnenberger (Hrsg.): Das Dürer-Haus. Neue Ergebnisse der Forschung, Nürnberg 2007 (Dürer-Forschungen, 1), S. 261–288.

192 Ruth Tenschert: Die Kernburg der Festung Rosenberg in Kronach. Eine baugeschichtliche Untersuchung, MA-Arbeit (masch.), Bamberg 2011.

193 Vgl. die Beispiele in Giersch u. a. 2006.

194 Dittscheid 1987, bes. S. 159–213 (zur Löwenburg), 214–216 (zu Wilhelmsbad).

195 Wilhelm Hauff: Sämtliche Werke, illustriert von Carl Offterdinger, Stuttgart 1877, Bd. 5, S. 163. Zum Festungsbau vgl. Ottersbach 2007.

196 Hartmut Boockmann: Die Marienburg im 19. Jahrhundert, Frankfurt 1982.

197 Vgl. den Ausstellungskatalog «Aufbruch der Jugend», Germanisches Nationalmuseum Nürnberg (erscheint Herbst 2013).

198 Vgl. Joachim Zeune: Mittelalterliche Burgen in Bayern. Eine Schreckensbilanz. In: Schönere Heimat. Bayerischer Landesverein für Heimatpflege e. V., München 1990, S. 143–154; ders.: Burgensanierungen im Allgäu. Eine Schreckensbilanz (1–10). In: Zeitschrift für Heimatpflege. Das Blättle vom Heimatbund Allgäu e. V. 1–10, 1999–2001.

199 G. Ulrich Großmann. In: Großmann: Mythos Burg, 2010, S. 289 f.

200 Vgl. Anja Grebe: «Mythos Burg» – die Ursprünge des modernen Burgenbilds. In: Damals 42, 2010, H. 7, S. 25–27; dies.: Mythos Burg. Zu den Ursprüngen des modernen Burgenbildes in Mittelalter und Früher Neuzeit. In: Großmann/Ottomeyer 2010, S. 236–253.

201 Anja Grebe: «Mythos Burg» – die Ursprünge des modernen Burgenbilds. In: Damals 42, 2010, H. 7, S. 25–27.

202 Joachim Zeune: Rezeptionsgeschichte und Forschungsgeschichte. In: Böhme 1999, Bd. 1, S. 26–37.

203 Als interdisziplinäre Tagung lässt sich die Burgentagung 2009 auf der Wartburg verstehen (Großmann/Ottomeyer 2010).

204 Benedikt Tschachtlan (um 1420–1493): Chronik zur Geschichte der Stadt Bern, 1470 (Zürich Zentralbibliothek, cod. A 120).

205 Vgl. Ursula Braasch-Schwersmann und Axel Halle (Hrsg.): Wigand Gerstenberg von Frankenberg (1457–1522), Marburg 2007.

206 Johann Pomarius: Chronica der Sachsen und Niedersachsen, Magdeburg 1588/Halle 1589.

207 Jeremias Simon: Eilenburgische Chronica oder Beschreibung der sehr alten Burg/Schlosses und Stadt Eilenburg, Leipzig 1696, S. 61.

208 Vermutlich handelt es sich um eine Fälschung aus der Zeit Konrads von Hochstaden um 1250. Erst in dieser Zeit dürfte die Burg vollendet worden sein. Vgl. C. Hagenguth. In: Großmann: Mythos Burg, 2010, S. 282–285.

209 Ingrid Baumgärtner (Hrsg.): Wilhelm Dilich. Landtafeln hessischer Ämter zwischen Rhein und Weser 1607–1625, Kassel 2011.

210 Crusius 1595, S. 817, dt. Ausg. 1733, Bd. 2, S. 374 f.

211 Kyllinger 1620, S. 22.

212 Johann Jacob Speidel: Speculum politico-philologico historicarum observationum et notabilium [...], Nürnberg 1657.

213 Johann Jacob Speidel: Speculum politico-philologico historicarum observationum et notabilium [...], Nürnberg 1657, S. 172, Nr. 187.

214 Johann Jacob Speidel: Speculum politico-philologico historicarum observationum et notabilium [...], Nürnberg 1657, S. 179, Nr. 200.

215 Johann Jacob Speidel: Speculum politico-philologico historicarum observationum et notabilium [...], Nürnberg 1657, S. 329–332, Nr. 29.

216 Miscellaneorum historicum regni Bohemiae [...], Liber I Decadis III, Prag 1679.

217 Allgemeine Beschreibung des Schlosses Karlstein aus Balbins Miszellaneen, mit Anmerkungen und Zusätzen. In: Materialien zur alten und neuen Statistik von Böhmen, 3. Heft, Prag 1787, S. 569–612.

218 Pfefferkorn 1684 (Nachdruck 1685), Kap. XXVI, S. 346–357.

219 Balthasar Friedrich Buchhäuser: Uber Die sehr Curieuxe Beschreibung der Unüberwindlichen Churfürstlichen Sächsischen Berg-Vestung Königstein, o. O. 1692.

220 Bis 1826 erschienen zwei weitere Auflagen.

221 So auf dem Vorsatzblatt von Sartori 1819, das in Bd. 4 eingebunden ist.

222 Nebehay 1983, Nr. 604/605, S. 116 f.

223 Friedrich Gottschalck: Die Ritterburgen und Bergeschlösser Deutschlands, Halle 1810, Bd. 1, S. 30 f.

224 Schwäbisch Hall 1768. Vgl. auch Johann Karl Gottlob Hirsching: Historisch-literarisches Handbuch berühmter und denkwürdiger Personen, welche im 18. Jahrhundert gestorben sind, Bd. 2, 2. Abth., Leipzig 1796, S. 323.

225 Hefner/Wolf 1850.

226 Großmann 2012.

227 Cohausen 1860; Cohausen 1898; Großmann 2012 (mit vollständiger Bibliographie).

228 Die Vorlagen, größer und teils farbig, befinden sich in der Sammlung des Germanischen Nationalmuseums in Nürnberg. Vgl. Günster 2010.

229 Im ersten Band dieser Reihe hatte er eine grundlegende Einleitung in das Gesamtwerk veröffentlicht. Vgl. Roland Jaeger: Monumentales Standardwerk: Das «Handbuch der Architektur» (1880–1943). Verlagsgeschichte und Bibliographie. In: Aus dem Antiquariat 5, 2006, S. 343–364.

230 Eine zweite Auflage dieses Bandes (unter dem Titel «Wohnbau im Mittelalter») wurde 1908 von Otto Stiehl bearbeitet, was auf das weiterhin große Interesse an diesem Thema verweist.

231 Essenwein 1892, bes. S. 5–7.

232 Fabian Link in seiner Dissertation an der Universität Basel (in Vorbereitung); vgl. ders.: Der Mythos Burg im Nationalsozialismus. In: Großmann/Ottomeyer 2010, S. 302–311. An der Universität Bamberg fand im WS 2011/12 ein Seminar statt, in dem Katharina Pfütz ein kritisches Referat über Ebhardt hielt.

233 Meyer 1976.

234 Zeune 1996.

235 Patze 1976.

236 Zettler/Zotz 2003.

237 Bangerter-Paetz 2007.

238 Wirtler 1987.

239 Zuvor war diese Verbindung in Schmalkalden beobachtet worden, wo man sie aber für einen Einzelfall hielt. Vgl. Großmann: Renaissanceschlösser, 2010.

240 Vgl. Großmann: Bauforschung, 2010 (mit weiterer Literatur).

241 Zeune 1996, S. 139–157.

242 Böhme 1991.

243 Z. B. die Frohburg, die vorbildlich ausgegraben und publiziert wurde; vgl. Meyer 1989.

244 Ettel 2001.

245 Hensch 2005.

246 Privatinitiativen sind auch die wichtigsten regionalen Überblickswerke zu verdanken, namentlich das zehnbändige Tiroler Burgenbuch sowie die Reihe zu Burgen im Elsass; Trapp/Hörmann-Weingartner 1972–2011; Biller/Metz 1995 ff.

247 Insbesondere sind hier die 1992 gegründete Wartburg-Gesellschaft zur Erforschung von Burgen und Schlössern sowie der Wissenschaftliche

Beirat der Deutschen Burgenvereinigung zu nennen; beide geben seit 1993 regelmäßig Sammelwerke zu verschiedensten Burgenthemen heraus. Die Wartburg-Gesellschaft gibt seit 1999 eine Reihe von Führern zu Burgen zwischen Schleswig und Bozen heraus, die eine baugeschichtliche Bearbeitung des jeweiligen Objektes zur Voraussetzung haben und konsequent mit Rekonstruktionszeichnungen und Baualtersplänen ausgestattet sind; Burgen, Schlösser und Wehrbauten in Mitteleuropa 1999 ff.

248 Vgl. Großmann, Bauforschung, 2010.

Literatur

Zeitschriften und Schriftenreihen

Arx. Burgen und Schlösser in Bayern, Österreich und Südtirol, hrsg. vom Südtiroler Burgeninstitut, Bozen 1978 ff.

Burgen, Schlösser und Wehrbauten in Mitteleuropa, hrsg. von der Wartburg-Gesellschaft, Regensburg 1999 ff.

Burgen und Schlösser in Sachsen-Anhalt. Mitteilungen der Landesgruppe Sachsen-Anhalt der Deutschen Burgenvereinigung, Halle 1991 ff.

Der Burgwart. Zeitschrift der Vereinigung zur Erhaltung deutscher Burgen, 1 ff., 1899–1942, 1955–1957, fortges. unter dem Titel Burgen und Schlösser, hrsg. von der Deutschen Burgenvereinigung e. V., 1 ff., 1959 ff.

Castella Maris Baltici. Publikationsreihe zu den Tagungen Castella Maris Baltici, 1993 ff.

Die deutschen Königspfalzen – Repertorium der Pfalzen, Königshöfe und übrigen Aufenthaltsorte der Könige im deutschen Reich des Mittelalters, hrsg. vom Max-Planck-Institut für Geschichte, Bd. 1 ff., Göttingen 1983 ff.

Forschungen zu Burgen und Schlössern, hrsg. von der Wartburg-Gesellschaft zur Erforschung von Burgen und Schlössern e. V., Bd. 1–13, München/Berlin 1993 ff., Bd. 14 ff., Petersberg 2012 ff.

Nachrichten des Schweizerischen Burgenvereins, Zürich, 1 ff., 1927–1995, fortges. unter dem Titel Mittelalter/Moyen Age. Zeitschrift des Schweizer Burgenvereins, 1 ff., 1996 ff.

Schweizer Beiträge zur Kulturgeschichte und Archäologie des Mittelalters, hrsg. vom Schweizerischen Burgenverein, Olten/Freiburg i. Br. 1974 ff.

Publikationen zum Burgenbau allgemein

Alberti, Leon Battista: Zehn Bücher über die Baukunst, hrsg. von Max Theuer, Wien/Leipzig 1912.

Albrecht, Uwe: Der Adelssitz im Mittelalter. Studien zum Verhältnis von Architektur und Lebensform in Nord- und Westeuropa, Berlin 1995.

Antonow, Alexander: Burgen des südwestdeutschen Raums im 13. und 14. Jahrhundert unter besonderer Berücksichtigung der Schildmauer, Bühl 1977 (überarb. Ausg. unter dem Titel Planung und Bau von Burgen im süddeutschen Raum, Frankfurt a. M. 1983).

Atzbach, Rainer: Die Höfe bei Ebsdorfergrund-Dreihausen und das Ende der karolingischen Großburgen in Nordhessen. In: Burgenforschung 1, 2010, S. 1–34.

Bachmann, Christoph: Öffnungsrecht und herzogliche Burgenpolitik in Bayern im späten Mittelalter, München 1997 (Schriftenreihe zur bayerischen Landesgeschichte, 106).

Bangerter-Paetz, Judith: Saalbauten auf Pfalzen und Burgen im Reich der Staufer, ca. 1150–1250, Hannover 2007 (CD-ROM).

Barz, Dieter: Zur baulichen Entwicklung der «Adelsburg» im 10. und 11. Jahrhundert in Mittel- und Westeuropa. In: Forschungen zu Burgen und Schlössern 9, München/Berlin 2006, S. 67–84.

Biller, Thomas: Die Adelsburg in Deutschland, München/Berlin 1993/²1998.

Biller, Thomas: Die Entwicklung regelmäßiger Burgenformen in der Spätromanik und die Burg Kaub (Gutenfels). In: Forschungen zu Burgen und Schlössern 7, München/Berlin 2002, S. 23–44.

Biller, Thomas, und G. Ulrich Großmann: Burg und Schloss. Der Adelssitz im deutschsprachigen Raum, Regensburg 2002.

Biller, Thomas, und Bernhard Metz: Die Burgen des Elsass, 4 Bde., Berlin/München 1995 ff. (bisher erschienen: Bd. 2: Der spätromanische Burgenbau im Elsass, 1200–1250; Bd. 3: Der frühe gotische Burgenbau im Elsass, 1250–1300).

Binding, Günther: Deutsche Königspfalzen von Karl dem Großen bis Friedrich II. (765–1240), Darmstadt 1996.

Bitschnau, Martin: Burg und Adel in Tirol zwischen 1050 und 1300, Grundlagen zu ihrer Erforschung, Wien 1983 (Österreichische Akademie der Wissenschaften, Phil.-hist. Klasse, 403).

Bitterli, Thomas: Die Höhlenburgen – ein Überblick. In: Burgen im Alpenraum, Petersberg 2012 (Forschungen zu Burgen und Schlössern 14), S. 123–130.

Böhme, Horst Wolfgang (Hrsg.): Burgen der Salierzeit, 2 Bde., Sigmaringen 1991 (Römisch-Germanisches Zentralmuseum, Monographien, 25, 26) (Bd. 1: Nördliche Landschaften des Reiches; Bd. 2: Südliche Landschaften des Reiches).

Böhme, Horst Wolfgang, u. a. (Hrsg.): Burgen in Mitteleuropa. Ein Handbuch, 2 Bde., Stuttgart 1999.

Bornheim gen. Schilling, W., Rheinische Höhenburgen, 3 Bde., Neuss 1964.

Brachmann, Hansjürgen: Der frühmittelalterliche Befestigungsbau in Mitteleuropa. Untersuchungen zu seiner Entwicklung und Funktion im germanisch-deutschen Gebiet, Berlin 1993.

Die Burgenforschung und ihre Probleme. Ergrabung – Konservierung – Restaurierung, hrsg. vom Bundesdenkmalamt, Abteilung Bodendenkmale, Wien, Horn 1992.

Burger, Daniel: Die Landesfestungen der Hohenzollern in Franken und Brandenburg im Zeitalter der Renaissance, München 2000 (Schriften zur bayerischen Landesgeschichte, 128).

Burger, Daniel: «In den Turm geworfen» – Gefängnisse und Folterkammern aus Burgen im Mittelkalter und in der frühen Neuzeit. In: Forschungen zu Burgen und Schlössern 12, München/Berlin 2009, S. 221–236.

Clasen, Karl Heinz: Burg. In: Reallexikon zur deutschen Kunstgeschichte, Bd. 3, 1954, Sp. 126–173.

Cohausen, Karl August von: Die Bergfriede, besonders rheinischer Burgen. In: Jahrbücher des Vereins von Alterthumsfreunden im Rheinlande XXVIII, 1860, S. 1–53.

Cohausen, Karl August von: Die Befestigungsweisen der Vorzeit und des Mittelalters, Wiesbaden 1898.

Cori, Johann Nepomuk: Bau und Einrichtung der deutschen Burgen im Mittelalter. Mit Beziehung auf Oberösterreich. In: 32. Bericht über das Museum Francisco-Carolinum, Linz 1874, S. 1–183 (2. Aufl. Darmstadt 1899, ohne Untertitel).

Crusius, Martin: Annales svevici sive Chronica rerum gestrum antiqissimae [...], Frankfurt a. M. 1595 (dt. Ausg. 1733)

Deutsche Königspfalzen. Beiträge zu ihrer historischen und archäologischen Erforschung, 2 Bde., Göttingen 1963–1965 (Veröffentlichung des Max-Planck-Instituts für Geschichte, 11/1,2).

Durdík, Tomás: Kastellburgen des 13. Jahrhunderts in Mitteleuropa, Prag 1994.

Ebhardt, Bodo: Deutsche Burgen. Berlin o. J. (10 Lieferungen, 1898–1907).

Ebhardt, Bodo: Der Wehrbau Europas im Mittelalter, 2 Bde., Stollhamm 1939–1958 (Nachdr. Würzburg 1998).

Ebner, Herwig: Die Burgenpolitik und ihre Bedeutung für die Geschichte des Mittelalters, Klagenfurt 1974.

Ehmer, Hermann (Hrsg.): Burgen im Spiegel der historischen Überlieferung, Sigmaringen 1998 (Oberrheinische Studien, 13).
Essenwein, August Ottmar von: Die Kriegsbaukunst, Darmstadt 1889 (Handbuch der Architektur, 2. Th.: Die Baustile, historische und technische Entwicklung, Bd. 4: Die romanische und die gothische Baukunst, H. 1).
Essenwein, August Ottmar von: Der Wohnbau, Darmstadt 1892 (Handbuch der Architektur, 2. Th.: Die Baustile, historische und technische Entwicklung, Bd. 4: Die romanische und die gothische Baukunst, H. 2).
Ettel, Peter: Karlburg – Roßtal – Oberammerthal. Studien zum frühmittelalterlichen Burgenbau in Nordbayern, 2 Bde., Rahden 2001.
Ettel, Peter: Frühmittelalterlicher Burgenbau in Nordbayern und die Entwicklung der Adelsburg. In: Forschungen zu Burgen und Schlössern 9, München/Berlin 2006, S. 33–48.
Fabini, Hermann: Die Kirchenburgen der Siebenbürger Sachsen, Hermannstadt 2009.
Friedhoff, Jens: Die Ausstattung nassauischer Burgen und Schlösser im Spiegel frühneuzeitlicher Inventare. In: Nassauische Annalen 113, 2002, S. 97–149.
Friedrich, Reinhard, und Bernd Päffgen: Mittelalterliche Burganlagen in Kölner Bucht und Nordeifel bis zum Ende des 13. Jahrhunderts, Bonn 2007.
Ganshof, François Louis: Was ist das Lehnswesen?, Darmstadt 1961.
Giersch, Robert, Andreas Schlunck und Berthold Freiherr von Haller: Burgen und Herrensitze in der Nürnberger Landschaft, Lauf 2006.
Gleue, Axel W.: Wie kam das Wasser auf die Burg? Vom Brunnenbau auf Höhenburgen und Bergvesten, Regensburg 2008.
Glossarium artis. Deutsch-französisches Wörterbuch zur Kunst, Bd. 1: Burgen und feste Plätze, der Wehrbau vor Einführung der Feuerwaffen, München 1971/[2]1977.
Götting, Wilhelm, und Georg Grüll: Burgen in Oberösterreich, Wels 1967 (Oberösterreichische Landesbaudirektion, 21).
Grebe, Anja, und G. Ulrich Großmann: Burgen in Deutschland, Österreich und der Schweiz, Petersberg 2007.
Grebe, Anja, und Hans Heinrich Häffner: Truhe und Wandschrank – mobile und feste Ausstattungen im Burgen- und frühen Schlossbau. In: Jahrbuch der Stiftung Thüringer Schlösser und Gärten, Bd. 8, Regensburg 2005, S. 25–47.
Großmann, G. Ulrich: Der Fachwerkbau in Deutschland, Köln 1986 (4., überarb. Aufl. 2004).
Großmann, G. Ulrich: Burgen in Europa, Regensburg 2005.
Großmann, G. Ulrich: Einführung in die kunsthistorische und historische Bauforschung, Darmstadt 2010.

Großmann, G. Ulrich (Hrsg.): Mythos Burg, Ausstellungskatalog, Germanisches Nationalmuseum Nürnberg, Dresden/Nürnberg 2010.

Großmann, G. Ulrich: Renaissanceschlösser in Hessen. Architektur zwischen Reformation und Dreißigjährigem Krieg, Regensburg 2010 (wesentlich überarb. Ausg. der Diss. Der Schloßbau der Renaissance in Hessen 1530–1630, Marburg 1979).

Großmann, G. Ulrich, und Hans Ottomeyer (Hrsg.): Die Burg. Wissenschaftlicher Begleitband zu den Ausstellungen «Burg und Herrschaft» und «Mythos Burg», Dresden 2010.

Großmann, G. Ulrich, und Anne Rentél: Bau- und Burgenforschung im Werk Karl August von Cohausens (mit einer Bibliographie). In: Nassauische Annalen 123, 2012, S. 453–479.

Günster, Nina: Blick auf die Burg. Zeichnungen und Aquarelle des 19. Jahrhunderts aus den Beständen Karl August von Cohausen und Botho Graf zu Stolberg-Wernigerode, Nürnberg 2010 (Beiband zum Anzeiger des Germanischen Nationalmuseums).

Hähnel, Joachim: Stube. Wort- und sachgeschichtliche Beiträge zur historischen Hausforschung, Münster 1975.

Hechberger, Werner: Adel, Ministerialität und Rittertum im Mittelalter, München 2004 (Enzyklopädie deutscher Geschichte, 72).

Heine, Hans-Wilhelm: Frühe Burgen und Pfalzen in Niedersachsen, von den Anfängen bis zum frühen Mittelalter, Hildesheim [2]1995 (Wegweiser zur Vor- und Frühgeschichte Niedersachsens, 17).

Herrmann, Christofer: Wohntürme des späten Mittelalters auf Burgen im Rhein-Mosel-Gebiet, Espelkamp 1995 (Veröffentlichung der Deutschen Burgenvereinigung, A, 2).

Hinz, Hermann: Motte und Donjon. Zur Frühgeschichte der mittelalterlichen Adelsburg, Köln 1981 (Zeitschrift für Archäologie des Mittelalters, Beih. 1).

Hoppe, Stephan: Die funktionale und räumliche Struktur des frühen Schloßbaus in Mitteldeutschland, Köln 1996 (Veröffentlichung der Abteilung Architekturgeschichte der Universität Köln, 62).

Hotz, Walter: Kleine Kunstgeschichte der deutschen Burg, Darmstadt 1965/1979.

Hotz, Walter: Pfalzen und Burgen der Stauferzeit. Geschichte und Gestalt, Darmstadt 1981.

Jost, Bettina: Die Reichsministerialen von Münzenberg als Bauherren in der Wetterau im 12. Jahrhundert, Köln 1995.

Kammel, Frank Matthias (Bearb.): Spiegel der Seligkeit. Private Frömmigkeit im Spätmittelalter, Ausstellungskatalog, Germanisches Nationalmuseum Nürnberg, Nürnberg 2000.

Kiess, Walter: Die Burgen in ihrer Funktion als Wohnbauten. Studien zum

Wohnbau in Deutschland, Frankreich, England und Italien vom 11. bis 15. Jahrhundert, o. O. 1961.

Kill, René: L'Approvisionnement en eau des châteaux forts de montagne alsaciens, Saverne 2012.

Klaar, Adalbert: Beiträge zu Planaufnahmen österreichischer Burgen, Wien 1970–1980 (Mitteilungen der Kommission für Burgenforschung und Mittelalter-Archäologie).

Kunze, Rainer: Burgenpolitik und Burgenbau der Grafen von Katzenelnbogen bis zum Ausgang des 14. Jahrhunderts, Braubach 1969.

Kyllinger, Jacob Wernher: De Ganeriis Castrorum, sive De Arcivum pluribus communium Condominis. Von den Ganerben und Burgmännern gemeiner Schlösser, Vesten und Burgen, Tübingen 1620.

Leidorf, Klaus, und Peter Ettel (Hrsg.): Burgen in Bayern. 7000 Jahre Burgengeschichte im Luftbild, Stuttgart 1999.

Leistikow, Dankwart: Julius Ernst Naeher (1824–1911), der Burgenforscher Südwestdeutschlands. In: Forschungen zu Burgen und Schlössern 1, Berlin 1994, S. 169–187.

Lemmer, Manfred: Die mittelalterliche Burg als Lebensraum. In: Burgen und Schlösser in Sachsen-Anhalt, Heft 4, Halle a. d. Saale 1995, S. 6–27.

Losse, Michael: Hohe Eifel und Ahrtal, Stuttgart 2003 (Theiss Burgenführer).

Maurer, Hans-Martin: Die landesherrliche Burg in Wirtemberg im 15. und 16. Jahrhundert, Stuttgart 1958 (Veröffentlichungen der Kommission für geschichtliche Landeskunde in Baden-Württemberg, B, 1).

Maurer, Hans-Martin: Bauformen der hochmittelalterlichen Adelsburg in Südwestdeutschland. In: Zeitschrift für die Geschichte des Oberrheins 115 (N. F. 76), 1967, S. 61–116.

Maurer, Hans-Martin: Die Entstehung der hochmittelalterlichen Adelsburg in Südwestdeutschland. In: Zeitschrift für die Geschichte des Oberrheins, 117 (N. F. 78), 1969, S. 297–332.

Maurer, Hans-Martin: Rechtsverhältnisse der hochmittelalterlichen Adelsburg vornehmlich in Südwestdeutschland. In: Patze 1976, Bd. 2, S. 77–190.

Maurer, Hans-Martin: Burgen. In: Die Zeit der Staufer 1977–1979, Bd. 3, S. 119–128.

Meckseper, Cord: Raumdifferenzierungen im hochmittelalterlichen Burgenbau Mitteleuropas. In: Château Gaillard 20, 2002, S. 163–171.

Menclová, Dobroslava: Blockwerkkammern in Burgpalästen und Bürgerhäusern. In: Acta Historiae Artium Academiae Scientiarum Hungaricae, Bd. 9, Budapest 1963, S. 245–267.

Meyer, Werner: Die Burg als repräsentatives Statussymbol – ein Beitrag zum Verständnis der mittelalterlichen Adelsburg. In: Zeitschrift für schweizerische Archäologie und Kunstgeschichte 33, 1976, S. 173–181.

Meyer, Werner: Frühe Adelsburgen zwischen Alpen und Rhein. In: Nachrichten des Schweizerischen Burgenvereins 57, 1984, S. 70–79.
Meyer, Werner: Hirsebrei und Hellebarde. Auf den Spuren des mittelalterlichen Lebens in der Schweiz, Olten/Freiburg 1985.
Meyer, Werner: Neuerungen im Burgenbau des 13. Jahrhunderts nach Beispielen aus der Umgebung Basels. In: Burgenbau im 13. Jahrhundert, München/Berlin 2002 (Forschungen zu Burgen und Schlössern 7), S. 9–22.
Meyer, Werner, und Eduard Widmer: Das große Burgenbuch der Schweiz, Zürich/München 1977.
Mielke, Friedrich: Geschichte der deutschen Treppen, Berlin/München 1966.
Müller, Anne, und Matthias Weinhoild: Felsenburgen der Sächsischen Schweiz. Neurathen, Winterstein, Arnstein, Regensburg 2010 (Burgen, Schlösser und Wehrbauten in Mitteleuropa, 23).
Müller, Heinz (Hrsg.): Wohntürme. Kolloquium 2001 auf Burg Kriebstein/Sachsen, Langenweißbach 2002 (Veröffentlichungen der Deutschen Burgenvereinigung).
Müller, Heinz, und Reinhard Schmitt (Hrsg.): Zwinger und Vorbefestigung. Tagung 2006 auf Schloss Neuenburg bei Freyburg (Unstrut), Langenweißbach 2007 (Veröffentlichugen der Deutschen Burgenvereinigung).
Nebehay, Ingo: Bibliographie altösterreichischer Ansichtenwerke aus fünf Jahrhunderten. Die Monarchie in der topographischen Druckgraphik von der Schedel'schen Weltchronik bis zum Aufkommen der Photographie. Beschreibendes Verzeichnis der Ansichtenwerke, 5 Bde., Graz 1981–1991.
Ottersbach, Christian: Befestigte Schlossbauten im Deutschen Bund. 1815–1866, Petersberg 2007.
Patze, Hans (Hrsg.): Die Burgen im deutschen Sprachraum. Ihre rechts- und verfassungsgeschichtliche Bedeutung, 2 Bde., Sigmaringen 1976 (Konstanzer Arbeitskreis für mittelalterliche Geschichte, 19).
Pfälzisches Burgenlexikon, 4 Bde., Kaiserslautern 1999–2007 (Beiträge zur pfälzischen Geschichte).
Pfefferkorn, Georg Michael: Merkwürdige und Auserlesene Geschichte von der berühmten Landgraffschaft Thüringen/darinnen das denkwürdigste von dieses Landes Chroniken/Lage/Fruchtbarkeit/ […] der Städte/Vestungen/Universitäten […], Frankfurt a. M./Gotha 1684 (2. Aufl. 1685).
Piper, Otto: Burgenkunde – Bauwesen und Geschichte der Burgen zunächst innerhalb des deutschen Sprachgebietes, München 1895 (2. Aufl. 1905 (2 Bde.); 3. Aufl. München 1912; Nachdr., ergänzt um ein Nachwort von Werner Meyer, Frankfurt a. M. 1967).
Piper, Otto: Österreichische Burgen, 5 Bde., Wien 1902–1907.

Reichhalter, Gerhard, Karin und Thomas Kühtreiber: Burgen. Waldviertel und Wachau, Sankt Pölten 2001.

Reichhalter, Gerhard, Karin und Thomas Kühtreiber: Burgen. Weinviertel, Wien 2005.

Reicke, Daniel: «von starken und grossen flüejen». Eine Untersuchung zu Megalith- und Buckelquader-Mauerwerk an Burgtürmen im Gebiet zwischen Alpen und Rhein, Basel 1995 (Schweizer Beiträge zur Kulturgeschichte und Archäologie des Mittelalters, 22).

Rödel, Volker: Reichslehnswesen, Ministerialität, Burgmannschaft und Niederadel. Studien zur Rechts- und Sozialgeschichte des Adels in den Mittel- und Oberrheinlanden während des 13. und 14. Jahrhunderts, Marburg/Darmstadt 1979 (Quellen und Forschungen zur hessischen Geschichte, 38).

Rödel, Volker: Die Burg als Gemeinschaft: Burgmannen und Ganerben. In: Lukas Clemens und Sigrid Schmitt (Hrsg.): Zur Sozial- und Kulturgeschichte der mittelalterlichen Burg, Trier 2009, S. 109–139.

Sartori, Franz: Die Bergvesten und Ritterschlösser der österreichischen Monarchie, 8 Bde., Brünn 1819/20.

Schicht, Patrick: Österreichs Kastellburgen des 13. und 14. Jahrhunderts, Wien 2003 (Beiträge zur Mittelalterarchäologie in Österreich, Beih. 5).

Schmidtchen, Volker: Kriegswesen im späten Mittelalter, Weinheim 1990.

Schmitt, Reinhard: Steinerne Wohnbauten und Wohntürme vom 10. bis 13. Jahrhundert in Sachsen-Anhalt. In: Müller 2002, S. 91–103.

Schmitt, Reinhard: Zwinger und Vorbefestigungen. Einführung in das Tagungsthema anhand von Beispielen aus Sachsen-Anhalt. In: Müller/Schmitt 2007, S. 9–18.

Schmitt, Reinhard: Burg Querfurt um 1000 und ihre Stellung im zeitgleichen Burgenbau in Deutschland. In: Arno Sames (Hrsg.): Brun von Querfurt. Lebenswelt, Tätigkeit, Wirkung, Querfurt 2010, S. 23–35 und Abb. S. 120–141.

Schock-Werner, Barbara (Hrsg.): Burg- und Schlosskapellen. Kolloquium des Wissenschaftlichen Beirats der Deutschen Burgenvereinigung, Stuttgart 1995.

Schock-Werner, Barbara und Klaus Bingenheimer (Hrsg.): Fenster und Türen in historischen Wehr- und Wohnbauten. Kolloquium des Wissenschaftlichen Beirats der Deutschen Burgenvereinigung, Stuttgart 1995.

Schuchhardt, Carl: Die Burg im Wandel der Weltgeschichte, Wildpark-Potsdam 1931 (Museum der Weltgeschichte).

Schütte, Ulrich: Das Schloß als Wehranlage. Befestigte Schloßbauten der frühen Neuzeit im alten Reich, Darmstadt 1994.

Steinmetz, Thomas: Burgen im Odenwald, Brensbach 1998.

Stevens, Ulrich: Burgkapellen im deutschsprachigen Raum, Köln 1978 (bearb. Neuausg. unter dem Titel Burgkapelle. Andacht, Repräsentation und Wehrhaftigkeit im Mittelalter, Darmstadt 2003).

Streich, Gerhard: Burg und Kirche während des deutschen Mittelalters. Untersuchungen zur Sakraltopographie von Pfalzen, Burgen und Herrensitzen, 2 Bde., Sigmaringen 1984 (Konstanzer Arbeitskreis für mittelalterliche Geschichte, Sonderbd. 29, I, II).

Streich, Gerhard: Palatium als Ordnungsbegriff und Ehrentitel für die Urkundenorte der deutschen Könige und Kaiser im Hochmittelalter. In: Franz Staab (Hrsg.): Die Pfalz. Probleme einer Begriffsgeschichte, Speyer 1990, S. 103–129.

Strickhausen, Gerd: Burgen der Ludowinger in Thüringen, Hessen und dem Rheinland, Darmstadt/Marburg 1998 (Quellen und Forschungen zur hessischen Geschichte, 109).

Thon, Alexander, und Tina Rudersdorf: Burgkapellen, Kapellenerker und Tragaltar. Überlegungen zu einer Typologie des Sakralbereichs mittelalterlicher Burgen im Rheinland. In: Jahrbuch für westdeutsche Landesgeschichte 25, 1999, S. 141–181.

Tillmann, Curt: Lexikon der deutschen Burgen und Schlösser, 4 Bde., Stuttgart 1958–1961.

Torbus, Tomasz: Die Konventsburgen im Deutschordensland Preußen, München 1998 (Schriften des Bundesinstituts für ostdeutsche Kultur und Geschichte, 11).

Trapp, Oswald, und Magdalena Hörmann-Weingartner (Hrsg.): Tiroler Burgenbuch, 10 Bde., Bozen/Innsbruck 1972–2011.

Wäscher, Hermann: Feudalburgen in den Bezirken Halle und Magdeburg, 2 Bde., Berlin 1962 (Deutsche Bauakademie, Schriften des Instituts für Theorie und Geschichte der Baukunst).

Wagener, Olaf, und Heiko Laß (Hrsg.): ...wurfen hin in steine/groze und niht kleine ... Belagerungen und Belagerungsanlagen im Mittelalter, Frankfurt a. M. 2006 (Beihefte zur Mediaevistik, 7).

Wand, Norbert: Die Anfänge des mittelalterlichen Burgenbaues in Althessen – die fränkischen Großburgen aus der Zeit der Dachsenkriege. In: Forschungen zu Burgen und Schlössern 9, München/Berlin 2006, S. 21–32.

Wirtler, Ulrike: Spätmittelalterliche Repräsentationsräume auf Burgen im Rhein-Lahn-Mosel-Gebiet, Köln 1987.

Die Zeit der Staufer, Ausstellungskatalog, Württembergisches Landesmuseum Stuttgart, 5 Bde., Stuttgart 1977–1979.

Zettler, Alfons, und Thomas Zotz (Hrsg.): Die Burgen im mittelalterlichen Breisgau, Sigmaringen 2003 ff.

Zeune, Joachim: Burgen – Symbole der Macht. Ein neues Bild der mittelalterlichen Burg, Regensburg 1996.

Zeune, Joachim (Hrsg.): Die Burg im 15. Jahrhundert, Braubach 2011 (Veröffentlichungen der Deutschen Burgenvereinigung, B, 12).

Zingerle, Oswald von: Mittelalterliche Inventare aus Tirol und Vorarlberg, Innsbruck 1909.

Zotz, Thomas: Palatium publicum, nostrum, regium. Bemerkungen zur Königspfalz in der Karolingerzeit. In: Franz Staab (Hrsg.): Die Pfalz. Probleme einer Begriffsgeschichte, Speyer 1990, S. 71–101.

Publikationen zu ausgewählten Burgen

Altwasser, Elmar: Aktuelle Bauforschung am WARTBURG-Palas. Bericht und Resümee. In: Günter Schuchardt (Hrsg.): Der romanische Palas der Wartburg. Bauforschung an einer Welterbestätte, Regensburg 2001, S. 23–106.

Arens, Fritz Viktor: Die Königspfalz WIMPFEN, Berlin 1967.

Atzbach, Rainer: Die Höfe bei Ebsdorfergrund-DREIHAUSEN und das Ende der karolingischen Großburgen in Nordhessen. In: Burgenforschung und Burgendenkmalpflege in Hessen, Marburg 2010, S. 11–34.

Barz, Dieter: SCHLÖSSEL bei Klingenmünster. Befunde und Funde in einer salierzeitlichen Burg. In: Mitteilungen der Deutschen Gesellschaft für Archäologie des Mittelalters und der Neuzeit 20, 2008, S. 189–197.

Bergstedt, Clemens, u. a. (Hrsg.): Bischofsresidenz Burg ZIESAR. Das Haus – das Denkmal – das Museum, Berlin 2005.

Biller, Thomas: Die Pfalz Friedrichs I. in KAISERSWERTH – zu ihrer Rekonstruktion und Interpretation. In: Forschungen zu Burgen und Schlössern 4, München/Berlin 1998, S. 173–188.

Biller, Thomas: Die Entwicklung regelmäßiger Burgformen in der Spätromanik und die Burg KAUB (Gutenfels). In: Forschungen zu Burgen und Schlössern 7, München/Berlin 2002, S. 23–44.

Biller, Thomas (Hrsg.): Der CRAC des Chevaliers. Die Baugeschichte einer Ordensburg der Kreuzfahrerzeit, Regensburg 2006 (Forschungen zu Burgen und Schlössern, Sonderbd. 3).

Biller, Thomas: HOCHOSTERWITZ – Burg, Schloss, Festung?. In: Die Burg zur Zeit der Renaissance, München/Berlin 2010 (Forschungen zu Burgen und Schlössern 13), S. 137–150.

Binding, Günther: Burg MÜNZENBERG. Eine staufische Burganlage, Bonn 1963.

Binding, Günther: Pfalz GELNHAUSEN, Bonn 1965.

Binding, Günther: Die spätkarolingische Burg BROICH in Mülheim an der Ruhr, Düsseldorf 1968 (Rheinische Ausgrabungen, 4).

Bitschnau, Martin, Walter Hauser und Martin Mittermair: Die Baugeschichte von Schloss TIROL im Hochmittelalter. In: Schloss Tirol 1971–2011, Bozen 2011, S. 212–237 (erweiterte Fassung aus: Forschungen zu Burgen und Schlössern 4, München/Berlin 1996, S. 31–46).

Burandt, Walter: Die Baugeschichte der Alten Hofhaltung in BAMBERG, Bamberg 1998.

Burg WEISSENSEE «Runneburg» Thüringen. Baugeschichte und Forschung, hrsg. vom Thüringischen Landesamt für Denkmalpflege, Koordination Cord Meckseper, Roland Möller und Thomas Stolle, Frankfurt a. M. 1998.

Burger, Daniel: Die CADOLZBURG. Dynastenburg und Amtssitz der Hohenzollern, Nürnberg 2005 (Wissenschaftliche Beibände zum Anzeiger des Germanischen Nationalmuseums, 24; zugl. Sonderbände der Wartburg-Gesellschaft, 1).

Burger, Daniel (Red.): Burg LAUF an der Pegnitz. Ein Bauwerk Kaiser Karls IV., Regensburg 2006 (Schriften des Deutschen Burgenmuseums, 2; zugl. Sonderbände der Wartburg-Gesellschaft, 2).

Burger, Daniel, und Michael Rykl: Die Raumstruktur der Burg Karls IV. in LAUF. In: G. Ulrich Großmann und Hans-Heinrich Häffner (Hrsg.): Burg Lauf an der Pegnitz, Regensburg 2006 (Schriften des Deutschen Burgenmuseums, 2), S. 35–66.

Dähn, Karl-Heinz: Burg NEIPPERG. In: Jahrbuch für schwäbisch-fränkische Geschichte 32, 1992, S. 49–62 und Abb. 21–41.

Dittscheid, Hans-Christoph: Kassel-WILHELMSHÖHE und die Krise des Schloßbaues am Ende des Ancien Régime, Worms 1987.

Endres Tuchers Baumeisterbuch der Stadt NÜRNBERG (1464–1475), hrsg. von Matthias Lexer, Stuttgart 1862.

Friedel, Birgit: Die NÜRNBERGER Burg, Petersberg 2007 (Schriften des Deutschen Burgenmuseums, 1).

Grimm, Paul: Tilleda, eine Königspfalz am Kyffhäuser, 2 Teile, Berlin 1968–1990 (Akademie der Wissenschaften der DDR, Zentralinstitut für alte Geschichte und Archäologie, Schriften zur Ur- und Frühgeschichte, 40).

Großmann, G. Ulrich: Schloss MARBURG, Regensburg 1999/[2]2006 (Burgen, Schlösser und Wehrbauten in Mitteleuropa, 3).

Hefner, J. von, und J. W. Wolf: Die Burg TANNENBERG und ihre Ausgrabungen, Frankfurt a. M. 1850.

Hensch, Matthias: Burg SULZBACH in der Oberpfalz. Archäologisch-historische Forschungen zur Entwicklung eines Herrschaftszentrums des 8. bis 14. Jahrhunderts in Nordbayern, Büchenbach 2005.

Herrnbrodt, Adolph: Der HUSTERKNUPP, eine rheinische Burganlage des frühen Mittelalters, Köln/Graz 1958 (Beihefte der Bonner Jahrbücher, 6).

Jost, Bettina: Die Reichsministerialen von MÜNZENBERG als Bauherren in der Wetterau im 12. Jahrhundert, Köln 1995.

Kohnert, Tilman: Die FORCHHEIMER Burg genannt «Pfalz». Geschichte und Baugeschichte einer fürstbischöflich-bambergischen Stadtburg, Petersberg 2008 (Schriften des Deutschen Burgenmuseums, 4).

Leber, Friedrich O. von: Die Ritterburgen RAUHENECK, SCHARFENECK UND RAUHENSTEIN, Wien 1844.

Leistikow, Dankwart: Burg SCHÜPF – eine Burgengrabung des 19. Jahrhunderts. In: Xantener Berichte, Bd. 12, Mainz 2002, S. 361–373.

List, Karl: Wasserburg LAHR. Ein Beitrag zum Burgenbau der Stauferzeit. In: Burgen und Schlösser 10, 1970, S. 43–50.

Maurer, Hans-Martin: Der HOHENSTAUFEN, Geschichte der Stammburg eines Kaiserhauses, Stuttgart/Aalen 1977.

Meyer, Werner: Die FROHBURG. Ausgrabungen 1973–1977, Zürich 1989 (Schweizer Beiträge zur Kulturgeschichte und Archäologie des Mittelalters, 16).

Mogge, Winfried: «Dies uralt Haus auf Felsengrund». ROTHENFELS am Main: Geschichte und Gestalt einer unterfränkischen Burg, Würzburg 2012.

Pospieszny, Kazimierz: Der Hochmeisterpalast der MARIENBURG. Forschungen zum Ostteil des Hauptgeschosses. In: Forschungen zu Burgen und Schlössern 6, München/Berlin 2001, S. 71–94.

Schlegel, Richard: Veste HOHENSALZBURG, Salzburg 1952.

Schmitt, Reinhard: Burg QUERFURT um 1000 und ihre Stellung im zeitgleichen Burgenbau in Deutschland. In: Arno Sames (Hrsg.): Brun von Querfurt. Lebenswelt, Tätigkeit, Wirkung, Querfurt 2010, S. 23–35 und Abb. S. 120–141.

Schürer, Oskar: Die Kaiserpfalz EGER, Berlin 1934.

Steinmetz, Thomas: Die Königspfalz ROTHENBURG ob der Tauber, Brensbach 2002.

Ulrich, Stephan: Die Burg NEULEININGEN. Ihre Baugeschichte unter Berücksichtigung der Stadtbefestigung, Neustadt a. d. W. 2005 (Stiftung zur Förderung der pfälzischen Geschichtsforschung, 7).

Zeune, Joachim: Burgruine LICHTENSTEIN, Regensburg 1998 (Schnell-Kunstführer, 2349).

Zeune, Joachim: Burgruine ALTENSTEIN, Regensburg 2003 (Schnell Kunstführer, 2534).

Zeune, Joachim: Die Baugeschichte der SALZBURG [bei Bad Neustadt/Saale]. In: Heinrich Wagner und Joachim Zeune (Hrsg.): Das Salzburgbuch, Bad Neustadt 2008, S. 109–152.

Fachbegriffe

Die Seitenzahlen beziehen sich auf Textpassagen mit weiteren Erläuterungen, nicht auf sämtliche Erwähnungen des jeweiligen Begriffs im Text.

Barbakane: durch eine Mauer eingefasste äußere Toranlage vor dem Burggraben (S. 60)

Bastion: pfeilförmiger Bau zur Unterbringung von Geschützen an Ecken und Flanken einer Festung (S. 211–213)

Batterieturm: Turm mit Geschützstellungen in mehreren Geschossen (S. 172–175)

Bergfried: nicht bewohnbarer Hauptturm mit hochgelegenem Eingang, repräsentativ überhöhter Turm, auch zur Beobachtung und Sicherung der Angriffsseite und zum Dirigieren einer Verteidigung, gelegentlich mit Verlies im Sockelgeschoss (S. 75–80)

Blide: große Steinschleuder zum Zerstören von Mauern (S. 64 f.)

Böschung: schräges Mauerwerk am Fuß eines Turmes oder einer Mauer (S. 65)

Buckelquader: Steinquader, dessen Oberfläche wie ein Buckel vorragt; Buckelquader wurden oft als Inbegriff staufischer Burgen verkannt, kommen aber länger vor (S. 50, 144 f.)

Burgstall: Stelle einer ohne oberirdisch erhaltene Reste zerstörten Burg, die sich meist noch im Gelände abzeichnet

Butterfassturm: runder Turm (meist Bergfried) mit schmalerem runden Aufsatz, ähnlich einem im 19. Jahrhundert zum Buttern verwendeten Fass (S. 178)

Dansker: aus der Burganlage, insbesondere beim Deutschen Orden, herausgeschobener Abortbau, der über eine Brücke zugänglich ist

Dendrochronologie: Datierung mittels einer Methode zur jahrgenauen Bestimmung der Fällung und Verarbeitung von Holz, falls das Holz bis zum letzten Baumring («Waldkante») erhalten ist (S. 262–264)

Donjon: veralteter Begriff für den Hauptturm von Burgen in Frankreich und England, der auch Wohnräume und Säle enthält (S. 76, 78 f.)

Doppelkapelle: zwei übereinanderliegende und durch eine Öffnung miteinander verbundene Kapellen (S. 90 f., 128–131, 182)

Dürnitz: in Süddeutschland verbreitete Bezeichnung für eine Hofstube; beheizbarer Raum der Burgbesatzung, Aufenthalts- und Festraum für einfachere Anlässe (S. 83 f., 191)

Entlastungsbogen: meist breiter Bogen im Mauerwerk, der eine statisch unsichere Stelle (z. B. eine Kluft im Baugrund) überbrückt und den Druck des Mauerwerks ableitet; schmale Entlastungsbögen über Öffnungen haben die gleiche Funktion (S. 52 f.)

Fallgatter: schweres Holzgitter zur Sicherung des Haupttores (S. 74 f., 175)

Festes Haus: steinerner längsrechteckiger Wohnbau einer Burg, häufig drei- oder viergeschossig (S. 79 f.)

Festung: mehrteiliger geschütztauglicher Wehrbau mit Truppenunterkünften als Teil eines strategischen Konzeptes; kennzeichnend ist das Fehlen eines Herrschersitzes (S. 19, 207–213)

Flankierungsturm: Turm, der vor eine Mauer gezogen ist und durch seitliche Öffnungen und Scharten die Mauer «bestreichen» kann (S. 66, 141 f.)

Ganerbe: Mitglied einer Besitzergemeinschaft einer Burg (S. 35, 163 f.)

Hakenbüchse: Vorderladergewehr mit einem Haken an der Unterseite, der zum Auffangen des Rückstoßes dient (S. 69 f.)

Halsgraben: Graben zwischen einer Höhenburg und dem übrigen Bergrücken (S. 58 f.)

Hofstube: täglicher Speise- und Aufenthaltsraum in einer Burg, Aufenthalts- und Festraum für einfachere Anlässe, vgl. Dürnitz (S. 83 f., 191)

Kaponniere: schusssicheres Bauwerk in einem Festungsgraben zur Deckung des Grabens und «Bestreichung» der Festungsmauern

Kasematte: unterirdischer, überdeckter Standort von Geschützen (S. 171)

Kavalier: überhöhte Geschützstellung auf einer Bastion (S. 167–169)

Kemenate: kaminbeheizter Bau bzw. Raum zum Wohnen; als Bezeichnung eines Baus für die Frauen erst eine Erfindung des 19. Jahrhunderts (S. 84)

Konterescarpe: Gegenmauer zur Befestigung eines Grabens, auf der der Mauer (Ringmauer, Grabenmauer, Escarpe) gegenüberliegenden Außenseite (S. 169)

Kurtine: Mauerabschnitt zwischen zwei Türmen einer Ringmauer oder den Bastionen einer Festung (S. 169)

Maschikuli: Reihung von Wurflöchern am oberen Abschluss von Türmen und Mauern, über Konsolen vorkragend (S. 63)

Maulscharte: quer gelagerte Schießscharte in Maulform, meist schon für Feuerwaffen (kleine Geschütze) genutzt (S. 71)

Mine: unterirdisch vorgetriebener Gang zur Eroberung einer Burg oder Festung; eine unter eine Mauer getriebene Mine sollte einer Sprengung dienen oder durch Feuer den Einsturz der Mauer bewirken (S. 65)

Motte: Turmburg auf einem meist künstlichen Hügel, in Deutschland selten, in Westeuropa häufiger (S. 113, 119–121)

Mushaus: niederdeutsche Bezeichnung für einen Saal- und Wohnbau

Palas: Bezeichnung für den repräsentativen Saal- und Wohnbau einer Burg des Hochadels im 12./13. Jahrhundert (S. 81, 127–135)

Pechnase: romantisierende Bezeichnung des 19. und 20. Jahrhunderts für einen Wurferker (S. 74)

Pfalz: regelmäßiger, aber nicht ständiger Aufenthaltsort eines Kaisers, Königs oder Bischofs im hohen Mittelalter (S. 21, 107–110, 116 f., 126)

Ringmauer: Mauer, die im Gegensatz zur Abschnittsmauer den gesamten Bereich einer Burg umschließt (S. 60–63)

Ringwall: Wall, der einen (bewohnbaren) Platz ringförmig umschließt, insbesondere bei vor- und frühgeschichtlichen Anlagen (S. 103 f.)

Rondell: mit Geschützen bestückter, niedriger Rundturm, vor allem bei frühen Festungen (S. 167–173)

Saalbau: Gebäude innerhalb einer größeren Burg mit einem oder mehreren Sälen (S. 81, 180 f.)

Schalenturm: an drei Seiten geschlossener Turm, an der Seite zur Burg oder Stadt hin offen, vor allem zur Einsparung von Baumaterial (S. 177 f.)

Schießscharte: Mauerscharte zum Schießen mit Armbrust oder Bogen, Hakenbüchse oder Kanone; meist senkrecht, gelegentlich quer (vgl. Maulscharte) (S. 68 f., 141, 167)

Schildmauer: hohe Mauer an der Angriffsseite, die die Burg in großer Höhe und Breite deckt, besonders bei Hangburgen (S. 67, 143 f.)

Torbalken: Verschlussbalken, der in das Mauerwerk eingelassen wird und die geschlossenen Torflügel sichert (S. 72)

Torbau, Torturm: Bauwerk oder Turm über bzw. in Verbindung mit dem Burgtor (S. 71–75)

Turmburg: Burg aus einem turmartigen Gebäude, das Wohn- und Wehrfunktionen in sich vereinigt (S. 119–122)

Verlies: nur von oben zugängliches kurzzeitiges Gefängnis, meist im Untergeschoss eines Turmes (S. 39, 78)

Vorburg: eigenständig umwehrter Burgteil vor der Hauptburg, durch Mauern und Graben abgetrennt, insbes. für Wirtschaftszwecke genutzt (S. 96 f.)

Vorwerk: vorgelagerte Befestigung an der Angriffsseite (S. 59 f., 208)

Wehrgang: Gang an der Mauerkrone zur Verteidigung (S. 63)

Wohnbau: Bau mit Wohnräumen und Küche (S. 81)

Wohnturm: Turm mit Wohnräumen (S. 79 f.)

Wurferker: unten offener Erker zum Sichern des Mauerfußes durch Schießen, Werfen oder Schütten (S. 74)

Ziehbrunnen: Brunnen zur Frischwasserversorgung durch einen Schacht, der bis zum Grundwasser reicht; das Wasser wurde in Eimern über Seilzüge mit Kurbeln oder Treträdern an die Oberfläche befördert (S. 93, 192)

Zinnen: kleine Maueraufsätze in regelmäßigen Abständen zum Schutz der Verteidiger auf Mauerkronen und Türmen (S. 67 f.)

Zisterne: Sammelbecken zum Auffangen von Regenwasser, das als Trink- und Brauchwasser diente; Wasserzulauf teilweise über unterirdische Kieslagen (Filterzisterne) (S. 93)

Zugbrücke: Holzbrücke vor einem Burgtor, die mit Hebeln oder Ketten hochgehoben und dadurch geschlossen werden konnte (S. 74 f.)

Zwinger: äußerer Wehrbereich einer Burg aus einer Mauer und einem schmalen, freien Gelände, fast immer jünger als die von ihm geschützte Burg (S. 60–62)

Register der Burgen

Bildnachweis

5 © ullstein bild/imagebroker.net/J. W. Alker
6 nach Günther Binding: Die Pfalz Kaiser Friedrich Barbarossas in Gelnhausen, Bonn 1965 (nach dem Aufmaß von A. Tuszek 1932 rekonstruiert von G. Binding 1962)
9 © akg/Bildarchiv Monheim
12 © ullstein bild/imagebroker.net/Siepmann
30 zit. nach Stefan Ulrich: Die Burg Neuleiningen. Ihre Baugeschichte unter Berücksichtigung der Stadtbefestigung, Neustadt an der Weinstraße 2005
50 © ullstein bild/imagebroker.net/Movermentway
51 nach Matthias Hensch: Burg Sulzbach in der Oberpfalz. Archäologisch-historische Forschungen zur Entwicklung eines Herrschaftszentrums des 8. bis 14. Jahrhunderts in Nordbayern, Büchenbach 2005
52 Großmann (HBR, verändert nach A. Herrnbrodt)
53 nach Horst Wolfgang Böhme (Hrsg.): Burgen der Salierzeit, Bd. 1: Nördliche Landschaften des Reiches, Sigmaringen 1991 (nach Maria Keibel-Meier)
54 © ullstein bild/imagebroker.net/Kurt Amthor
65 nach Karl List: Wasserburg Lahr. Ein Beitrag zum Burgenbau der Stauferzeit. In: Burgen und Schlösser 10, 1970, S. 43–50.
66 nach Stefan Ulrich: Die Burg Neuleiningen. Ihre Baugeschichte unter Berücksichtigung der Stadtbefestigung, Neustadt an der Weinstraße 2005
69 © Fotofinder/www.schapowalow.de
71 nach Patrick Schicht: Österreichs Kastellburgen des 13. und 14. Jahrhunderts, Wien 2003
72 nach Hermann Wäscher: Feudalburgen in den Bezirken Halle und Magdeburg, 2 Bde., Berlin 1962
74 nach Bernhard Schmid: Die Marienburg: Ihre Baugeschichte. Aus dem Nachlass hrsg., ergänzt und mit Abbildungen versehen von Karl Hauke, Würzburg 1955
76 © ullstein bild/imagebroker.net/Henning Hattendorf

79 nach Wilhelm Götting und Georg Grüll: Burgen in Oberösterreich, Wels 1967
83 © ullstein bild/CARO/Jan Lederbogen
85 Fotofinder/© OKAPIA
93 © Stiftung Thüringer Schlösser und Gärten
95 © ullstein bild/imagebroker.net/Alexander Schnurer
96 © ullstein bild/imagebroker.net/Edwin Stranner
99 © ullstein bild/Prisma/Bernd J. Fiedler
104 Germanisches Nationalmuseum, Nürnberg, GM 1643
105 Martin Crusius: Annales svevici sive Chronica rerum gestrum antiqissimae [...], Frankfurt a. M. 1595, dt. Ausg. 1733
106 Johann S. Thon: Schloß Wartburg. Ein Beytrag zur Kunde der Vorzeit, Gotha ^{2}1795
107 Melissantes (Johann Gottfried Gregorius): Das erneuerte Alterthum oder Curieuse Beschreibung Einiger vormahls berühmten [...] Berg-Schlösser in Teutschland, Frankfurt a. M./Leipzig 1713
108 Friedrich O. von Leber: Die Ritterburgen Rauheneck, Scharfeneck und Rauhenstein, Wien 1844

Karten © Peter Palm

Alle übrigen Abbildungen stammen vom Verfasser. Leider war es nicht in allen Fällen möglich, die Inhaber der Rechte zu ermitteln. Der Verlag ist bereit, berechtigte Ansprüche abzugelten.

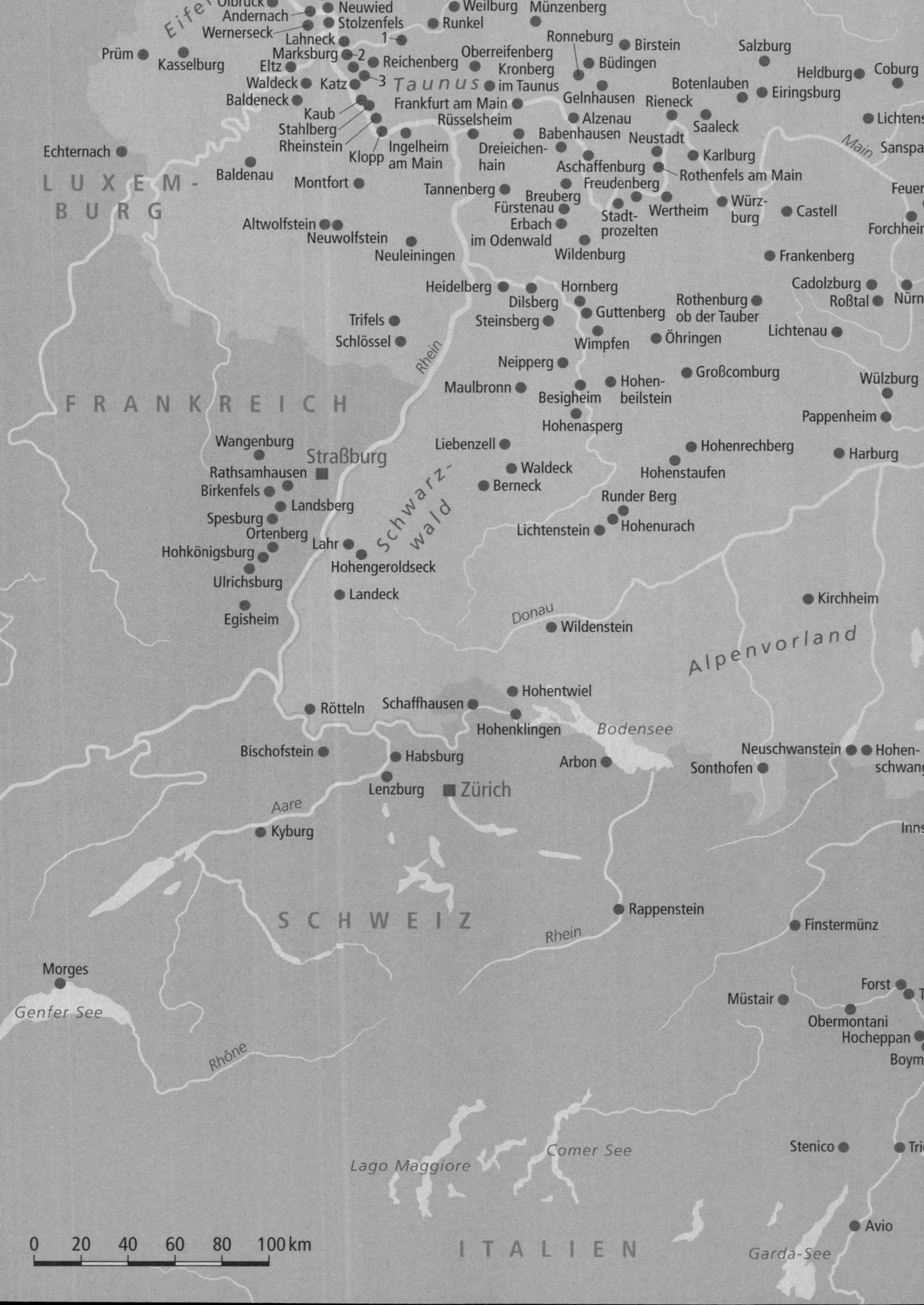
Eifel
Olbrück
Altwied
Neuwied
Andernach
Stolzenfels
Wernerseck
Weilburg
Runkel
Münzenberg
Lahneck
1
Prüm
Kasselburg
Marksburg
2
Reichenberg
Oberreifenberg
Ronneburg
Birstein
Salzburg
Eltz
Kronberg
Büdingen
Heldburg
Coburg
Waldeck
Katz
3
Taunus
im Taunus
Botenlauben
Eiringsburg
Baldeneck
Frankfurt am Main
Gelnhausen
Rieneck
Kaub
Rüsselsheim
Alzenau
Saaleck
Stahlberg
Babenhausen
Neustadt
Rheinstein
Ingelheim
am Main
Dreieichen-
hain
Karlburg
Main
Echternach
Klopp
Aschaffenburg
Rothenfels am Main
Baldenau
Montfort
Freudenberg
LUXEM-
BURG
Tannenberg
Breuberg
Fürstenau
Stadt-
prozelten
Wertheim
Würz-
burg
Castell
Altwolfstein
Erbach
im Odenwald
Neuwolfstein
Neuleiningen
Wildenburg
Frankenberg
Heidelberg
Dilsberg
Hornberg
Cadolzburg
Roßtal
Steinsberg
Guttenberg
Rothenburg
ob der Tauber
Trifels
Schlössel
Wimpfen
Öhringen
Lichtenau
Rhein
Neipperg
Maulbronn
Besigheim
Hohen-
beilstein
Großcomburg
Wülzburg
FRANKREICH
Hohenasperg
Pappenheim
Wangenburg
Straßburg
Liebenzell
Hohenrechberg
Harburg
Rathsamhausen
Waldeck
Hohenstaufen
Schwarz-
wald
Birkenfels
Berneck
Landsberg
Runder Berg
Spesburg
Ortenberg
Lichtenstein
Hohenurach
Lahr
Hohkönigsburg
Hohengeroldseck
Ulrichsburg
Landeck
Kirchheim
Egisheim
Donau
Wildenstein
Alpenvorland
Hohentwiel
Rötteln
Schaffhausen
Hohenklingen
Bodensee
Bischofstein
Habsburg
Arbon
Neuschwanstein
Hohen-
schwang
Sonthofen
Lenzburg
Zürich
Aare
Kyburg
SCHWEIZ
Rappenstein
Finstermünz
Rhein
Morges
Forst
Genfer See
Müstair
Obermontani
Hocheppan
Rhône
Stenico
Comer See
Lago Maggiore
Avio
0
20
40
60
80
100 km
ITALIEN
Garda-See